新世紀叢書

當代重要思潮・人文心靈・宗教・社會文化關懷

耶穌行蹤成謎的歲月

耶穌在西藏？

依麗莎白・克萊爾・普弗特（Elizabeth Clare Prophet）| 編著
梁永安 | 譯
蔡彥仁 | 導讀（哈佛大學神學博士）

The Lost Years of Jesus

英文版相關評論

此書是對「耶穌行蹤成謎的歲月」這個一直備受關注的課題的一個有趣補充。有關耶穌到過東方的傳說，其源頭可上溯至中世紀。因爲早在中世紀，人們就已看出，耶穌與佛陀教誨之間的相似性，應該不是出於偶然，而是應該有著某種邏輯性的關聯。而我認爲，除了耶穌早年做過什麼這個問題值得討論外，耶穌在釘十架以後是否——如某些人所相信的——去過克什米爾，同樣值得討論。

——特里維爾博士(John C. Trever, Ph.D.)

加州克萊爾蒙特神學院，死海經卷計畫的負責人

這本書有可能會大大改變學院人士、教會人士以及世俗人士對神之子的觀點。此外，它也很可能可以爲一個聯結東西方信徒的泛文化詮釋學，提供以基礎。而可以肯定的是，它將會發酵出一連串的神學爭論！

——迪潘達爾(John Dependahl)，西貝里學院宗教系系主任

在這裡，我們終於得見那個在遠東已流傳了不知多少個世紀的伊撒傳說。現在，所有人都可以看得到，耶穌不只是基督，而且也是一個偉大的瑜珈行者和智慧之師。

——金斯蒂勒(Clysta Joyce Kinstler)

《她腳下的月亮》(*The Moon Under Her Feet*)作者

一本不同凡響的書，充滿發幽顯微的見解。筆鋒靈敏，帶給人以閱讀的快感，是一本値得長期放在家裡或學校裡重讀或參考的傑作。

——卜拉舍(Lee Prosser)，社會學家

《法蘭克・赫伯特》(*Frank Herbert*)的作者

對任何嚮往更美好的生活的人，這都是一本舒心之作。它顯示了耶穌在遠東的學習過程，教導了我們怎樣才能「與上帝和好」。

——**摩塞爾**(Fred Morsell)

廣播劇「岩石之路」(Rocky Road)**主角**

對現代的宗教學者以至耶穌的追隨者來說，本書都是一個挑戰和啓發，因爲它迫使他們不得不更深刻去面對耶穌早年思想形塑過程的問題：天父在派他到巴勒斯坦從事傳道工作以前，是怎樣訓練他的呢？身爲基督徒，我們都相信，上帝是因爲愛世人，才會把他的獨生子差遣到世界來。但是，在基督釘十架和升天以前，他曾被差遣到多少個地方呢？很顯然，大部分的拉達克人都相信，耶穌曾經到過他們那裡。我把此書推薦給所有神的兒女。

——**庫柏**(J. Finley Cooper)**，聖公會牧師**

探索深入而文字優美。它告訴了我在傳統的教堂裡從沒有聽過的事。

——**紐斯壯**(Harvey Newstrom)**，研究科學家**

一本刺激、使人入迷的遊記！一篇學術性的傑作，但凡有勇氣追尋真理的人都絕不可以錯過。它可以填補他們對耶穌屬靈生活的認知上的空隙。

——**托爾貝恩博士**(Carolyn Thorburn, Ph.D.)

《薩瓦托小說中的神話與象徵》

(*Myth and Symbol in the Novels of Ernesto Sabato*)**作者**

我們不但終於可以看到基督生平使命的連續性，而且可以看到，他的教誨是具有普遍意義的，對東西方的人都同樣適用。

——**柏德博士**(Harvey Bird, Ph.D.)

迪更生大學物理系副教授

對於耶穌在展開加利利的傳道生涯以前，他去過哪裡、做過些什麼，本書有著無可動搖的、物理學似的證據。自死海經卷發現以來，從未有比這更重要的資料，值得宗教團體和科學團體去加以深究。這些直到現在才被披露的歷史事實，將會讓不少傳統的宗教信條備受置疑。

——**克魯帕**(Paul F. Krumpe)

國際開發署的物理學家

深具啓發性與娛樂性。資料的鋪陳具有學術上的嚴謹，但與此同時，又能喚起人對耶穌的愛與親近感。

——**昌達瓦卡**(Raju Chandavarkar)，**心理治療師**

所有傳說的後面都隱藏著真理。我們知道，耶穌曾經說過：「我另外有羊，不是這羊圈裡的。」考古學把佛教的起源追溯到一些向東移民到印度的以色列部落，但拜伊麗莎白・克萊爾・普弗特對佛教古代經卷的細緻研究，我們才知道，耶穌原來去過印度。

——**蓋特**(E. Raymond Capt)，**考古學家**

《格拉斯頓堡的傳統》(*The Traditions of Glastonbury*)**作者**

耶穌行蹤成謎的歲月

追尋耶穌失蹤的十七年

【目錄】全書總頁數共376頁

〈序〉正典之外◎蔡彥仁

1 耶穌行蹤成謎的歲月
到過希米寺的證人的證詞
伊撒的案件

2 耶穌基督未爲人知的生平
諾托維奇的原作，含《聖人伊撒之生平》
英譯者的話
致出版者的信
序言
西藏之旅
聖人伊撒之生平：最優秀的一位人子

3 希米寺之行
摘自阿毗達難陀上師所著之《在克什米爾與西藏》，並附有「希米寺手稿」之譯文

編者語
希米寺
耶穌基督，人類的領導者

4 東方的傳說
摘自羅耶里奇的《亞洲的心臟》、《阿爾泰山—喜馬拉雅山》和《喜馬拉雅山》的文字，含伊撒手稿的摘抄
羅耶里奇：其人、其探險及其發現
記載基督在印度、尼泊爾、拉達克和西藏行蹤的古卷

5 「這些書說你們的耶穌來過這裡！」
卡斯帕里夫人有關希米寺手稿的證詞
手中的羊皮紙

6 今日拉達克：一個文化人類學家的印象
拉維契博士對拉達克日常與宗教生活的觀察
一個多采的古文化十字路口

7 尾聲
兩個世界的故事
幾個最後的問題

8 片尾

落幕後對編劇者與全體演員的致謝
對合作者的致謝

參考書目

〈導讀〉

正典之外

哈佛大學神學博士
政治大學宗教研究所所長
蔡彥仁

根據基督教《新約聖經》中〈福音書〉的記載，耶穌降生在猶太希律王統治年間巴勒斯坦地的伯利恆城。希律王因爲誤解古代先知的預言，以爲此時誕生的男嬰之一，將來必定造反篡位，因此頒布男嬰全體滅絕令以杜絕後患。爲逃避殺害之故，耶穌一出生旋即由其父母攜逃至埃及，直到希律王死後方歸國，在北部加利利境內的拿撒勒城度過他的少年歲月。約三十歲時耶穌接受其表兄施洗約翰的洗禮，並開始在鄰近地區招募門徒，由北至南一路遊走，傳講「天國已近」的福音。

當時接受他的福音者衆多，漸漸形成了一股不可忽視的力量。他傳的福音內容，因對當時已趨僵化的猶太教痛下針砭，由此引起宗教當權者的疑懼和反彈。傳教三年之後，「耶穌教派」浩浩蕩蕩進入猶太教的中心耶路撒冷，與傳統的保守信仰勢力之間的衝突，至此發展至白熱化。猶太教當權者最後以陰謀不軌，企圖造反之名誣陷耶穌，假借統治者羅馬人之手，將其釘死在十字架。耶穌死後，他的門徒們頓失領導和希望，當下驚恐四散。不過，〈福音書〉的結尾強調，耶穌其實死後又復活，在不同的場合向他的核心追隨份子顯現，爲他們打氣，並囑咐他們應該勇敢的堅持下去，不畏艱難的繼續傳播「天國」的福音。

歷史學家和宗教學家相信歷史上確有耶穌其人，但是他們認爲《新約聖經》所記載的耶穌，並非單純的歷史人物，而是夾雜史實與傳說，其目的在證明他就是「基督」，是拯救世人的彌賽亞。這就是爲什麼有關耶穌的「傳記」資料頗爲簡略，但是有關他的智慧言行和神蹟作爲卻詳加記錄。

西方自十八世紀的理性時代開始，聖經學者一改「《聖經》無誤論」的傳統信念，純以歷史考證的精神，重新檢視《聖經》中的耶穌形象，希望用追本溯源的方法，詳實的勾勒出歷史上的耶穌。

不過，這種「追尋歷史上的耶穌」(The Quest of the Historical Jesus)至今並不成功，最

主要的原因仍然是史料不足，未能根據少量的「史實」，拼湊一幅完整的耶穌圖像。比方說，〈福音書〉中有關耶穌的生平記載，幾乎集中在他開始傳道以至被捕釘死的三年多時間。其他人生階段不是一筆帶過就是隻字不提，尤其是他十二歲至三十歲之間的行蹤，完全一片空白。因此，有關耶穌的「傳記」，我們最多只能根據〈福音書〉所提供，疑則闕疑，僅多知悉一點他在人生最後階段的言行和遭遇而已。

其實不但現代的宗教學者有史料不足之憾，就是早期的基督徒對其所敬拜的彌賽亞耶穌，也存在許多困惑。公元第三世紀以後，基督徒的《新約聖經》隱然形成，居於「正典」(Canon)的地位，成爲「正統」基督教信仰的權威指標。但是就歷史的進程觀察，在《新約聖經》的「正典化」過程中，我們發現早期基督教社群之間，流傳許多後來未被包括在「正典」的經卷，宗教學者統稱爲「次經」(Apocrypha)（本書譯爲「僞經」）。這些「次經」的內容廣泛，包括各類「福音」、「行傳」、「天啓文學」、「預言」、「詩篇」等，與「正典」經卷的文類平行相似，但是義理重點卻又與「正統」信仰有些差距。

這種多元的發展現象，至少反映出早期基督徒對自身的信仰，存在各種不同的感受和理解，而在不同的經驗和歷史情境下，對於史料未能補白的耶穌生平，遂創

發出琳瑯滿目的聯想。

舉例說明，一九四五年年底，兩位屬於撒曼部族(al-Samman)的埃及農夫，在上埃及尼羅河的東岸掘出一個大瓦甕，內裝十三冊以紙草串成的古籍，即後來震驚宗教學界的《拿格哈瑪帝經卷》(*Nag Hammadi Codices*)。根據學者的考證，這些經卷主要作於公元第二、三世紀，出自被「正統」基督教判爲「異端」的「玄智教派」(Gnostics，或音譯爲諾斯底教派)。值得注意的是，其中有許多經卷冠以耶穌的門徒和「福音」之名，例如《多瑪斯福音》(*The Gospel of Thomas*)、《腓利福音》(*The Gospel of Philip*)、《埃及人福音》(*The Gospel of Egyptians*)、《馬利亞福音》(*The Gospel of Mary*)等。它們的內容大都記載耶穌復活之後，爲其門徒傳授神秘的天啓智慧，希望他們藉此領悟，得到救贖。對於耶穌生前的具體行事，卻是甚少記載。這顯示不少早期的基督徒對耶穌的身分與位格，亦即他是人、是神、或是智慧的化身，仍然心存疑惑，於是發揮了多方面的想像之能事。

同樣地，在公元第二、三世紀期間，許多冠上耶穌門徒之名的「行傳」，例如《約翰行傳》(*The Acts of John*)、《彼得行傳》(*The Acts of Peter*)、《多瑪斯行傳》(*The Acts of Thomas*)、《安得烈行傳》(*The Acts of Andrew*)等，陸續產生，記錄耶穌的諸多門徒，踵繼其師之後，四處傳道，不但活動於地中海四周的古文明地區，更遠赴中亞和印度，散佈基督教福音的種子。

這些作品流傳下來，證明早期基督教的出現與發展，可能不是我們從一般通行的歷史教科書上所得到的印象那麼單純，亦即基督教在巴勒斯坦誕生，初期傳佈於小亞細亞，其次進入南歐，最後席捲全部歐洲大陸。事實上更可能是基督教自第一世紀中半葉開始，即呈幅射狀向四面八方傳佈。埃及、阿拉伯半島、中亞，甚至更遠的南亞之地，皆可能在第二、三世紀以前，已有不少基督徒活動的蹤跡。

必須要強調的是，**這些屬於「次經」和晚近出土的「非正典」作品，因為作者匿名，來源隱晦，是否能夠當作實證意義的史料，是我們需要小心謹慎的。特別是它們的性質不在史實印證**(historicity)**，而在宗教宣傳，目的在勸人入教，**雖然述及了某些地理位置、歷史事件與人物，我們仍未能遽此判為「眞」史料。

觀諸這些作品的內容，充斥傳奇和神蹟事件的記載，身居二十一世紀的我們，當可做出明確的判斷。加以羅馬帝國時代，以旅遊和冒險為主的「浪漫文學」(Romance)盛行，不少作者純以娛樂爲號召，爲了招徠更多的讀者，於是摻雜許多宗教成份，例如知名的宗教人物、超自然神蹟、異邦奇俗等，以達到新奇、刺激和營利的效果。因此我們更有理由需要明辨古代作品的出處及其性質和內涵。

《耶穌行蹤成謎的歲月》中文譯本的出版，對宗教研究者、基督徒，以及一般的讀者大眾，都是一件令人鼓舞之事。根據以上的背景介紹，我們應當可以提出幾項閱讀上的建議：

一、對於宗教研究者而言，此書作者所發現的古籍確實饒有趣味，尤其引介罕人知悉的耶穌青年期的行蹤，可以拓展不少宗教史的領域。可惜作者對這些古籍的出處與真偽，並未做應有的考證功夫，僅是徵引十九至二十世紀幾位資深探險者的見聞，似乎不能證明它們的絕對可靠。

二、對於基督徒而言，本書述及耶穌於十二歲至二十九歲之間東行求道，先後曾向印度的婆羅門祭司及西藏的喇嘛習法，閱讀之後，或者立即嗤之以鼻，斥為無稽之談，或者訝異之餘，對其自身的信仰，可能產生懷疑，認為《聖經》所言不再是絕對的真理。其實如上所言，此書所錄古籍的真偽仍待考證，結果尚不得而知。若是耶穌的訓誨與世界其他宗教的義理存在相似之處，本來即屬正常，並不一定可據此證明係自其他宗教借取或學習而來。另一方面，基督教的信仰，乃奠基於超越死亡、從死亡復活的基督之上，歷史上的耶穌行蹤如何，畢竟是次要的。

三、對於一般讀者而言，本書開啟了古代的中亞與南亞世界，導引我們進入神秘的克什米爾、西藏、尼泊爾、喜馬拉雅山、印度等地，增加我們難得的見聞。不過溯本追源的歷史興趣，並不能替代宗教意義的探究了解。基督教自始即多源發展是客觀的事實，但是它的深層意義卻寓含在此宗教兩千年以來，由教徒、經典、組織，以及各種不同歷史境遇等所構成的主、客觀經驗。知悉了「耶穌行蹤之謎」，應僅是踏上探索基督教豐富內涵的初階。

希望《耶穌行蹤成謎的歲月》中文版的問世，能夠激發更多人——不論是宗教研究者、基督徒、或一般讀者——對宗教更進一步的興趣。如果中文出版界由此陸續推出更多引人入勝、高品質的宗教著作，相信對國內宗教知識教育的推廣和提昇，一定能產生積極的影響。

1

The Lost Years of Jesus

耶穌行蹤成謎的歲月

到過希米寺的證人的證詞

耶穌所行的事還有許多，
若是一一地都寫出來，我想，
所寫的書就是世界也
容不下了。
——《約翰福音》

伊撒的案件

想像你是個偵探。現在，有件非比尋常的案子等著你去偵辦。不是要你查某個人的眞正身分或尋找某個失蹤的人，而是要你查一段行蹤成謎的時光。你打開辦公桌上的泛黃檔案夾，發現可以憑藉的線索寥寥無幾：

案主的出生日不詳，出生的確切年份亦不詳，只知道是介於公元前八年至四年之間。

出生地點也有爭議，以認爲是伯利恆者居多。①

父約瑟，是個木匠，血緣高貴而顯赫，祖先可上溯至阿伯拉罕、以撒、雅各，以至大衛王和所羅門王，再到雅各——也就是約瑟的父親。

不過，有些人卻偏好童女成孕之說，強烈否認父系血統的相干性。例如，有一份文獻紀錄就是透過他母親一方——也就是瑪利亞——而非父親一方追溯他的系譜。

他的幼年生活充滿驚險。剛出生不久，父親約瑟就因爲造了一個夢，帶同全家人逃往埃及避難。若干年後（具體年數不詳），一家人又遷回到拿撒勒(Nazareth)或那附近。

現在，你大概知道你要面對的是什麼案子了。但還不夠。爲什麼是耶穌呢？你繼續把檔案讀下去。

大約三十歲開始，他開始傳道。先是在堂兄約翰那裡受洗，接著帶領十二個門徒，進行了三年廣泛的遊歷。這期間，他傳道，治癒病患，使死人復活。其後受到大祭司該亞法和猶太教公會的誣陷。羅馬總督彼拉多不惜違背自己的判斷，判他死罪。四個羅馬士兵把他釘上十字架。屍體從十架上取下後，亞利馬太的約瑟(Joseph of Arimathea)和尼哥德慕(Nicodemus)把他安葬在墓穴。

按照正統說法，其後發生的事情如下：三天後從死裡復活，與門徒共處了四十天，之後，踩著「一片雲」，在眾門徒眼前升天，坐到上帝寶座的右邊。

不過，這個說法卻和公元二世紀的傳說牴觸，因爲後者認爲，耶穌在復活以後，在世上又生活了很多年。像神學家伊里奈烏斯(Irenaeus)就主張，耶穌在復活後，至少又活了十至二十年：

> 在活了三十年後受難的他，無疑仍然是一個年輕人，仍然未曾到達老大的年紀。現在，沒有人會不承認，基督的第一個人生階段包含三十年，後來又延伸為四十年。不過，從第四十年和第五十年起，人就會邁向衰老。而我們的主，在這期間仍然繼續他教誨的工作；這是甚至福音書和長老們都可以見證的。那些曾在亞洲和約翰談過話的人都表示，約翰曾對他們證實過這件事情。（《反異端》〔*Against Heresies*〕，約公元一八〇年作品）②

這個觀點，獲得了公元三世紀諾斯底(Gnostic)教派③的典籍《信仰智慧》(*Pistis Sophia*)的支持：

> 耶穌從死裡復活以後，又活了十一年，他跟門徒一起生活，教導他們……④

耶穌的生活和教誨的影響是無法估計的。他所致力的是人心的淨化，稱之爲最偉大的革命亦不為過。

他的故事，以各種形式出現在《新約》(*New Testament*)和啓示錄性質的文獻裡。他的信徒——被稱為基督徒——現在有一億四千萬之多，是各大宗教信仰中信徒最多的一個。⑤

目前，基督教國家在文化上、經濟上及政治上都具有領導性的地位。整個人類的歷史時期以他的出生年為分界（之前被稱為 B.C.，之後被稱為 A.D.），意味著他的到來，是歷史的樞紐。

你深深吸了一口氣，緩緩吐出來。這不是個小案子。你要調查的，是歷史上其中一個最有影響力的人的生平。你把視線從桌面抬起，越過打字機，望向牆上的月曆。那是一件很古老很古老的案子。你再把視線移回到文件夾上。裡面充滿很多懸而未解的問題。

沒有任何關於他生平的紀錄存在，即使有過，也沒有留存下來。同樣的，也沒有任何他寫過的東西——如果他有寫過任何東西的話——留存下來。

沒有關於他長相的紀錄：身高、體重、髮色和眼珠的顏色，這一概付之闕如。他身上有沒有什麼與別人不同的特徵，我們也不得而知。

有關他的童年，我們所知甚少。有關他家人與家庭生活的資料同樣寥寥無幾。也許在出生不久後，曾隨家人搬到埃及的孟斐斯(Memphis)住過三年。有傳說指出，他年輕時代曾被伯父亞利馬太的約瑟帶到格拉斯頓堡(Glastonbury)去過。他也許在格拉斯頓堡受過教育。

而最讓人困惑的一點在於，除格拉斯頓堡的傳說和啓示錄性質的文獻以外，沒有任何的紀錄，有記載他在十二至三十歲期間，人在哪裡，做過些什麼。這段時間，被稱爲「耶穌行蹤成謎的歲月」。一般認爲，他這段時間是住在巴勒斯坦，從事木匠的工作。但可以支持這個假設的證據卻是零。

你從桌前站了起來，走到窗戶旁邊，向外張望。你在想：「這樣的案子怎麼會找上我的呢？既沒有目擊證人，甚至連任何實質的線索都可能不會有。」

夜已深，整個城市都在熟睡。你有一種把檔案夾退回給委託人的念頭，但強烈的好奇心卻把你攫住：**在這段行蹤成謎的時光，耶穌究竟人在哪裡呢？**你走回到桌子旁邊，拿起檔案夾，然後走入夜色中，尋找線索去。

當然，上述提到的檔案夾是不存在的，純屬想像之物。也不會有那個像亨佛萊・鮑加之類的偵探，會在一個大都會裡潛行尋找問題的線索，而如果眞有這樣的偵探，其成功的機率會有多高，不問而知。因爲正如我們上面那個想像的檔案夾所顯示的，我們對耶穌的所知，少得可憐。有關耶穌的生平，歷來已經不知有多少學者投入了多少的研究，但成果仍然很有限。

對歷史耶穌的追尋，始自十八世紀末，當時的學者和神學家，開始以批判性的眼光，審視有關耶穌生平最主要的資料來源——也就是四福音。由啓蒙運動所引起的知性發酵，加上歷史傳記學的發展以及歷史意識的興起，刺激起了一股「追尋歷史上的耶穌」的熱忱——這個追尋，主導了十九世紀和大部分二十世紀批判神學的主要方向。⑥

學者致力探討的主要問題包括：到底，耶穌在歷史上是眞有其人，還是只是個神話人物，又還是兩種成份各有一些；到底他的目的是要建立一個新的宗教，還是一個末世論的先鋒。另外，學者們也爭論，到底耶穌所行的神蹟，有沒有加以理性解釋的可能；到底，耶穌的出現，對基督教的發展來說是否必要；到底，對觀福音書(the Synoptic Gospels)對重建歷史的重要性，是否在《約翰福音》之上。⑦學者對這些問題的研究，投入了極密集而巨大的努力，以至於有關這方面的文獻著作，盡夠堆滿一間圖書館。⑧

現在，學者幾乎都一致同意，歷史上確有耶穌其人，但由於有關他的歷史資料極其稀少，以致想要爲他寫一本傳記（現代意義的傳記），乃是不可能的。

最早期有關耶穌的記載可以分爲兩大範疇：基督教與非基督教。非基督教方面的記載，其作者包含了約瑟夫斯(Josephus)、小普林尼(Pliny the Younger)、塔西陀(Tacitus)、蘇埃托尼烏斯(Suetonius)等人，寫成時間約介於耶穌受難後的六十年至九十年之間。但由於這些記載都極爲簡略，所以對重建耶穌生平，助力甚微。

出自基督教方面的記載以四福音爲主，其寫成時間約介於公元六十至一百年之間。它們也是我們目前對耶穌生平的主要資料來源。雖然四福音有著巨大的歷史價值，但學者都認爲，它們寫作的初衷並非爲耶穌立傳。

除少量在二世紀以紙草紙寫成的殘篇以外，已知最早的四福音的手稿是四世紀之物。另外，四福音的文本，起初是處於一種未定型的狀態，因爲傳抄者會基於神學上或其他的理由而對文本做出更動。直到四世紀中葉，它們才被標準化地加以固定下來。換言之，我們無法斷定，我們現在所看到的四福音，就是最初的原樣；而如果它們曾有所更動的話，更動程度又有多高。這些更動，有可能是出於篡改或傳抄上的錯誤，也有可能是教會爲了壓制所謂的異端（如諾斯底教派）而發。

不管是一九五八年從埃及出土的一批諾斯底教派的文件，還是一九五八年在約旦沙漠所發現的一份馬可所寫的「祕密福音書」的殘篇，都強烈地顯示出，在基督教發展初期，有關耶穌生平和教誨的記載，絕不是只有四福音，而是要更龐雜得多。

當代所寫的名人傳記，往往會述及傳主一些很私人性的細節（例如丘吉爾每天會抽幾根雪茄、甘地每天會吃多少餐），反觀四福音，卻連耶穌長得什麼樣子都沒提，只提供一些模糊已極的地理方面以及編年方面的資料。就是耶穌的確切職業，也未述及。⑨

很多學者專家都相信耶穌是個木匠。這是因爲他父親是個木匠，而在當時，子承父業是很普遍的。而我們從四福音也可以看到，耶穌的言談中，常帶有木匠、漁夫和其他尋常人的用語。然而，這些都不能作爲決定性的證據。事實上，奧利金(Origen)⑩就反對耶穌是個木匠之說，他所持的理由是「四福音沒有一個地方提到耶穌是個木匠。」⑪

據啓示錄性質的文獻記載，耶穌在埃及和巴勒斯坦的成長階段，曾治癒過很多病人和行過其他神蹟。有一次，他命令一條咬傷一個年輕人的毒蛇說：「把你注入那孩子身體裡的所有毒液吸出來。」毒蛇聽命而行。之後，耶穌詛咒毒蛇，而毒蛇「隨即身體爆裂而死」。其他的記載還包括：耶穌醫好了一個小孩的腳；用斗篷搬運水；把一根短木樑變長，讓他父親約瑟的一件木工可以順利完成；用黏土捏出十二隻麻雀，然後一拍手掌，就讓牠們變成活的。⑫

這些都是早期基督教對耶穌早年生活的記載，數量雖然不多，但比起四福音來，還是要多些。相反的，在總數四十八章的四福音中，只有四章提到耶穌出來傳道前的生活（《馬太福音》和《路加福音》各兩章）。這四章記載的都是耶穌襁褓時候的事：他的世系、受孕和誕生，此外還包括一些耳熟能詳的事件：有智者從東方來到、牧羊人到馬槽參拜、耶穌接受割禮，一家人逃到埃及、直到希律王在公元四世紀死後才回到拿撒勒。⑬

這之後，耶穌的生平就開始變得模糊，要等到他開始出來傳道才又變得明晰起來。事實上，耶穌這段時期的記載，只有記載在《路加福音》裡的兩件事情：他身體與屬靈力量的成長，還有他十二歲那一年在踰越節時偷跑到聖殿去一事。

在一段簡短而有力的文字裡，路加記述了這件事情的始末：在踰越節過後要返回拿撒勒途中，約瑟和馬利亞突然發現耶穌不見了，當他們回頭找他，發現「他在殿裡，坐在教師中間，一面聽，一面問。凡聽見他的，都希奇他的聰明和他的應對。」而當馬利亞責備他時，耶穌回答說：「爲什麼找我呢？豈不知我應當以我父的事爲念嗎？」[14]

接下來，耶穌就「順從父母的意思」，[15]跟他們一起回拿撒勒去了。至此，布幕就再一次降了下來：接下來的十七年，我們完全不知道他去了哪裡、做過些什麼。要直至他三十歲上下在約旦河接受施洗約翰的洗禮，布幕才重新開啓。

對這中間的漫長歲月，《路加福音》只以一語帶過：「耶穌的智慧和身量，並上帝和人喜愛他的心，都一起增長。」[16]基督教學者拉圖里特(Kenneth S. Latourette)指出：「有關耶穌生平和教誨的忠實紀錄是如此簡短，以至於用報紙的其中一頁，就可以把它們全部載完，而這裡頭，又有很大比例是發生在耶穌死前最後幾天的事情。」[17]

爲什麼沒有人願意就耶穌的生平作出較詳細的記錄呢？學者們對此作了相當的

思考。加州克萊爾蒙特神學院，死海經卷計劃的負責人特里維爾博士(Dr. John C. Trever)認爲，這一點是因爲猶太人是個宗教意識的民族，而不是個學術意識或歷史意識的民族。[18]

基於我們所受的教育和文化的薰陶，我們傾向於以歷史的眼光思考事情。我們想知道「過去發生了什麼事情」。不過，《觀念史大辭典》(*Dictionary of the History of Ideas*)則指出：「最早期的基督徒看來很不注重俗世的歷史；某個意義上，他們都是極度出世，極度專注於靈性生活的人。」[19]

根據特里維爾博士推想，早期的基督徒預期基督馬上就會再臨，而地上的歷史隨之就會終結，所以，根本沒有把歷史記錄下來的必要。在《歷史耶穌的新探尋》(*A New Quest of the Historical Jesus*)一書中，新約學者羅賓遜(James M. Robinson)主張，耶穌的第一代追隨者肯定知道耶穌的長相，以及若干他個人的生活背景，而他們之所以不把這些記錄下來，是因爲他們有興趣的是耶穌的教誨，而不是他的生活瑣事。

在有關耶穌生平的研究中，學者們所關注的都是耶穌傳道階段的生活，而非他失蹤的一段生活。不過，這可不是因爲興趣的缺乏使然，而是出於資料闕如。「哪怕只有一丁點兒的資料，我們全都會一擁而上。」羅賓遜教授表示：「但在這個課題上，我們近乎無依無靠。」用學術界的行話來說，這是一個「沒有文本，沒有歷史」的個案。⑳

依照正統基督教神學家和學者的立場，耶穌在聖經中未見記載的一段生活，是在拿撒勒或其附近度過的，而聖經不去記載它，則是因爲耶穌這段生活並沒有什麼特別值得一提的地方。

但在一八九四年，卻有一位名叫尼古拉斯·諾托維奇(Nicolas Notovitch)的俄國記者，出版了一本書，挑戰這種正統的觀點。書名是**《耶穌基督未爲人知的生平》**(*La Vie inconnue de Jésus Christ, The Unknown Life of Jesus Christ*)。在書中，諾托維奇聲稱，當他一八八七年底在拉達克(Ladakh)旅行時，發現了一份古代的佛教手稿，上面明明白白記載著耶穌在十二至三十歲這段期間，人在哪裡——在印度。

諾托維奇是個有點謎樣的人。根據《全國聯合目錄》(*National Union Catalog*)記載，他出過七本書。但有關他生平的資料，卻幾乎找不到。我們對他的所知，比對耶穌還要少！雖然我們有證據可以確認，他是在一八五八年出生於克里米亞，㉑但對於他的卒年，卻無法得知。他除了是個新聞記者以外，也可能是個戰地記者，而當他在東方旅行的時候，曾被人們誤當成是個醫生。[22]

諾托維奇自白他的信仰是東正教，不過，他有可能是半途才轉皈東正教的，因爲在《猶太教百科全書》(*Encyclopaedia Judaica*)中有一條關於他兄弟奧斯皮・諾托維奇(Osip Notovitch)的簡短條目指出，奧斯皮是個猶太人，年輕時才改宗東正教。[23]

諾托維奇的大部分作品都是以法文寫成，主題以俄國的內政和國際關係爲主，其中包括《歐洲的大西洋化與尼古拉二世》(*The Pacification of Europe and Nicholas II*)、《俄國與英國的同盟：一個歷史與政治的研究》(*Russia and the English Alliance: An Historical and Political Study*)、《沙皇的陸海軍》(*The Czar, His Army and Navy*)。

就我們所知，《耶穌基督未爲人知的生平》是諾托維奇第一本、也是唯一一本與宗教有關的著作。此書除了他一段東方之旅的述要以外，還包括一份他聲稱在旅途中發現的古代佛教手稿的譯文。而他之所以會找到這份手稿——如果我們相信他所說的是眞話——則是由一連串的巧合匯聚而成的。

簡單來說，諾托維奇發現的過程如下。在俄土戰爭（一八七七至一八七八）結束後，諾托維奇在東方進行了一連串的遊歷。他對印度的民情風俗和考古學都深感興趣。他隨性而行，取道阿富汗到達印度。一八八七年十月十四日，他離開拉合爾

(Lahore)，前往拉瓦爾品第(Rawalpindi)，然後又取道克什米爾(Kashmir)，到達拉達克。在拉達克的時候，他計畫取道喀拉崑崙山和中國的土耳其斯坦，[24]返回俄國。

在旅途上，他走訪了一家位於木比克(Mulbekh)的喇嘛廟。木比克是通向西藏佛教的大門。諾托維奇受到一位喇嘛的接待，對方告訴他，在西藏首府拉薩的佛寺裡，收藏著幾千卷記載著先知伊撒(Issa)的事蹟的經卷。而**所謂的伊撒，就是耶穌的東方名字**。雖然木比克的佛寺裡沒有這樣的經卷，但喇嘛告訴諾托維奇，在很多大型的佛寺裡，都可以找到這些經卷的其中一些的副本。

這番話引起了諾托維奇的高度興趣，他下定決心，哪怕要去到拉薩那麼遠，也要把有關伊撒的記載找到。離開木比克以後，諾托維奇又先後走訪了幾家喇嘛廟，那裡的僧人都表示有聽過關於伊撒生平的經卷，但他們的廟裡卻沒有這樣的副本。接著，諾托維奇就到了希米寺(Himis)。

希米寺離拉達克首府列城(Leh)二十五英里遠，是拉達克最大和最負盛名的佛寺。當初建寺者爲它取名「希米」，意即「佛陀教誨的支柱」。每年，希米寺都會舉行盛大的慶祝活動，紀念聖人蓮花生大士(Padma Sambhava)。慶祝活動包括一些舞蹈表演，刻劃佛戰勝邪惡的場面。

希米寺深藏於喜馬拉雅山的河谷之間，位於海拔一萬一千英尺高處。據到過那裡的人形容，希米寺會讓人聯想到香格里拉。由於地勢偏僻高峻，它是拉達克少數未被戰火摧毀的佛寺之一。據瓦德爾(L. Austine Waddell)指出：「在希米寺可以找到的有趣事物——包括書籍、衣服和面具等等——要比拉達克其他任一間佛寺多。」㉕

當西藏學家史奈爾戈維(David L. Snellgrove)和斯科魯普斯基(Tadeusz Skorupski)在一九七四至一九七五年造訪希米寺的時候，他們被告知：「其他的喇嘛寺，基於希米寺位置隱僻的緣故，常常會在面臨危難的時候，把珍藏送到希米寺來保存。所以，在希米寺的儲藏室裡——被稱為「黑寶庫」(Dark Treasury)——收藏著數量可觀的珍藏。……據說，只有在寶庫的掌管者把保管權傳給繼承者的時候，寶庫才會被打開一次。」㉖

在希米寺的時候，諾托維奇看到了喇嘛所跳的眾多神舞的其中一齣。之後，他問大喇嘛，是否聽說過伊撒其人。對方回答說，佛教徒都高度尊崇伊撒，但除了讀過伊撒生平紀錄的那些大喇嘛以外，沒有人對他有多少了解。

談話中間，大喇嘛又告訴諾托維奇，在希米寺的藏經中有著「記錄伊撒佛(Buddha

Issa)生平與事蹟的經卷。他在印度人和以色列的孩子中間傳揚過聖訓。」大喇嘛表示，這些經卷，是在印度寫成的，後來被帶到了尼泊爾，再後來又被帶到了西藏。它的正本是佛教的官方語言——也就是巴利文——寫成的，而希米寺所藏的，則是已被翻譯成藏文的副本。

諾托維奇問他：「你把這些副本唸給外人聽的話，會不會是觸犯誡律呢？」大喇嘛表示不會（「它們既是屬於神、也是屬於人的東西」），但又表示，他一時之間不確定那些抄本放在哪裡，但如果日後諾托維奇有機會再來的話，他很樂意把它們找出來給他看。

爲了不想流露出太熱切的心情而讓希米寺的喇嘛興起防備心理，削弱了自己接觸手稿的機會，諾托維奇決定先行離開，稍後再找個藉口回來。幾天後，他派人給大喇嘛送去一個鬧鐘、一個手錶和一個溫度計，作爲禮物，並附上口信，說他很盼望能再到希米寺走一趟。

在書中，諾托維奇表示自己原想在再訪希米寺以前，先回克什米爾一趟，但是「命運卻另有安排」。在平塔克寺(Pintak)的附近，他摔下了馬背，摔斷了一條腿。於是，他就以此爲藉口，再到希米寺去。希米寺離平塔克寺有半天的路程。

在諾托維奇養傷期間，大喇嘛終於被他「最誠懇的乞求」所打動，把「兩大紮書頁已經發黃的書」搬到他面前，並挑出有關伊撒的段落，大聲唸出。諾托維奇則根據口譯員的翻譯，小心翼翼地逐字逐句記在筆記本上。

諾托維奇聲稱，他記錄下來的伊撒生平，原是一首首分散在不同經卷裡的詩所組成的，它們既沒有標題，又沒有次序。他把它們整理過一遍，排列出次序，然後在幾年後連同他發現此書的經過，發表出版。

文本的名稱是《聖人伊撒之生平：最優秀的一位人子》(*The Life of Saint Issa: Best of the Sons of Men*)。這個名稱，顯然是諾托維奇自己取的。全文內容並不長，只有二百四十四首詩，被分成十四章。最長的一章有二十七首詩。

對熟悉新舊約的人而言，此文的部分內容一點也不會陌生：它提及猶太人在埃及所受的奴役；提及猶太人在摩沙（即摩西）的帶領下，離開埃及，前往以色列；提及以色列人後來的墮落和接踵而來的異族入侵；提及神之子的道成肉身，降生在一個貧窮但卻虔敬的家庭；提及上帝透過這個小孩的嘴巴說話，四方八面的人都前來聆聽。

接著，敘述就迅速跳到伊撒十三歲那一年，也就是他「行蹤成謎」的歲月的第一年。根據文本所述，十三歲是「一個以色列人當娶妻的年紀」。伊撒父母的家雖然簡陋，但此時卻來了一大堆有錢和地位顯赫的人，因爲他們都想伊撒當他們的女婿。這是因爲，此時的伊撒，「早已因他那些奉主之名而傳講的道理而大名遠播」。

但伊撒卻另有打算。根據諾托維奇刊行的手稿記載，伊撒悄悄地離家出走，離開了耶路撒冷，跟隨一隊商旅，前往東方，目的在於讓自己可以在「聖言」(Divine Word)的薰迪下趨於至善，並研究諸佛所宣示的佛法。

手稿說伊撒在十四歲越過信德(Sind)（信德是今日巴基斯坦東南部下印度河河谷的一個地區），並住在亞利雅人(Aryas)之間。這裡所說的亞利雅人，指的毫無疑問是公元前兩千年開始移居至印度河河谷的亞利安人。伊撒在亞利安人之間大名遠播，耆那教徒(Jains)並要求他與他們同住。但伊撒並沒有答應。相反的，他去了札格納特(Juggernaut)，並受到當地的婆羅門(Brahmin)教士的熱烈歡迎。他們教他閱讀和理解《吠陀》(*Vedas*)，並教他講道、治病和驅邪的方法。

伊撒在札格納特、王舍城(Rajagriha)、貝拿勒斯(Benares)和其他聖城度過了六年時光，研究學問和教導別人。不過，他卻慢慢與婆羅門和剎帝利(Kshatriyas)兩個種姓發生了齟齬，原因是他們不樂見伊撒對吠舍(Vaisyas)和首陀羅(Sudras)兩個低級種姓宣講《吠陀》的道理。按規定，吠舍種姓只有在節日的時候，才有權利聽別人唸誦《吠陀》，至於首陀羅種姓，則是完全不准接觸《吠陀》的，甚至連看一眼都不被允許。

伊撒不但不理會婆羅門和刹帝利的勸阻，反而向吠舍和首陀羅發表一些不利他們的言論。婆羅門和刹帝利得知以後，決定置他於死地。

伊撒得到了首陀羅的預警，連夜逃離了札格納特，前往位於南尼泊爾的喜馬拉雅山山麓。五個世紀以前，偉大的釋迦牟尼就是誕生在這裡。（他是釋迦族的王子，而「釋迦牟尼」一詞的原意，就是釋迦族的聖人）。

經過六年的潛心鑽研以後，伊撒「成爲了聖經典的完美闡釋者」。於是，他離開了喜馬拉雅山，向西而行，沿途傳揚眞道和反對偶像崇拜，最後回到巴勒斯坦。

《聖人伊撒之生平》可分爲三大部分。第一部分涵蓋第一章至第四章的前半部分，它交代的是伊撒之所以需要道成肉身、降臨凡間的前因，以及他的早年生活。第二大部分涵蓋第四章的後半部至第八章，交代的是伊撒「行蹤成謎的歲月」——即十三至二十九歲——的事蹟。這時期，他是在印度和喜馬拉雅山學道及潛修。第三部分——第九章至第十四章——記載的則是他回巴勒斯坦後的遭遇。

文本中有關伊撒回到巴勒斯坦之後的記載，一方面跟四福音有相似的地方，但另一方面又存在著一些重大的歧異。例如，《聖人伊撒之生平》並未提到施洗約翰，也不見有耶穌復活的情節（雖然也沒有完全否定這件事）。另外，被手稿指爲害死耶穌元兇的人是彼拉多，而不是猶太教的祭司和長老。

彼拉多之所以要陷害伊撒，是因爲他看見伊撒深具群衆魅力，怕他會被擁立爲王。在伊撒傳道三年後，彼拉多命令一個探子去誣陷他。伊撒被捕後，雖然被羅馬士兵百般折磨，卻始終不肯招認自己有造反的企圖。

聽說伊撒受折磨的事，猶太教的大祭司和長老都懇請彼拉多釋放伊撒。彼拉多斷然拒絕這個要求後，祭司和長老又轉而要求彼拉多把伊撒交付公審，以斷定他有罪沒有罪。這一點，彼拉多同意了。

伊撒跟兩個盜匪一起被公審。審訊時，彼拉多唆使兩個人作僞證，構陷伊撒。伊撒原諒那些作僞證者，卻譴責彼拉多。這使得彼拉多勃然大怒，他要求法官們釋放兩個盜匪，但卻判伊撒死刑。法官們告訴彼拉多：「我們不會判無辜者死刑而開釋有罪的盜匪，這是一宗大罪。」然後，他們走到一個聖器皿前面洗手，並說：「這個義人的死，與我們無關。」

彼拉多見狀，只好下令把兩個盜匪與伊撒一同釘十字架。日落時，伊撒失去了意識，靈魂離開了肉體，「完全融入到至聖者之中。」

由於怕群眾鬧事，彼拉多最後同意把伊撒的屍體歸還他父母。伊撒父母把他葬在離刑場不遠的地點。群眾聚集到伊撒的墓穴前禱告。三天後，彼拉多唯恐伊撒會復活，於是差遣士兵移走伊撒的屍體，另葬他處。

第二天，人們發現伊撒的墓穴是打開的，裡面的屍體不見了，於是謠言立刻不脛而走：「最高的審判者已經差遣天使，把作爲聖靈化身的聖人伊撒的屍體帶走了。」

這個故事，據稱是伊撒被釘十架之後三到四年，由一些目睹事件經過的商人帶到印度，再被記錄下來的。㉗

《耶穌基督未爲人知的生平》甫一出版就大獲成功。法文版在一八九四年最少印了八版，而三個不同的英譯本未幾就在美國面世。一年後，又有一個英譯本在倫敦出版。此書後來又被迻譯爲德文、西班牙文、瑞典文和義大利文。㉘

如果形容這本書所引起的是一場「爭議」，還是太輕描淡寫了。一八九四年五月十九日《紐約時報》(*New York Times*)的一篇書評指出，諾托維奇所說的故事，其中一些細節雖然「不全無可能」，但是「如果有人相信耶穌基督眞的去過西藏或印度，那就眞的太好騙了。」㉙

這位書評者認爲，諾托維奇的發現：「不過是在重申神智學者(theosophists)的論點罷了。也就是說，基督熟悉佛教的神學。」書評者也勸說那些有意組織一個考察團到拉達克查證原始文件眞僞的人打消主意，因爲不管手稿是眞是假，這樣做「都是在浪費時間」。

當《耶》書的另一個英譯本出現後，《紐約時報》又出現了一篇書評。它跟上一篇書評一樣，並不否定諾托維奇發現的文件有可能是眞的，然而它卻質疑，爲什麼佛教文獻的價值，就一定比基督教的來得高。「基督徒都知道，釋迦牟尼的學說，創造了一個貧瘠的文化。如果無神論者相信佛教的文獻比基督教的文獻更值得相信，那眞是太天眞了。不過，諾托維奇的發現確實具有吸引力，而它會引起注目和引發爭論，也是恰如其分的。」㉚

另一些批評就沒有那麼寬大了，他們不但否定《聖人伊撒之生平》的可靠性，還質疑諾托維奇是不是真的到過拉達克。在一八九四年五月號的《北美評論》(*North American Review*)，一位著名的唯一神教派(Unitarian)牧師暨作家霍爾(Edward Everett Hale)，就甚至懷疑，到底有沒有希米寺這個地方。「我們從我們有關佛教教會組織的檔案資料裡，並未發現在拉達克的首府列城裡，有希米寺這間佛寺。」[31]

霍爾還懷疑，《聖人伊撒之生平》的作者，就是爲沙皇亞歷山大三世寫過傳記的諾托維奇本人。霍爾覺得諾托維奇的敘述中，其中很難讓人入信的一點就是喇嘛獨獨會對諾托維奇提到手稿的事——之前他們從來沒有對其他的西方旅行者提起過。

霍爾也不願相信，諾托維奇需要花那麼大的力氣，才能取信於希米寺的住持，看得到關於伊撒的手稿：「如果一個到普林斯頓去參加世界宗教會議的佛教代表意外受了傷，被接到普大的校長家裡養傷的話，那還有什麼比普大校長送他一本《新約》給他的客人更自然不過的事呢？」

一八九四年十月，牛津大學的現代歐洲語言與比較語言學教授穆勒(F. Max Müller)也加入了批判諾托維奇的行列。他在一本名爲《十九世紀》(*Nineteenth Century*)的評論上寫了一篇名爲〈所謂耶穌的印度之旅〉(The Alleged Sojourn of Christ in India)的文章。[32]穆勒認定《聖人伊撒之生平》是本僞書，說不定是希米寺的喇嘛所僞造，但更有可能是諾托維奇所杜撰。他也懷疑諾托維奇是否眞有到過希米寺。

這位牛津教授指出，根據摩拉維亞教派傳教士和英國軍官的證詞，並沒有一個名叫諾托維奇的俄國人到過列城，也沒有一個帶著條斷腿的人，到過希米寺。穆勒首先猜測，這有可能是因爲「諾托維奇先生在旅行時採取了化名的關係」，所以沒有人知道他叫諾托維奇。不過穆勒繼而指出：「假定諾托維奇先生是個紳士而不是騙子，又眞的到過希米寺的話」，那他很可能是上了喇嘛的大當。

穆勒承認，在諾托維奇的叙述中，是有若干事實的成份。例如，巴利文確實是佛教的官方語言，而佛教也確實是經尼泊爾傳到西藏去的。然而，穆勒又指出，諾托維奇的叙述中，有兩件事「不可能是眞的，要不就幾乎不可能是眞的。」第一是那些在大約公元三十五年從巴勒斯坦到達印度的猶太商人，不可能有那麼巧，剛好碰到一些認識年輕時代的伊撒的人。

穆勒說：

當諾托維奇聽到喇嘛告訴他，一些在基督遇難後不久抵達印度的猶太商人，不只知道耶穌在巴勒斯坦的遭遇，而且還知道他在這之前的行蹤時

（也就是說，知道耶穌（或伊撒）曾經在婆羅門與佛教徒之間待過十五年，學過梵文與巴利文，研究過《吠陀》和《三藏》），他就應該起疑了。因為有一個問題，是希米寺的喇嘛再聰明也難以回答的，那就是，那些猶太商人是怎麼會那麼巧，遇上認識曾在印度學習經典的伊撒的人——要知道，印度可是一個很大的地方。再來，就算他們真的碰到當年認識伊撒的人，那些人又怎會知道，猶太商人所說死於彼拉多手上那個人，就是他們當年認識的伊撒？

第二個穆勒認爲《聖人伊撒之生平》不可信的理由在於它並未見諸《甘珠爾》(Kanjur)和《丹珠爾》(Tanjur)這兩本藏譯佛經的標準目錄裡。

接下來，穆勒又把矛頭指向《耶穌基督未爲人知的生平》的序言。在序言裡，諾托維奇表示他從未懷疑他所發現的手稿的眞實性，而且決定要在回到歐洲後，把他記錄下來的內容出版成書。但在這樣做之前，他曾把手稿內容交給幾位知名人士過目，徵詢過他們的意見：一位是基輔的都主教柏拉頓，一位是與教宗相熟的樞機主教（不具名），一位是世界知名的法國歷史學家與文評家勒南(Ernest Renan)，一位是巴黎的羅蒂尼主教。

諾托維奇聲稱，那個不具名的樞機主教勸他打消出版的主意，理由是如果他把手稿付梓，將會爲自己樹立不少敵人。這位樞機主教又表示：「如果你在意的是錢的問題的話，那我可以幫你爭取一筆獎金，以彌補你在金錢上的花費和時間上的損失。」

巴黎的羅蒂尼主教也不同意諾托維奇把書出版，理由是他擔心這樣會助長了福音教義(evangelical doctrine)的敵人的氣燄。

至於勒南——《耶穌傳》(*Life of Jesus*)的作者——則建議諾托維奇把手稿託付給他，他會向法蘭西學院寫一份研究報告。諾托維奇雖然覺得榮幸，但卻婉拒了這個建議，因爲

> 我預見得到，如果我答應這個合作，那留給我的，將只是手稿發現者的榮耀，而對手稿評論和把它公諸於世的榮耀，將全歸《耶穌傳》的知名作者所有。
>
> 我深信自己有充分能力把手稿的譯文和我做的筆記出版成書，所以最後婉

拒了勒南先生的美意。不過，為免傷害這位大師的感情——他是我高度尊敬的人——我決意把書延至勒南先生辭世後再行出版。從我對他衰弱的健康判斷，我知道這一天將為期不遠。

在穆勒看來，諾托維奇在序言中的這些說明，是他爲人不值得信任的一個明證。「當一位羅馬的樞機主教勸他不要把書出版，並友善地提議要爲他提供一筆補償的時候，他卻在序言裡暗示對方是在賄賂他，暗示對方是在打壓他的出書計畫。但那位樞機主教有什麼必要這樣做呢？」穆勒認爲這不合情理。「因爲如果伊撒的故事是眞的話，那它對教會來說，不但不是壞事，反而是好事一件。因爲它可以證明，耶穌在歷史上確有其人。」

穆勒也認爲，諾托維奇爲防自己的榮耀被瓜分，而把書等勒南過世後再出版的做法是不厚道的。不過，穆勒在結論裡表示，他寧可相信諾托維奇是上了喇嘛的當，因爲「相信喇嘛會有時作假，比相信諾托維奇先生是個騙子，要讓人覺得愉快些。」

在文末，穆勒引述了一位不具名的英國女士從列城寫給他的一封信（發信日期是一八九四年六月二十九日）：「你有沒有聽說有一個俄國人，想進入一家喇嘛寺不成，最後靠斷了一條腿而達成心願的？他的目的是要找一份有關基督當過佛教徒的記載。他說他把東西弄到了手，後來在法國加以出版。整個故事裡沒有一句是眞話！這裡從沒有來過俄國人。過去五十年來也從未有一個斷腿的人被抬進過寺裡。根本沒有基督來過這裡這回事！」㉝

諾托維奇形容穆勒的批評「是在意圖醜化我」。他不只沒有在批評前面退縮，反而更勇敢地爲自己辯護。在其中一個英譯本裡，他寫了一篇「致出版者的信」的文字，作爲對批評的回應（本書第二章收錄了這篇文字）。文中，他先是指出「一些構思巧妙的所謂批評」，已經扭曲了大眾對《耶穌基督未爲人知的生平》的印象，繼而就對加諸於他的主要批判做出扼要回應。

他首先解釋，爲什麼希米寺的大喇嘛最初沒有正面回應他看一看手稿的要求。他指出，東方人習慣把西方人視爲盜匪，如果西方人向他們打聽任何佛寺裡的收藏，就是在打這些收藏的主意。而他最後終於成功取得，則緣於他採取了一種「東方式的手腕」，也就是透過迂迴的方式，以隱藏自己的眞正目的和緩和對方的疑心。

對於他從未到過希米寺的指控，諾托維奇列舉了一批人的姓名，說這些人能證明他確實到過該地區。其中一位是卡爾・馬克斯（對，是這個名字沒錯），㉞他是一位歐洲醫生，受雇於英國政府，曾在拉達克爲諾托維奇治過腿傷。

對那些指稱《聖人伊撒之生平》出自他手筆的人，諾托維奇則抗議說：「我的想像力沒這樣豐富。」

由於穆勒在學術界享有盛譽，所以諾托維奇對他的批評，花了特別多的篇幅來回應。諾托維奇承認，他發現的手稿，確實沒有登錄在《甘珠爾》和《丹珠爾》兩本經錄中，而如果有的話，「那我的發現就不稀罕了。」因爲如此一來，則任何東方學家都可以拿著兩本經錄，到拉薩把手稿給找出來。

對於《聖人伊撒之生平》不見於《甘珠爾》和《丹珠爾》這一點，諾托維奇還提出了兩個解釋。首先，這兩本佛經目錄並不是鉅細靡遺的。「誠如穆勒先生自己說的，有列名在《甘珠爾》和《丹珠爾》的佛經，只有兩千卷」，但拉薩佛寺所藏的經籍，卻超過十萬卷。其次，《聖人伊撒之生平》是不可能在任何一本目錄中找到的，因爲它本來就不是一本書，而是散佈在不同經籍中的文字，而且是沒有標題的。

至於對穆勒所說的，很難想像猶太商人會在印度湊巧碰到認識年輕時代的伊撒的人一點，諾托維奇則回應說，那些商人並非猶太商人，而是印度商人，他們到巴勒斯坦經商，在返回印度以前，湊巧目睹了伊撒被釘十架的事件。

雖然諾托維奇自己沒有提出來，其實，還有一個理由，可以說明那些來自巴勒斯坦的商人，會在印度碰到知道伊撒其人的人，並不是那麼難或那麼不可能。印度是一個消息傳播得非常快的地方。而如果耶穌誠如手稿所言，曾經在印度造成轟動的話，那全印度的人都知道有他這麼一號人物，並不是不可想像的。再說，如果說耶穌在巴勒斯坦只傳道了三年，就造成這麼大的影響，那他在印度住了十五年上下的時間，其影響力難道會在巴勒斯坦之下嗎？

在為自己辯護的過程中，諾托維奇提出了一個額外的論點，那就是，大喇嘛唸給他聽的那些詩「也許是出自聖多馬(St. Thomas)的——出自他的手筆或由別人在他的指示下完成的」。諾托維奇並未對此說提出證據，也未解釋此說要怎樣和手稿是依據印度商旅口述寫成之說相調和。他只是指出，聖多馬、聖巴多羅買(Saint Bartholomew)和聖馬提亞(Saint Matthias)都自稱到過西藏、印度和中國傳道，那麼，他們在這些地方會什麼都沒有寫過嗎？

有關聖多馬的生平，我們所知甚少，不過有一個傳說指出，基督教是由聖多馬在公元五十二年傳入印度的。像印度馬拉巴(Malabar)的敘利亞基督教徒就聲稱，他們教會是聖多馬所創建的。在《聖多馬的印度基督徒：一個有關古代馬拉巴的敘利亞教會的研究》(*The Indian Christians of St. Thomas: An Account of the Ancient Syrian Church of Malabar*)一書中，布朗(Leslie Brown)指出：「一世紀時，在印度西北部，有相當多的猶太人據點，說不定，它們會引起第一批基督教傳教士的興趣。」[35]

不管聖多馬眞的有沒有寫過任何東西，不過，誠如《天主教百科全書》(*The Catholic Encyclopedia*)所指出的：「他的名字，是爲數可觀的啓示錄式文獻的起點，而有若干的歷史證據顯示，這一類的文獻中，包含著眞理的種子。」[36]

我們現在對聖多馬的所知，主要是來自寫成於公元二二〇年前的《多馬行傳》(*Acta Thomae, the Acts of Thomas*)——一份帶有諾斯底教派色彩的早期手稿。這是有關聖多馬事蹟的一份主要文件，不過根據《天主教百科全書》的評論，這份手稿在很多細節上「語多誇張」。[37]

據《多馬行傳》記載，當衆使徒在耶路撒冷抽籤，決定誰要到什麼地方傳播福音的時候，聖多馬抽到的是印度。但他不願意去，他說：「我是個希伯萊人，憑什麼有辦法在印度人之間傳揚眞理呢？」

但耶穌卻在多馬面前顯現，對他說：「不用害怕，多馬。到印度去，宣揚聖道，我的榮光將會與你同在。」但多馬仍然拒絕前往。這時，湊巧有個名叫阿巴納斯的商人，奉了印度王岡達費洛斯(Gundaphoros)的命令，到耶路撒冷來物色一個木匠。耶穌在市場裡看到阿巴納斯，便趨上前去，把多馬賣予他為奴。於是多馬便跟著阿巴納斯一起乘船回印度去。印度王看見多馬，交給他一筆錢，要他蓋一座宮殿。但多馬卻沒有拿錢去蓋宮殿，反而用它來賑濟窮人，並以基督之名傳道。

岡達費洛斯得知此事以後，便把多馬關了起來。但稍後，當岡達費洛斯得知多馬其實是為他在天國上建造了一座宮殿之後，便把多馬釋放，並皈依了基督教。㊳「自此以後，多馬遍遊了印度，到處傳道。他最後被處死，並被四個士兵用矛刺穿身體。」㊴

儘管這個故事看來很玄，但《天主教百科全書》卻指出：

令人驚訝的是，現在我們已經知道，在公元四十六年前後，確實有一個名叫岡多法內斯(Gondophernes)或岡度法拉(Guduphara)的王，統治著喜馬拉雅山以南的亞洲部分（涵蓋今日的阿富汗、俾路支、旁遮普和信德）。這一點，是從地下出土的錢幣得知的，它們有些是帕提亞(Parthian)的樣式，上刻著希臘文字，有些是印度的樣式，上刻著用佉盧(Kharoshthi)字體拼成的印度方言。雖然拼法上有若干細微差異，但岡多法內斯或岡度法拉就是《多馬行傳》中的岡達費洛斯，卻是毫無爭議的。其他的證據來自塔克特－伊－巴希(Takht-i-Bahi)銘文。專家們認為，憑這份銘文，可以證實，岡達費洛斯的王朝開始於公元二十年，並最少延續到公元四十六年。㊵

但是，不管多馬是否眞的有到過印度傳福音，不管有關伊撒的手稿是出於多馬的手筆，還是根據一些印度商人的口述寫成，也不管諾托維奇是否斷過一條腿，這些都不是最關鍵的問題。因爲正如諾托維奇在「致出版者的信」裡所說的，眞正關鍵的問題仍在於：「我公布的文件，東西眞是存在於希米寺嗎？而我有忠實地把它的內容重現出來嗎？」

諾托維奇的這篇自辯之詞，被一八九六年四月十九日《紐約時報》的一篇文章中形容爲「大膽而活力十足的」，並稱如果這個辯護「不能讓他的質疑者信服的話，或多或少也會讓他們噤聲。」它又指出，拉達克是個非常遙遠，不容易到達的地方。

但這篇文章的用意不在讚揚諾托維奇，而在埋葬他。因爲，文章提到有一個叫道格拉斯的人，接受了諾托維奇的挑戰，親身跑到了希米寺去，一查究竟。回來後，他把訪查結果登在《十九世紀》上。根據《紐約時報》的說法，道格拉斯的文章，等於是「完全否定諾托維奇這位俄國旅行家的每一個說法，唯一未否定的，是他有到過拉達克這回事。」㊶

道格拉斯是印度阿格拉的政府學院的教授，他對環繞《聖人伊撒之生平》展開的爭論知之甚詳。在還沒有讀過諾托維奇的書以前，他就已讀過穆勒的評論文章。

每一個偵探都知道，大部分的罪犯都有一套固定的犯罪模式，掌握了這種模式，你就可以預測他未來的行爲。而在我們目前所處理的這件如謎公案中，似乎也是有著一種反覆出現的模式：涉及這事件的每一個要角，生平資料都寥寥無幾。對於道格拉斯的生平，經過長時間和徹底的追查後，我們唯一知道的，就是他在《十九世紀》寫過上述的文章、跟穆勒通過信和聲稱去過希米寺。就那麼多。

言歸正傳。道格拉斯在讀過穆勒的文章後，認爲他判定《聖人伊撒的生平》是本僞作，證據並不充分，結論未免下得太倉促。於是，他決定接受諾托維奇的挑戰，在一八九五年親赴希米寺查證這件事。他自稱：「我是帶著要去證明諾托維奇先生所說爲眞、並準備恭賀他的驚人發現的心理出發的。」

他登在《十九世紀》的文章題爲〈希米寺住持談所謂的《耶穌基督未爲人知的生平》〉(The Chief Lama of Himis on the Alleged "Unknown Life of Christ")，寫於一八九五年六月，刊登於一八九六年。㊷文中他表示，自己受到了大喇嘛的接待，並透過一個能幹翻譯員的翻譯，把諾托維奇的書摘要唸給對方聽。之後，他問了大喇嘛一連串問題。

道格拉斯在文中首先作了兩點聲明：第一，他認爲希米寺的住持年高德劭，說話的眞實性毋庸置疑，絕對値得信任；其次，翻譯員在把諾托維奇的書唸給住持聽的時候，唸得很慢，可以確定對方完全聽得懂。

根據道格拉斯文章所述，大喇嘛表示，他在希米寺當住持已當了二十五年，這段期間，希米寺雖然接待過若干位歐洲的紳士，但他們之中沒有一個是摔斷了腿的。另外，他也表示，他從未向任何「老爺」(sahib)出示過一本記載聖人伊撒生平的書籍。

「本寺根本沒有這樣一本書。而在我當住持這段期間，也從未有一個老爺，被允許翻譯或抄寫寺中的任何手稿。」

而當大喇嘛被問到，他知不知道在西藏的其他佛寺裡，有任何記載伊撒生平的書籍時，他回答說：

我當喇嘛已經四十二年，熟知所有知名的佛教書籍與手稿，但我從未聽說過有那一本，有提過伊撒這個名字的。我深信沒有這樣的書存在。我也向西藏其他佛寺的住持打聽過，他們也一樣表示沒聽過有提到伊撒這個名字的書籍或手稿。

大喇嘛又說，他從未收到過一份包含手錶、鬧鐘和溫度計在內的禮物（他甚至不知道溫度計是什麼東西），也不會英語和烏耳都語(Urdu)，甚至也看不懂巴利文（寺中所有藏書都是從梵文和印度文翻譯過來）。大喇嘛說，「沒有一個佛教徒聽過伊撒的名字；除了跟歐洲或傳教士有接觸的人之外，也沒有一個喇嘛知道這個人。」

大喇嘛在一份包含這些答問的紀錄上簽了字，並蓋上他的正式印章。在場見證的，除了道格拉斯以外，還有拉達克的前郵政總監佐爾丹。

至此，道格拉斯認爲他已經回答了諾托維奇自己提出來的兩個問題：「我公布的文件，東西眞是存在於希米寺嗎？而我有忠實地把它的內容重現出來嗎？」

道格拉斯這樣寫道：

我走訪了希米寺，有耐心而且不帶偏見地查證過諾托維奇先生那個不平凡的故事。但結果卻是，我找不到任何可以支持他的說法的證據，相反的，所有證據都毫無保留地指向否定的方向。可以肯定的說，根本不存在諾托維奇先生聲稱他翻譯過的手稿，而因為沒有這樣的手稿，他不可能「忠實地把它的內容重現出來」。

雖然道格拉斯認定《聖人伊撒之生平》是部僞作，但卻相信，諾托維奇眞的有可能到過列城，甚至希米寺。儘管大喇嘛告訴道格拉斯，在一八八七年至八八年間，希米寺沒有接待過一個俄國人，但道格拉斯卻發現，大喇嘛不是很能區分歐洲人、俄國人和美國人。當他拿出一張諾托維奇的照片給大喇嘛看時，對方承認，「他有可能是把諾托維奇誤認成一位『英國老爺』」。

經過「仔細的求證」，道格拉斯也斷定，的確有一位名叫卡爾·馬克斯的醫生——他是列城醫院的醫官——曾經治療過諾托維奇：「不過倒不是治療他的斷腿，而是治療他較不浪漫也較不難過的痛楚：牙疼。」道格拉斯不排除諾托維奇有摔斷過腿的可能，不過，「把摔斷腿的事情與希米寺扯在一起，不多不少也是個虛構。」

穆勒爲道格拉斯的文章寫了一篇後記，在這篇後記中，穆勒表示，雖然打從一開始，他就深信《耶穌基督未爲人知的生平》是虛構的，不過，他當初還是心存忠厚，把事情解釋爲是諾托維奇上了喇嘛的當。但現在，當他讀過道格拉斯的文章後，他卻覺得自己必須對希米寺的喇嘛致歉，因爲他不應該懷疑「希米寺的高僧竟會做出這等荒唐事」。最後，穆勒宣稱，道格拉斯的文章不但否證了諾托維奇的故事，甚至可說是把它給「消滅掉」了。㊸

《耶穌基督未爲人知的生平》的信譽因此大爲動搖，而這本書也逐漸從坊間銷聲匿跡。至於諾托維奇，則重拾他的老本行，寫了一些較不具爭議性的作品（如《歐洲的大西洋化與尼古拉二世》和《俄國與英國的同盟國》）。至此，故事是應該告一段落了。

但事實卻相反。任何喜愛神祕故事的讀者都知道，當故事似乎愈是眞相大白的時候，就會愈變得撲朔迷離。

當然，在有些人看來，這是宗已經了結的公案：所謂伊撒的手稿，是諾托維奇在自己的書房裡杜撰的，而道格拉斯則「當場」把他逮個正著——爲道格拉斯背書的人是希米寺年高德劭的老住持和拉達克的前郵政總監（也是他的翻譯）。

據道格拉斯所述，當他們把諾托維奇的書摘要唸給老喇嘛聽的時候，他一面聽一面大喊：「謊言，謊言，謊言，全是一派謊言！」不過，在別的時候，大喇嘛又擔心地問，寫這本僞書的人，會不會受到迫害。

在這些證詞前面，我們除了認定諾托維奇「有罪」以外，似乎別無其他可能。不過，任何高明的偵探，都知道事情的眞相很少會像它們表面看起來那樣子。其實，如果《聖人伊撒之生平》眞是諾托維奇僞造的話，那他的動機何在呢？㊹爲名？爲利？他有同謀嗎？他眞的是沙皇的特務嗎（霍爾就持這個看法）？㊺如果他是，那他僞造這件作品，有什麼政治上的居心？而且，他憑什麼相信，他的西洋鏡不會被拆穿呢？

拉達克是一處高峻、寒冷、遙遠和不毛之地。有大約一千年的時間，它斷斷續續是個獨立的王國。在一八三四年，他被查謨(Jammu)的統治者所併吞，而到了一九四七年，它成爲了印度的查謨與克什米爾邦(Jammu and Kashmir State)的一個區。它與巴基斯坦、西藏和中國的土耳其斯坦都有接鄰。

喜馬拉雅山群峰脈從它所座落的高原上拔起。那是一個充滿異國情調的地方，也是西藏佛教文化的避難之所。這樣的地方，無疑很適合被用作一個浪漫傳奇的背景。不過，拉達克絕不是一個外人到不了的地方。所以，倘若諾托維奇眞的是作假的話，他難道不會知道，或遲或早，總會有人到拉達克去求證，拆穿他的西洋鏡？即使是穆勒，也覺得諾托維奇會這樣不智，是難以置信的。㊻

儘管如此，人們仍然以這種態度看待諾托維奇。事實上，對於這件事，存在著兩份相互衝突的證詞，一份是諾托維奇的，一份是道格拉斯的。而他們兩人之中，似乎只有一方說了眞話。如果大衆的意見可以作爲眞理的試金石的話，那道格拉斯的證詞當然會被接納爲眞。

但表象是可以騙人的。難道沒有其他的可能嗎？會不會是大喇嘛騙了諾托維奇（穆勒最初就是這樣假設的）？又會不會，大喇嘛並沒有完全對道格拉斯吐實？

我們假定諾托維奇和道格拉斯說的都是眞話的話，那又要怎樣解釋它們之間的鴻溝呢？也許，答案就在於「東方式的手腕」。

諾托維奇指出過，在喇嘛的心目中，西方人形同盜匪，只要西方人問及他們某件寶貝的時候，他們都會認定對方是在打這件寶貝的主意。諾托維奇相信，他最後之所以能夠取信於希米寺的住持，得到他想要的東西，是因爲他採取了迂迴的方法。跟諾托維奇相比，道格拉斯就顯得太唐突和直接了。如果諾托維奇對喇嘛的分析正確，那麼，道格拉斯在詢及手稿的事情時，會得到一個截然否定的回答，就不足爲奇了。

我們永遠不可能知道，道格拉斯或諾托維奇到底有沒有被希米寺的喇嘛所騙，或是他們當中，哪一個被騙。不過，從西藏學家史奈爾戈維和斯科魯普斯基對希米寺的觀察，卻可以反映出，諾托維奇對喇嘛心態的分析，和事實相去不遠。在《拉達克的文化遺產》（*The Cultural Heritage of Ladakh*）一書中，他們指出：

希米寺不是一間外人可以輕易一窺究竟的佛寺。它似乎比拉達克的任一家佛寺都更能吸引訪客的青睞。不過，他們很少對自己到希米寺來想找些什麼，有具體的想法。這樣，就讓僧人們產生一種傲慢的態度，甚至是毫不掩飾的鄙夷。**他們似乎深信，所有外國人都想偷他們的東西。事實上，在最近幾年，寺方確實發生過好幾次相當嚴重的財物失竊事件**。我們在希米寺的時候，警察總監還在調查這件事。而後來的調查結果顯示，該為這些失竊事件負責的——一如以往的——並不是外國人。㊼（粗體字為筆者所加）

不管事實眞相如何，整件事情慢慢演變爲一齣撲朔迷離的戲劇，而涉及其中的角色，也是一些離奇的人物：一個國籍不明的教授、一個俄國記者、一個拉達克的住持、一個著名的語言學家。其餘的配角則包括一群學者、新聞記者、摩拉維亞的傳教士、英國軍官和一個姓名可疑的英國醫生。這齣戲劇環繞著一份聲稱有關聖人伊撒生平的文件而展開，但是否眞有這份文件，則仍然是個問號。諾托維奇並沒有帶回來這份文件的副本，作爲證據，他甚至連爲其中一些書頁拍照存證也沒有。而道格拉斯則被告知，沒有這樣的文件存在。

是眞的沒有這樣的文件存在呢，還是喇嘛不肯吐實？事情是出於諾托維奇的虛構呢，還是道格拉斯的？又還是別的原因？由於缺乏證據，我們無從得知答案。到目前爲止，具有決定性的證據是如此的少，就連最偉大的偵探也要搔首踟躕。那麼，令這齣戲劇高潮不斷的，又是什麼原因呢？基本上是因爲——我親愛的華生㊽——是因爲有更多新證據的陸續出現。

這些新的證據來自一些後來親訪過希米寺的目擊證人，而這些證人中的第一個是阿毗達難陀(Swami Abhedananda)。他聲稱自己親眼看過這份文件，而且在某個意義上證明了諾托維奇所言不假。這說起來有點諷刺，因爲阿毗達難陀和穆勒教授即使算不上朋友，也算相熟。

阿毗達難陀是個實地前往希米寺、查證事件眞相最理想的人選之一。他一八六六年生於印度的加里各答，本名卡里帕拉薩德•昌達拉(Kaliprasad Chandra)，很小就能說流利的英語與梵語。十八歲那一年，他進入加里各答東方學院就讀，而他父親拉席卡拉爾・昌達拉(Rasiklal Chandra)在此執英語的教席已有二十五年。

阿毗達難陀很早就博覽東西方文學，由於酷愛哲學，很年輕就讀過包括《薄伽梵歌》(*Bhagavad Gita*)和約翰・繆爾(John Stuart Mill)的《邏輯系統》(*System of Logic*)在內的衆多哲學典籍。他也研究過各學派的思想，參加過無數由基督教、婆羅門教與印度教的學者或闡釋者所開的課程。一八八四年，他皈依羅摩克利希那(Ramakrishma)門下，成爲弟子中的一員。

從一八八六年起，阿毗達難陀赤腳在印度斯坦東西南北周遊，身上不帶分文。有十年時間，他忍受著貧窮，冥思終極的眞理，前往普里(Puri)、利殊喀什(Rishikesh)和吉打納特(Kedarnath)等聖地朝聖，並住在亞穆勒河(Jumna River)和恆河位於喜馬拉雅山的河源地帶。

一八九六年，他穿上西方服飾，乘船前往倫敦，開始他傳揚和闡釋吠檀多(Vedanta)思想的生涯（吠檀多是一種奠基於《吠陀》的印度哲學）。在英國的時候，阿毗達難陀認識了一些很傑出的學者，其中包括著名的德國梵文學者多伊森(Paul Deussen)和難纏的穆勒。

阿毗達難陀和穆勒之間交情有多深，並不容易判斷，因爲他在倫敦只住了一年，就前往美國去了。不過，他們會面過好幾次，相處得似乎相當愉快。他們交談的語言是英語，因爲穆勒雖然讀得懂梵文，卻不懂說梵語。

阿毗達難陀和穆勒之間的關係，主要是奠基於相互尊重和共同的志趣上。當然，阿毗達難陀是羅摩克利希那的弟子這一點，也是一個重要因素，因爲穆勒對於羅摩克利希那一直懷抱著深深的尊敬。阿毗達難陀跟穆勒談了許多有關羅摩克利希那的事情，而這些談話，顯然也爲穆勒準備要撰寫的《羅摩克利希那：他的生平與教誨》(*Ramakrishna: His Life and Sayings*)一書大有幫助。當穆勒在一九〇〇年過世時，阿毗達難陀應邀在哥倫比亞大學的哲學與語言學系所舉辦的紀念會議上發表文章。

要是穆勒聽到阿毗達難陀表示曾看過諾托維奇所說的文件時，會大吃一驚是可想而知的。但到底穆勒的後續反應會是相信、不相信，還是要求阿毗達難陀拿出證據來，我們將不得而知，因爲，當阿毗達難陀決定要親身前往希米寺進行查證的時候，上距穆勒的過世已有二十五年。

至於阿毗達難陀和穆勒有沒有討論過《耶穌基督未爲人知的生平》一書，我們同樣不曉得。因爲這本書雖然是在阿毗達難陀到達倫敦沒多久以後出版的，但他卻很可能是到了美國以後才讀到的。

對於阿毗達難陀讀到此書後的態度，有相互衝突的傳聞。據波克太太(Janet Bock)所著的《耶穌之謎》(*The Jesus Mystery*, 1980)一書中指出，阿毗達難陀讀了諾托維奇的書以後，就是因爲心存懷疑，才會起意要到希米寺去「揭發」眞相的。這個說法，是波克太太根據她對阿毗達難陀的弟子般若難陀上師(Swami Prajnananda)所做的訪談得到的。

然而，我們從阿毗達難陀的其中一個傳記作者——原名李比區太太(Mrs. Mary LePage)的席文妮姊妹(Sister Shivani)——的憶述所獲得的，卻是相反的印象。席文妮姊妹在一九一二年至一九一六年之間曾在普林斯頓大學出版社工作過。她說：「我曾聽上師在講台上說到過，基督在展開傳道工作以前，曾在印度跟一些瑜珈行者一起生活。」[49]

這件事情激起了她的興趣。她分別寫信給普林斯頓大學的教會史教授米勒和阿毗達難陀，詢問這件事情的細節。但米勒教授卻回信說，他從未聽過有這樣的歷史紀錄。至於阿毗達難陀，席文妮回憶說：「上師回信叫我讀一讀俄國作者諾托維奇寫的《耶穌基督未爲人知的生平》。」[50]

她花了好幾年才找到一本。如果阿毗達難陀對諾托維奇的書眞是心存懷疑的話，他又怎麼會推薦席文妮讀這本書，而且沒有告訴她自己的懷疑呢？

阿毗達難陀的其中兩本傳記——席文妮的《一元論的使徒：阿毗達難陀上師在美行止錄》(*An Apostle of Monism: An Authentic Account of the Activities of Swami Abhedananda in America*)和巴格齊博士(Dr. Moni Bagchi)的《阿毗達難陀上師：一本精神傳記》(*Swami Abhedananda: A Spiritual Biography*)——都同時指出，阿毗達難陀急盼於去「驗明和證實」諾托維奇的說法。（他們用的是一樣的字眼）[51]

儘管阿毗達難陀有這樣的企圖，但他能夠落實這個心願，已是好些年後的事。因爲他一直忙著在全美各地傳揚吠檀多的學說。在一八九七年至一九二一年之間，他足跡遍及美國、加拿大和墨西哥，在每一個大城市裡講述吠檀多的各個面向。

就像在倫敦的時候一樣，阿毗達難陀在美國也是周旋於名流與知識份子之間。他曾經應麥金萊總統之邀，到白宮作客，曾經會見過愛迪生，也曾經在大哲學家威廉・詹姆斯(William James)的家中，和他討論「終極眞實的統一性」的問題，在場的還有洛伊斯(Josiah Royce)和夏勒(Nathaniel Shaler)兩位教授和劍橋哲學會議的主席瓊斯(Lewis Janes)。[52]

終於，阿毗達難陀在一九二一年的七月從三藩市啓程，乘船回印度去。一九二二年，這位已經五十六歲的朝聖者拿起一根拐杖，赤著腳，出發到希米寺去了。「用腳走過喜馬拉雅山，一直以來都是我的夢想。」據說他曾經說過這樣的話。[53]他在日記中寫道：

一九二二年，……我從克什米爾徒步穿過喜馬拉雅山脈，前往西藏，要去研究那裡的風俗人情，以及盛行於西藏人之間的佛教和喇嘛教哲學。我沿著亞肯特之路(Yarkand Road)前進，並在拉達克的首府列城作了停留。我的目的地是「希米寺」，它位於列城以北約二十五英里。[54]

阿毗達難陀把此行的經過記錄在《在克什米爾與西藏》(*Kashmir O Tibbate, In Kashmir and Tibet*)一書中。在此書中，他提到自己去了希米寺，並向寺中的喇嘛詢及諾托維奇的故事的眞實性。喇嘛告訴他，那是眞的。「我從他們那裡得知，諾托維奇的記述確實是眞的。」[55]

《在克什米爾與西藏》是本有點稀奇的書，它是分階段完成的，而且是部分出於阿毗達難陀自己手筆，部分由他的助手按他的日記與原始筆記整理而成。據巴格齊博士所寫的傳記指出，當阿毗達難陀完成旅程，回到加里各答之後，就把筆記交給闍多尼耶(Brahmachari Bhairav Chaitanya)——一個陪同他到西藏去的隨員。他交代闍多尼耶根據筆記的內容寫成一份初稿。很顯然，他是想根據這份初稿寫成一份更完整的遊記。[56]

闍多尼耶照做了。但接下來幾年，阿毗達難陀卻忙得無法抽空去修改和補充這份初稿。

一九二七年，這份初稿以連載的形式，出現在羅摩克利希那吠檀多寺(Ramakrishna Vedanta Math)的月報上，並引起了相當的迴響。據說，在這之後，阿毗達難陀才在他自己的筆記和一些輔助性的資料的幫助下，把全稿修改了一遍。一九二九年，它以書的形式出版。

在一九五四年，也就是阿毗達難陀過世後的十五年，他弟子般若難陀把此書重新修訂了一遍以後，再度出版。不過，有跡象顯示，這本書其實並未經阿毗達難陀本人所全盤修訂過，因爲在它的第二部分（也就是有關他走訪希米寺的部分），語涉阿毗達難陀的地方，用的都是第三人稱的「上師」，而非第一人稱的「我」。

《在克什米爾與西藏》的成書儘管有這樣的曲折，但對於有關諾托維奇的故事的眞僞問題，它的答案卻是毫不含糊的。它先是複述了這個故事的重點，然後描述了阿毗達難陀在希米寺的查證結果：「那帶領上師到處參觀的喇嘛從架子上取下一部手稿，給上師過目。喇嘛說這是一份副本，而正本則藏於拉薩附近的一家佛寺裡。正本是用巴利文寫成，而這副本則是藏文譯本。」57這番話全部都跟諾托維奇的說法一致。

在阿毗達難陀的要求下，喇嘛協助他把手稿翻譯成英文，58稍後又譯成孟加拉文，收錄在《在克什米爾與西藏》一書中。不管當初阿毗達難陀對諾托維奇的說法有多少懷疑，但親身去過一趟希米寺，聽過喇嘛的回答後，他的懷疑已完全煙消雲散。所以在《在克什米爾與西藏》一書中，他也摘錄了《聖人伊撒之生平》的一些段落。

除那些摘錄自《聖人伊撒之生平》的段落外，《在克什米爾與西藏》一書完全是以孟加拉文寫成的。就我們所知，此書從未被譯成英文。爲了讓讀者可以得窺與此事件有關的那些基本文件的風貌，我們特地把其中一些相關的部分，翻譯成英文，收錄於本書中。

就像阿毗達難陀一樣，他的傳記作者巴格齊博士和席文妮都對諾托維奇的故事深信不疑。兩人都表示（再一次是用幾乎一模一樣的句子）：「那些讀過他作品、清醒地思考過他那離奇的追查的人——那是迄今都未有學者能夠否證的——就會意識到，那絕不是個無聊的追尋。」阿毗達難陀會起意要到希米寺查證一番，顯然也是有鑑於此。[59]

第三位傳記作者戈舒(Ashutosh Ghosh)也同意這一點。他在《阿毗達難陀上師：愛國的聖人》(*Swami Abhedananda: The Patriot-Saint*)中指出：「他在十月四日抵達希米寺，看到了諾托維奇所說的那部有關耶穌基督的手稿。在喇嘛的協助下，他把最重要的部分譯成了英文，其後又譯成孟加拉文，收錄在他的《在克什米爾與西藏》一書中。」[60]

阿毗達難陀和希米寺喇嘛的互動關係，完全跟諾托維奇或道格拉斯不同。對喇嘛來說，阿毗達難陀不是個異文化的新聞記者或教授，而是一個羅摩克利希那的弟子、一個一度在喜馬拉雅山的山洞裡住了三個月的苦行者。他完全是一個自己人，而且有極銳利的眼光，絕不可能會上「愛開玩笑的僧人」的當。

不過，在阿毗達難陀和諾托維奇所呈現的文本之間，卻存在著若干出入，這有可能是因爲兩者都經過重重翻譯的緣故。手稿的原文是巴利文，後來被譯成藏文。阿毗達難陀和諾托維奇所接觸到的，都是藏文的版本。我們不知道，諾托維奇最初用來記下手稿內容的文字是他的母語俄文還是法文，不過，諾托維奇出版它們的時候，用的則是法文（後來又翻譯成英文）。阿毗達難陀的也經歷同樣的周折：把藏文譯成英文，再譯成孟加拉文，然後又被別人從孟加拉文回譯爲英文。

阿毗達難陀的文本中，有若干諾托維奇的文本所沒有的細節，包括以下這個註腳：「耶穌曾停在喀布爾附近的一個池塘邊，清洗雙腳，休息了一會兒。這個池塘至今還存在，被稱爲『伊撒池』。爲紀念這件事情，人們每年都在池塘邊舉行慶祝活動。這件事，在一本名爲《*Tariq-A-Ajhan*》的阿拉伯書裡也有提及。」㊶這一點，是因爲阿毗達難陀的翻譯比較完整，還是因爲他所據以翻譯的，是不同於諾托維奇的版本，很難有定論。

阿毗達難陀就像道格拉斯一樣，是抱著要檢驗諾托維奇說法眞僞的明確動機而到希米寺去的，但不同於道格拉斯的是，他不只聲稱看到了手稿，甚至還在喇嘛的幫助下，把它翻譯了下來。雖然這一點大大提高了諾托維奇說法的可信性，但仍然算不上一個決定性的證明。首先，阿毗達難陀並沒有帶回來手稿的照片或副本，再者，他不懂藏文，對手稿內容的理解要完全依賴喇嘛的翻譯。

要確定諾托維奇所言不假，還需要更多的證據。不過，更多的證據馬上就上場了，而這一次，它們是來自羅耶里奇(Nicholas Roerich)的巧筆。羅耶里奇是一個不同凡響的人，他在作品裡屢屢提及伊撒在東方旅行的傳說。在一九二四與一九二八年之間，羅耶里奇帶領一支探險隊，在中亞地區旅行，足跡所及的範圍包括錫金、旁遮普、克什米爾、拉達克、喀喇崑崙山、和闐、喀什、疏勒、烏魯木齊、額爾齊斯、阿爾泰山、衛拉特地區、蒙古、中戈壁沙漠、甘肅、柴達木盆地和西藏。在途中他發現，有關聖人伊撒的傳說，在亞洲地區流傳極廣，被不同國家與地區的人們珍藏於心。此外，他還看到了一本（或以上）記載這個傳說的手稿。我們把羅耶里奇有關這方面的記述，收錄在本書第四章。

羅耶里奇一八七四年的十月十日生於聖彼得堡，畢業於聖彼得堡大學和美術學院。一八九八年，他被任命為帝國考古研究所的教授，而到了一九二〇年，他已經是個蜚聲國際的藝術家。

有關他的生平介紹，一般都是這樣寫的：「俄國畫家、詩人、考古學家、哲學家和神祕主義者。」[62]但需要補充的是，他還是個外交家、作家、文評家、教育家、舞台及戲服設計家，以及探險家。

在《羅耶里奇傳》(*Nicholas Roerich*)一書中，帕埃里安博士(Dr. Garabed Paelian)這樣指出：「也許沒有一個到東方旅行的西方旅行家，要比他擁有更好的裝備、知識、精神和心理狀態，也沒幾個到東方旅行的西方旅行家，要比他懷抱更高尚的動機、具有更大的觀念綜合能力和追求眞理和美的慾望。」[63]

羅耶里奇跟他太太海倫娜及兒子喬治是他帶領的這支中亞探險隊的「中堅」。探險隊包括九個歐洲人、三十六個本地人和一百二十頭牲口（有駱駝、犛牛、馬和驢）。在穿過錫金途中，與他們同行的還有羅耶里奇的另一個兒子史汶埃托夫斯基(Sviatoslav)和一位著名的西藏學者多吉爾喇嘛(Lama Lobzang Mingyur Dorje)。

他們的探險包括多重目的。最重要的一個是以圖畫的方式，記錄下中亞地區的地形與風土人情。一路上，羅耶里奇繪畫了五百幅的畫作。探險隊的其他目的還包括：研究古代的建築和宗教信仰的現況、追蹤中亞各國的移民情形、探勘可能的考古遺址，以及廣泛蒐集亞洲內陸民俗學和語言學上的資料。

羅耶里奇的兒子喬治在探險過程中所作出的貢獻，是無可估量的。他是個著名的考古學家和東方學家，分別在美國的哈佛大學和巴黎的東方語言學院深造過，也是多吉爾喇嘛的學生。

喬治先後學習過波斯語、梵語、漢語和西藏語。而誠如巴黎的民族學會前主席馬蘭(Louis Marin)在爲喬治的《亞洲內陸的行蹤》(*Trials to Inmost Asia*, 1931)一書所寫的序中指出：「他對語言的廣博知識，讓他掌握了打開這片『封閉的土地』的鑰匙。……由於深諳這些國家的語言和習俗，讓喬治・羅耶里奇得以受到很多不歡迎外國人的佛寺的接待。此行他還發現了苯教(Bön-po religion)[64]的聖書總集（共有三百卷），這對宗教史和東方學的研究來說，是個價值無可估計的寶藏。」[65]

爲了保證探險可以成功，出發前，喬治在錫金待了一整年（一九二四年），以強化自己的語言能力。正如喬治自己在《亞洲內陸的行蹤》一書中指出的：「由於在旅途中無可避免要跟本地人接觸，所以，建立對西藏語言的良好知識，乃是首要之務。」[66]這一年的時間顯然花得很有價值，否則他父親後來不會這樣說：「喬治懂得說所有必要的西藏方言，眞是太棒了。」[67]

除了上述提過的目的外，羅耶里奇的探險隊也許還有一個不那麼正式的目的。

早在尼莫爾(Leonard Nimoy)在美國掀起一股神話熱以前，羅耶里奇就已致力於探尋隱藏在東方神話傳說背後的事實眞理。據帕埃里安指出，羅耶里奇就像普林尼(Pliny)[68]一樣，相信「人可以透過對神話的詮釋而獲得眞理。」[69]

羅耶里奇自己也說過：「在亞洲的每一個城市、每一個紮營地點，我都致力於揭開珍藏在民間傳說裡的那些回憶。透過這些被守持著的故事，你就有可能了解到過去的實相。在民間傳說所濺出的每一星火花裡，都包含著一大滴經僞飾過和扭曲過的眞理。」[70]

在亞洲旅行期間，他蒐集到有關一個居住在地底的民族的傳說，蒐集到早期歐洲人（包括歌德人和德魯伊特人）曾經在亞洲移入和移出的傳說和證據，蒐集到所羅門王和他的飛毯的故事，蒐集到彌勒佛、仙巴拉(Shamballa)的傳說，而當然也蒐集到了不少有關伊撒的傳說。

旅途上的豐富見聞爲羅耶里奇後來的衆多作品提供了大量的素材。這些作品的其中三本，特別和他的中亞探險歷程有關：《喜馬拉雅山》(*Himalaya*)、《亞洲的心臟》(*Heart of Asia*)和《阿爾泰山—喜馬拉雅山》(*Altai-Himalaya*)。最後一本是他的旅行日記，而據《美國藝術雜誌》(*American Magazine of Art*)的一篇書評指出，此書「比迄今所寫過的任一本書，都更能顯示出一個眞正藝術家的心靈對美的無上關注，並同時顯現出作者平易的偉大性和獨樹一格的個性。」[71]

《阿爾泰山—喜馬拉雅山》是一本不同尋常的書。它沒有一般書籍那種系統性的組織，而是由作者一系列的觀察思考所構成（「那是我在馬背上和帳篷裡寫出來的」）。[72]書中，羅耶里奇反覆提起有關伊撒的傳說。而會讓他對這個傳說這麼感興趣的一個原因就是：他碰到這類傳說的次數實在太多了。他最早聽到這個傳說的地方，是在探險旅程的起點——克什米爾。

「在斯利那加(Srinagar)，我們第一次接觸到那個有關基督來過這裡的奇怪傳說。接下來，這個傳說在印度、拉達克和中亞反覆出現，這讓我們意識到，它流傳得有多廣泛。根據這些傳說，基督在東方生活的時間，是四福音裡沒有記載他行蹤的那段漫長歲月。」[73]

由於這個傳說一再出現——包括在克什米爾、拉達克、蒙古和新疆等等——讓羅耶里奇意識到，「它流傳得有多廣泛」，而他也注意到，「喇嘛們明白這些傳說的意義」。[74]雖然這些傳說在細節上容有不同，但「所有的版本都指向同一點，那就是，在聖經中沒有記載的那段時間，基督人在印度和亞洲。」⑦⑤

羅耶里奇找到的不只是傳說，還包括文字紀錄。他反覆用到「作品」和「手稿」這一類的字眼。例如，在拉達克的時候，他就這樣記載：「喇嘛們的**作品**記錄了基督怎樣稱頌婦女——他稱她們爲世界之母。喇嘛們也指出基督很看重所謂的法術。」（粗體字爲筆者所加）⑦⑥

在《喜馬拉雅山》一書中，羅耶里奇記錄了他所看到的手稿的內容：「讓我們來諦聽，在西藏的山脈裡，人們是怎樣談論基督的。在一份有大約一千五百年歷史的古代文件裡，有如下的記載：伊撒悄悄地離開了父母，跟著一隊耶路撒冷的商旅，前往印度。他的目的是讓自己可以在『聖言』的薰迪下趨於至善，並研究諸佛所宣示的佛法。」⑦⑦而他所引錄的這份文件，接下來的內容在很多地方都幾乎跟諾托維奇的《聖人伊撒之生平》一模一樣。

《阿爾泰山—喜馬拉雅山》中有一段很長的文字——羅耶里奇在列城時寫下的——特別值得轉引：

關於耶穌的傳說，我們今天一天之內就得到了三個。一個印度人告訴我們：「我聽一個拉達克的官員說過，根據**希米寺的前住持告訴他**，在列城，在耶穌講道過那個地點的旁邊，有一棵樹和一個小池塘。（這個涉及樹和池塘的耶穌傳說，我們之前並沒有聽說過。）

但一個傳教士告訴我：「那只是一個波蘭人虛構出來的胡說八道，他幾個月前去過希米寺一趟。」（不過我們似乎可以問，這個波蘭人為什麼要費心思為一個既有的傳說添枝加節呢？）……

另外，還有一個聰明的印度人這樣問我：「為什麼人們總認為伊撒不在巴勒斯坦那段期間，他應該是在埃及呢？他的年輕時代當然是在學習中度過的。而他年輕時學習過的東西，很自然會在他日後的講道裡反映出來。那麼，他所講述的道理都指向那個方向呢？」……

……總是有一些人喜歡對他們不願相信的事情嗤之以鼻，於是，知識就被肢解成了經院主義……，而中傷則被開發成一門藝術。但**如果伊撒的傳說是僞造的話，又有哪一個近代的騙子，有那樣的能耐，可以讓它在整個東方深入人心呢？又有哪一個西方的學者，有本領用巴利文和西藏文杜撰出這樣的長篇手稿來呢？我們不知道有這樣本領的人。**⑱（粗體字為筆者所

加）

職是之故，羅耶里奇在拉達克的時候，會想到要走訪希米寺，成了一件很自然的事。不過，希米寺並沒有讓他有什麼好印象。他覺得希米寺「被一股古怪的陰鬱氣氛所籠罩」、「黑烏鴉在天空盤旋」，而「喇嘛都是半文盲」。

在《喜馬拉雅山》一書中，在評論希米寺之前，他說了以下一番話：

對於存在著基督的手稿一事，人們原先的態度是完全的否定。這種否定最初來自傳教士的圈子。但漸漸地，一點一點地，一些片段性的細節開始浮上了水面。而最後，它終於整個露了出來——我們這才知道，有關這手稿的事，所有的老拉達克人全都聽過和知道。

之後，在談論希米寺的時候，他又說：

這些有關基督的手稿文件和那本關於仙巴拉的書，被藏在寺院「最漆黑」

的地方。而編纂此書那位老喇嘛的像，則像個偶像般，戴著一頂奇形怪狀的帽子，豎立在一旁。在這些塵封的角落，到底已經有多少聖物朽壞掉呢？密宗的喇嘛對它們全無關心。佛教的這另一個面向，我們絕不能予以忽視。⑲

他把希米寺的經卷手稿形容為藏在「最漆黑的地方」，這讓人聯想起西藏學家史奈爾戈維和斯科魯普斯基所說的「黑寶庫」。他甚至記錄了一個希米寺住持談及伊撒傳說的故事。

儘管羅耶里奇毫無疑問熟諳諾托維奇的作品，但他有關耶穌的那些傳說，卻是自己蒐集來的。他在列城的時候這樣記述道：「雖然（這些傳說）會讓人聯想起諾托維奇的書，然而，在列城這裡，令人驚奇的卻是，你可以找到這個傳說的很多不同版本。本地人不知道諾托維奇的書，不過他們無不聽過有關伊撒的傳說，而且提到他的時候，總是帶著極度尊敬的語氣。」⑳

此外，雖然羅耶里奇和諾托維奇找到的文本大致相當（《聖人伊撒之生平》中有其中十章的六十首詩，都可以在《喜馬拉雅山》裡找到對等的詩），但羅耶里奇所出版的材料中，卻有諾托維奇的書所沒有包括的部分。

羅耶里奇指出：

伊撒在前往西藏的途中，曾在這裡和人們交通過。伊撒的傳說被謹慎而祕密地保存著。你很難指望可以輕易發現它們，因為喇嘛比任何人都更能守口如瓶。只有透過一種共同的語言——不只是一種有聲的語言，還是一種無聲的內心語言——你才可望接近他們的重大祕密。你慢慢會發現，每個受過教育的喇嘛，對此都知道得不少。即使透過他們的眼睛，你也無法斷定，他們是在同意你所說的事情，還是在暗中笑你，笑你知道的比他們少。有多少從這裡經過的「博學之士」是處於這種可笑的處境中，又有多少祕而不宣的故事，是他們沒有聽到過的！不過，讓亞洲的祕密揭開的時刻已經來到了。[81]

毫無疑問，羅耶里奇相信他所看到的文件是眞的。但對於它們的歷史可信度，他則不那麼有把握。他對收錄於《喜馬拉雅山》的其中一些材料，就承認過這一點。

[82]

由於他兒子喬治能說各種西藏方言，讓羅耶里奇在拉達克的時候用不著喇嘛充當翻譯。更不要說喬治有能力對所看到的文件作出評估。

羅耶里奇還有一點有利的地方就是有西藏的多吉爾喇嘛同行。我們不知道羅耶里奇和喬治到希米寺去的時候，多吉爾喇嘛有沒有隨行，有的話，他就可以對文件的真偽提出意見。

羅耶里奇所看到的手稿，跟諾托維奇和阿毗達難陀所看到的是同一本嗎？我們不知道。羅耶里奇也沒有特別提到這一點。喬治關心的是科學方面的課題，所以他的書中根本沒有談到手稿方面的問題。但如果諾托維奇聲稱看過的手稿是確實存在的話，那羅耶里奇所看到的，很可能就是同一本。但也有可能，他看到的，是跟諾托維奇有出入的版本，又甚至是兩者兼而有之。

除了上述三本著作裡大量談及伊撒的傳說外，羅耶里奇在後來的作品中，繼續會不時提起這個傳說。但說來奇怪，羅耶里奇談這個主題雖然談得比諾托維奇還要多，但他受到的攻擊，卻遠遠比諾托維奇當初遇到的少。事實上，就我們所知，幾乎沒有任何知名的科學家、語言學家、神學家，甚至新聞記者，曾對羅耶里奇發出過批評的聲音。

當羅耶里奇發表他的這個發現時，《文學文摘》(*Literary Digest*)（一九二八年九月一日）只是附帶性地提上一提：

> 迄今，羅耶里奇教授已經把二百五十幅他在西藏所畫的油畫，寄回到紐約的博物館來。……兩年前，當這些寄存的畫作的第一批被送回來的時候，他的仰慕者們出了一本論文集去談論它們。他們還偶然提及，羅耶里奇教授在西藏一家古老的佛寺裡，找到一份文件，而他相信，這份文件可以證明，耶穌在巴勒斯坦展開傳道工作以前，曾花了十年時間，在亞洲的該地區學習。[83]

而稍後，當齊特烏德(Penelope Chetwode)在《古盧：可住人的世界的盡頭》(*Kulu: The End of the Habitable World*)一書中觸及同一個問題時，她認爲，羅耶里奇的「發現」，不過是有如發現了一頂舊帽子：

在西藏的時候，他聲稱發現了一本佛教的古卷，上頭記載著，基督在「行蹤成謎」的那些年頭，部分時間住在西藏，部分時間住在印度。這一點，事實上一點都不新鮮，因為在克什米爾，本來就流傳著很多據稱是主基督所留下的教誨。像阿克巴(Akbar)建在法特普爾—西克里(Fatehpur Sikri)的凱旋門上，就刻有這樣一句話：「耶穌說（願平安降臨他！）：世界是一道橋，走過它，但不要在它上面蓋房子。盼望有一小時的人，應該也會盼望永恆。世界不過就是一小時，把它用在奉獻一己之力上，其餘的追求，全都一文不值。」[84]

羅耶里奇一家人所進行的中亞探險，無可避免會引起爭議。像英國政府就認爲他們是間諜，而一度是他們好友和支持者的華萊士（一九三三至四〇年間的美國農業部長，一九四一至四五年間的副總統），最後也反過來與他們爲敵；此外，他們也陷身在一些法律訴訟中。儘管如此，對羅耶里奇的指控，卻沒有一項是針對他有關耶穌到過東方的言論而發出的。

雖然羅耶里奇是個有名的科學家，但不管是學術界還是神學界，都沒有對耶穌到過印度之說作出重新評估。不過，當諾托維奇的《耶穌基督未爲人知的生平》在一九二六年再版時，卻有一個知名的神學家古茲匹德(Edgar J. Goodspeed)在他所寫的《奇怪的新福音》(*Strange New Gospels*)一書中，對諾托維奇提出了批判。

古茲匹德的書出版於一九三一年，這表示，他理應聽過阿毗達難陀和羅耶里奇造訪希米寺的事情。但在他的書中，他對他們兩人卻隻字不提，而只提到《耶穌基督未爲人知的生平》初版時的情形：「當時，此書引起了極大的爭論，甚至連牛津大學的穆勒教授這樣的權威也捲入了其中。書中內容眞僞的問題，曾經在《十九世紀》雜誌內被長篇討論，繼而就被遺忘了。」古茲匹德又提及道格拉斯對該書的否證，並提出若干自己認爲有力的理由，認定《耶穌基督未爲人知的生平》是本僞書。[85]

但古茲匹德卻絕口沒提阿毗達難陀和羅耶里奇。如果說他對阿毗達難陀感到陌生，還說得過去，但如果說他對羅耶里奇感到陌生，那就說不過去了，因爲羅耶里奇乃是《紐約時報》和許多大型報紙經常會提及的人物。

接下來，這個故事經歷了一個意想不到的轉折。就像一艘航行在濃霧中的鬼船一樣，阿毗達難陀和諾托維奇都聲稱見過的手稿，突然間不見了。阿毗達難陀的弟子般若難陀在接受李察・波克(Richard Bock)的一次訪談中表示：「我親耳聽他（阿毗達難陀）說過，他（在希米寺）看過那經卷，並把它翻譯了過來。但幾年後，他再到希米寺，想再看看經卷，但喇嘛卻說經卷已經不在了。我也到過希米寺，提出過看經卷的要求，但得到的回答跟先前一樣：經卷被移走了。至於是誰移走的，我們並不知道。」般若難陀甚至表示，據他所知，就連藏在拉薩的馬婆寺的巴利文正本，也被人移走了。⑯

波克夫婦並沒有說明，阿毗達難陀是哪一年再訪希米寺的。不過，就在阿毗達難陀逝世（一九三九年十一月八日）的前不久，鬼船卻又突然地從濃霧中現身了一下子：有一個西方人聲稱她看到了手稿。這個人是卡斯帕里夫人(Elisabeth G. Caspari)。

卡斯帕里夫人是瑞士音樂家和音樂教育學專家。一九三九年夏天，她偕同丈夫查理，參加一個前往吉羅娑山(Kailas)的朝聖活動。活動的發起人，是蓋茨克太太(Mrs. Clarence Casque)——一位相當知名的宗教領袖。吉羅娑山位於西藏境內，接近布拉馬普特拉河(Brahmaputra)、印度河和薩特累季河(Sutlej)的河源。它在梵文文學中相當有名，被視爲是溼婆神所居的天堂所在，是一處相當熱門的聖地。

蓋茨克太太的朝聖隊所走的路線和諾托維奇當日走過的一模一樣：出佐吉山口(Zoji Pass)，越過木比克(Mulbekh)和拉馬尤魯(Lamayuru)，中途到希米寺造訪，再到吉羅juxtaposition山。他們計畫能趕在希米寺舉行紀念蓮花生大士的活動前到達，以一開眼界。

在很多方面來說，他們的旅程都沒有什麼不尋常之處。從斯利那加到列城只有一條路，而他們想到希米寺的話，就非得走這條路不可。他們會選擇在希米寺舉行蓮花生大士的活動之日到達，也一樣沒有不尋常，因爲那是一個重大的節慶活動，相當吸引人。不過，他們此行卻碰到了一件不尋常的事，而這一件事，和諾托維奇自稱遇到過的霉運有關。

諾托維奇曾經聲稱，他在旅途的一路上以及停留在拉達克期間，都拍了很多照片，不過，這些照片卻因爲一個粗心的僕人在無意間打開了裝底片板的箱子，而全部曝了光。穆勒稱這個損失爲「不幸」的損失，因爲如果照片還在的話，那諾托維奇就能證明自己眞的到過希米寺。稍後，諾托維奇到過拉達克之說，雖然獲得道格拉斯的證實，但他失去的那些照片，卻是怎麼樣也回不來了——除非有奇蹟出現。

不過，奇蹟果然出現了。是天意，還是命中註定，又還是某種不可見的力量，讓諾托維奇所拍的照片可以失而復得的呢？不管原因為何，反正卡斯帕里夫人就是拍下了諾托維奇所看見過的那些景物——甚至連希米寺舉行慶祝活動的場面，都被她拍下了。

蓋茨克太太是個國際知名人士，她和她的朝聖隊去到哪裡，都會受到熱烈歡迎。有一次，一個印度的大君甚至鋪起紅地毯迎接他們一行人。另一件可以反映他們受重視程度的事情發生在希米寺。蓋茨克太太一行人本擬趕在希米寺舉行節慶之前到達，但他們卻到晚了，錯過了精彩的神舞表演。但寺方竟然願意就為他們幾個，把神舞再表演一遍！

但事情還不只如此。幾天後，當蓋茨克太太和卡斯帕里夫人獨自坐在佛寺屋頂上的時候，一個負責寺院圖書管理的喇嘛，連同著另外兩個僧人向她們走近。他們手上拿著三本封面有漂亮裝飾的書。那管理圖書的喇嘛把綁著其中一本書的帶子解開，遞給卡斯帕里夫人，用極尊敬的語氣說：「這些書說你們的耶穌來過這裡。」

就是諾托維奇見過的手稿嗎？雖然我們沒有理由不相信那些僧侶所說的話，可惜的是，我們無從得知他們手裡拿著的三本書，上面寫的是什麼。它們是用藏文寫成的，而不管是蓋茨克太太還是卡斯帕里夫人，都沒有要求僧人把內容翻譯給她們聽。不過，卡斯帕里夫人倒是爲喇嘛很神氣地向她展示的手稿拍了一張照片。

作爲一個證人，卡斯帕里夫人的背景全然不同於道格拉斯、阿毗達難陀或羅耶里奇。後三者在前往希米寺以前，就已經熟讀過諾托維奇的書，但卡斯帕里夫人卻沒有。雖然她也聽人提過耶穌到過印度的傳說一次，但那已經是很久前的事，她早已忘得一乾二淨。她既未讀過諾托維奇的書，也對該書所引起的爭論一無所知，就連阿毗達難陀或羅耶里奇後來就這件事情而寫的書，她也沒有聽說過。她到希米寺，並不是爲了證實諾托維奇的可信性。因此很顯然，喇嘛們會向她出示他們所負責保存的手稿，完全是自己的意思。

卡斯帕里夫人現年已八十五歲，最近，她跟我們分享了她在喜馬拉雅山區旅行的回憶。

西藏在一九五〇年被中國共產黨所接管。一九五九年，爲了鎮壓一次起義，當局幾乎破壞了所有佛寺，並逼迫喇嘛們還俗。而如果那記載伊撒生平的手稿正本當時還在拉薩的話，它恐怕已難逃被沒收或摧毀的命運。

拉達克是藏傳佛教文化的最後一片棲息地。由於地勢偏僻，加上它最少其中一位住持的長袖善舞，讓希米寺得以多次安度兵災，並且成爲其他佛寺寄存它們書籍、繪畫、傢具、服飾和有價財物之所。

一九四七年，印度政府基於它和中國與巴基斯坦之間的軍事緊張，封閉了拉達克，禁止外地遊客進入。不過，拉達克已經在一九七四年重新對外開放。任何有興趣的人，都可以親身到希米寺走一走，看看那些關於伊撒的手稿是不是還在那裡。

像這樣一個離奇曲折的故事難免是充滿註腳的。其中一個註腳來自美國最高法院法官威廉・道格拉斯(William O. Douglas)。他曾在一九五一年造訪過希米寺。在《在參天的喜馬拉雅山的另一頭》(*Beyond the High Himalayas*)一書中，他回憶說：

> 希米寺，拉達克的第一大寺，迄今仍是個避世修行的理想環境。幾世紀以來，它不但累積了大量的土地和財富，也累積了豐富的傳說。
>
> 其中這樣一個杜撰的傳說是關於耶穌的。直到今天，還有人相信耶穌真的去過那裡。傳說中，耶穌在十四歲來到東方，至二十八歲離開，返回西方。這個傳說充滿細節，說耶穌是以伊撒的化名來到希米寺的。[87]

另一個註腳來自拉維契博士(Dr. Robert S. Ravicz)，他是加州州立大學的人類學教授。拉維契博士對南亞和拉丁美洲一向深具興趣。每次到印度和拉達克，他都會住在佛寺或跟宗教團體同住一段長時間，觀察當地人的生活方式——包括他們的宗教行爲、編織方法、農耕方法以至於家庭生活等等。他曾跟達賴喇嘛在不同的場合會見過三次，對西藏人的願望和面對的難題有很深的理解。

一九七五年，他走訪列城——這是他第一次到列城——想要對西藏的難民進行研究。期間，他去了一趟希米寺。在希米寺的時候，一個朋友（一位知名的拉達克醫生）告訴他，寺中藏有一些文獻，記載著耶穌曾到過這家佛寺。這對拉維契博士可是個新聞，因爲他之前從未聽說過這件事，也從未想過耶穌會來東方旅行。

有可能在希米寺進行研究嗎？拉維契博士認爲，這是有可能的，只要一個人的決心夠的話。據他估計，想要取得喇嘛的信任，進而接觸到傳言中的經卷，需要花上好幾個月的時間。另外，爲了讀得懂這些經卷，一個人還得先行學習有關古藏文的知識。

雖然拉維契博士本人沒有在希米寺看到過傳言中的經卷，但他卻從當地一個有名望的公民口中，聽過有關伊撒的傳說。⑱

第三個註腳來自諾雅克(Edward F. Noack)，一位住在加州沙加緬度的人。他是一個旅行家，尤其酷愛在東方那些外人罕至的地方旅行。從一九五八年開始，諾雅克就跟太太海倫，從事過十八趟這樣的旅行，足跡遍及西藏、尼泊爾、錫金、拉達克、阿富汗、柏爾蒂斯坦、中國和土耳其斯坦。他們一共到過列城四次。

諾雅克現年八十九歲，是倫敦皇家地理學會和加州科學院的院士。他即將出版的著作《側身於亞洲高原的冰雪與牧民之間》(*Amidst Ice and Nomads in High Asia*)，是一本他在巴基斯坦西北邊界、那加爾、罕薩、瓦罕走廊和巉巖的帕米爾山脈的遊記。最近，諾雅克告訴我們，當他在七〇年代晚期走訪希米寺的時候，一個喇嘛告訴他，一本記述耶穌到拉達克來朝聖的手稿，被鎖在佛寺的儲物間裡。(89)

就這樣，在本書即將付印之前，我們就多了三份有關伊撒的證詞，它們來自三個獨立和當代的來源：一位最高法院法官，一位文化人類學家和一位老練的旅行家。他們沒有一個前往希米寺是為了證明諾托維奇所說的話的眞假，但他們不約而同都被告知，耶穌曾經到過那裡。

經過一番漫長的追查後，我們手上又多了三條線索——近一個世紀以來，證據可說是源源不斷地出現……

再次想像你是個偵探。不過這一次，放在你桌子上不是一個泛黃檔案夾，而是一本書——你正在看的這本書。

耶穌在他行蹤成謎的那些年，眞的是去了印度嗎？希米寺裡眞有一本關於耶穌的手稿嗎？諾托維奇、阿毗達難陀、羅耶里奇和卡斯帕里夫人的陳述都是精確而可信的嗎？對於他們的敘述，還有別種可能的解釋嗎？

爲了提供你更多調查和作出判斷的線索，我們把一系列的證據收錄在本書裡，其中包括諾托維奇的《耶穌基督未爲人知的生平》（含《聖人伊撒之生平》）、阿毗達難陀的《在克什米爾與西藏》的相關部分的英譯、羅耶里奇三本著作裡（《喜馬拉雅山》、《亞洲的心臟》和《阿爾泰山—喜馬拉雅山》）涉及聖人伊撒傳說的部分，最後還有卡斯帕里夫人的有力證詞。

註釋

①Raymond E. Brown, *The Birth of the Messiah,* (Garden City, N.Y.: Doubleday & Co., 1977), pp. 513-16.

②Irenaeus, *Against Heresies* 2.22.5, in Alexander Roberts and James Donaldson, eds., *The Ante-Nicene Fathers,* American reprint of the Edinburgh ed., 9 vols. (Grand Rapids, Mich: Wm. B. Eerdmans Publishing Co.,1981), vol. 1, *The Apostolic Fathers with Justin Martyr and Irenaeus,* pp. 391-92.

③諾斯底教(Gnosticism)：融合多種信仰的通神學和哲學的宗教。主要盛行於二世紀，它迫使早期基督教會爲了反對它而彙編成正典《聖經》，提出教義神學，建立主教制，從而獲得發展。正統基督教強調信心，而諾斯底教則注重「諾斯」（神傳知識）。他們也提倡魔術。從根本上重新解釋耶穌的事蹟藉以宣傳遁世而戒絕女色的苦修禁欲主義。諾斯底教義主要是講人和人在宇宙中的位置，這個宇宙大於而且優於人感官所認識的世界。諾斯底教義的主要宗旨是解救人，使之不受星象的左右。二世紀諾斯底教大都利用希伯萊經籍和基督教典籍，用解釋隱喻的方法據以闡發諾斯底教義。諾斯底教各派的倫理莫衷一是，從強迫男女亂交到極端禁欲，不一而足。

④G. R. S. Mead, trans., *Pistis Sophia,* rev. ed.(London: John M. Watkins, 1921), p. 1.

⑤David B. Barrett, ed., *World Christian Encyclopedia* (Oxford and New York: Oxford Univeersity Press, 1982), p. 3.

⑥James M. Robinson, *A New Quest of the Historical Jesus* (Philadelphia: Fortress Press, 1983), p.172.

⑦對觀福音書是指《馬太福音》、《馬可福音》和《路加福音》，因爲這三卷福音書在內容、結構、觀點

和文字上都很相似，可以對照閱讀，故名。〔中譯者註〕

⑧Harvey K. McArthur, ed., *In Search of the Historical Jesus* (New York: Charles Scribner's Sons, 1969), p. vii.

⑨Davies, *Invitation to the New Testament,* pp. 78-79.

⑩奧利金(約 185-254)：早期希臘基督教會最有影響力的神學家。〔中譯者註〕

⑪Brown, *The Birth of the Messiah,* p. 538, n. 15.

⑫Gospel of the Infancy of Jesus Christ 18:14, 16-17, in *The Lost Books of the Bible,* p.55; see Edgar Hennecke, *New Testament Apocrypha,* 2 vols., ed. Wilhelm Schneemelcher (Philadelphia: Westminister Press, 1936).

⑬《馬太福音》第一、二章；《路加福音》第一、二章。

⑭《路加福音》二章四十六至四十九節。

⑮《路加福音》二章五十一節。

⑯《路加福音》二章五十二節。

⑰Keenneth Scott Latourette, *A History of Christianity-Volume I*: to A.D. 1500 (New York: Harper & Row, 1975), p. 34.

⑱對特里維爾博士所進行的訪談（一九八三年春天）。

⑲Philip P. Wiener, ed., *Dictionary of the History of Ideas* (New York: Charles Scribner's Sons, 1973), 2:470.

⑳對羅賓遜所進行的電話訪談。

㉑Catalogue Général de la Librairie Française (Période de 1906 à 1909), s.v. "Notowitch (Nicolas)."

㉒Edgar J. Goodspeed, *Strange New Gospels* (Chicago: University of Chicago Press, 1931), p. 10.

㉓*Encyclopaedia Judaica,* s.v. "Notovitch, Osip Konstantinovich"; *Catalogue Général de la Librairie Française* (Période de 1891 à 1899), s.v. "Notowitch (O. K.)."

㉔即新疆的維吾爾，這是帝國主義時代的用語。〔中譯者註〕

㉕L. Austine Waddell, *The Buddhism of Tibet* (Cambridge: W. Heffer & Sons, 1967), pp.255-56.

㉖David L. Snellgrove and Tadeusz Skorupski, *The Cultural Heritage of Ladakh* (Boulder, Colo: Prajna Press,1977), p.127.

㉗Nicolas Notovitch. "Résumé," in *The Unknown Life of Juses Christ,* trans. Violet Crispe (London: Hutchinson and Co., 1895), pp. 206, 208.

㉘Goodspeed, *Strange New Gospels,* p. 11n; *The National Union Catalog,* s.v. "Notovich, Nikolai."

㉙"New Publications: The Life of Christ from Tibet," *New York Times,* 19 May 1894, p. 3.

㉚"Literary Notes," *New York Times,* 4 June 1894, p. 3.

㉛Edward Everett Hale, "The Unkown Life of Christ," *North American Review* 158 (1894): 594-601.

㉜F. Max Müller, "The Alleged Sojourn of Christ in India," *Nineteenth Century,* October 1894, pp. 515-21.

㉝Müller, "The Alleged Sojourn of Christ in India," p.521.

㉞卡爾・馬克斯與馬克斯主義的創始人馬克斯同名同姓，故編者會加此按語。〔中譯者註〕

㉟Leslie Brown, *The Indian Christians of St. Thomas* (Cambridge: Cambridge University Press, 1982), p.47.

㊱*The Catholic Encyclopedia,* s.v. "Thomas, Saint."

㊲同上。

㊳Acts of the Holy Apostle *Thomas, in The Ante-Nicene Fathers,* vol. 8, *Fathers of the Third and Fourth Centuries,* pp. 535-49.

㊴Consummation of Thomas the Apostle, in *The Ante-Nicene Fathers,* vol. 8, *Fathers of the Third and Fourth Centuries,* pp. 550-52.

㊵*The Catholic Encyclopedia,* s.v. "Thomas, Saint."

㊶"Himis Knows Not 'Issa,'" *New York Times,* 19 April 1896, p. 28.

㊷J. Archibald Douglas, "The Chief Lama of Himis on the Alleged 'Unknown Life of Christ,'" *Nineteenth Century,* April 1896, pp. 667-77.

㊸同上書，pp. 677-78.

㊹參見 Bruce M. Metzger, "Literary Forgeries and Canonical Pseudepigrapha," *Journal of Biblical Literature* 91, no.1(March 1972):3-24.

㊺Hale, "The Unkown Life of Christ," p.594.

㊻Müller, "The Alleged Sojourn of Christ in India," p. 516.

㊼David L. Snellgrove and Tadeusz Skorupski, *The Cultural Heritage of Ladakh,* p.127.

㊽這是仿福爾摩斯的口吻。〔中譯者註〕

㊾Sister Shivani, *An Apostle of Monism: An Authentic Account of the Activities of Swami Abhedananda in America* (Calcutta: Ramakrishna Vedanta Math, 1947), p. 199.

㊿同上。

51 Shivani, *An Apostle of Monism,* p. 198; Moni Bagchi, *Swami Abhedananda: A Spiritual Biography* (Calcutta: Ramakrishna Vedanta Math, 1968), p. 409.

52 Swami Gambhirananda, *The Apostles of Shri Ramakrishna,* p. 261.

53 Bagchi, *Swami Abhedananda,* p. 408.

54 Shivani, *An Apostle of Monism,* p. 198. 事實上，希米寺位於列城以南約二十五英里。

55 Abhedananda, *Kashmir O Tibbate,* pp. 254-55 of this volume.

56 Bagchi, *Swami Abhedananda,* pp. 400-401.

57 Abhedananda, *Kashmir O Tibbate,* p. 255 of this volume.

58 Bagchi, *Swami Abhedananda,* p. 401.

59 Bagchi, *Swami Abhedananda,* p. 409; Shivani, *An Apostle of Monism,* p. 198.

60 Ashutosh Ghosh, *Swami Abhedananda: The Patriot-Saint* (Calcutta: Ramakrishna Vedanta Math, 1968), p. 41.

61 Abhedananda, *Kashmir O Tibbate,* p. 261 of this volume.

62 J. Samuel Walker, *Henry A. Wallace and American Foreign Policy,* Contributions in American History, no. 50 (Westport, Conn. and London: Greenwood Press, 1976), p.53.

⑥③Garabed Paelian, *Nicholas Roerich* (Agoura, Calif.: Aquarian Educational Group, 1974), pp.38-39.

⑥④苯教：西藏古代盛行的宗教。〔中譯者註〕

⑥⑤George N. Roerich, *Trials to Inmost Asia* (New Haven, Conn.: Yale University Press, 1931), pp. ix, x.

⑥⑥同上書，p. xii.

⑥⑦Nicholas Roerich, *Altai-Himalaya* (New York: Frederick A. Stokes Co., 1929), p. 122.

⑥⑧普林尼(Pliny; 23-79)：古羅馬官員與著名作家。〔中譯者註〕

⑥⑨Paelian, *Nicholas Roerich,* p. 40.

⑦⓪同上書，pp. 40-41.

⑦①"Book Reviews," *American Magazine of Art* 20, no. 12 (December 1929):719.

⑦②Roerich, *Altai-Himalaya,* p. xiii.

⑦③Nicholas Roerich, *Heart of Asia* (New York: Roerich Museum Press, 1929), p. 22.

⑦④Roerich, *Altai-Himalaya,* p.125.

⑦⑤Roerich, *Heart of Asia,* p.30.

⑦⑥Frances R. Grant et al., *Himalaya* (New York: Brentano's, 1926), p. 148.

⑦⑦同上。

⑦⑧Roerich, *Altai-Himalaya,* pp. 118-19.

⑦⑨Grant et al., *Himalaya,* p.172.

⑧⑦ Roerich, *Altai-Himalaya*, p. 89.

⑧①同上書，p. 120.

⑧②Grant et al., *Himalaya*, p.153.

⑧③"Roerich's Far Quest for Beauty," *Literary Digest* 98, no. 9 (1 September 1928): 24.

⑧④Penelope Chetwode, *Kulu* (London: John Murray, 1972), p.154.

⑧⑤Goodspeed, *Strange New Gospels*, pp. 10-24.

⑧⑥Janet Bock, *The Juses Mystery* (Los Angeles: Aura Books, 1980), p. 22.

⑧⑦William O. Douglas, *Beyond the High Himalayas* (Garden City, N.Y.: Doubleday & Co., 1952), p.152.

⑧⑧與拉維契博士進行之訪談（一九八三年春天）。

⑧⑨與諾雅克進行之訪談（一九八四年秋天）。

2

The Lost Years of Jesus

耶穌基督未爲人知的生平

諾托維奇的原作，含《聖人伊撒之生平》

諾托維奇

英譯者的話

克里斯佩（Violet Crispe）
一八九五年二月一日

我想強調，在翻譯諾托維奇先生的西藏紀行和《聖人伊撒之生平》一書的過程中，我並未對涉及其中的神學思辨、理論或有爭議性的地方抱持任何立場。我衷心相信諾托維奇先生所說的，有關聖人伊撒生平的「紀錄」，眞的是他在希米寺內找到的，但對於這份「紀錄」的眞僞問題，我卻不擬作出任何判斷。

不過，對於諾托維奇先生所簡略提及的西藏宗教與天主教之間的有趣相似，我倒是斗膽在此做個補充。

翻閱一八一四年出版於巴黎的《普世名人傳》(*Biographie Universelle*)時，我發現一位名叫迪賽德里(Hippolyte Desideri)的耶穌會教士，曾經在一七一五年去過西藏，並在一七一六年到達拉薩。他把《甘珠爾》(*Kangiar*)翻譯成拉丁文。據《普世名人傳》的作者稱，此書在西藏人心目中的地位，與聖經在基督徒心目中的地位無異。該傳記作者又指出，迪賽德里相信，在西藏宗教與基督教之間，存在著相當多的相似性，而他本人也致力於這方面的研究。

已知最早到達西藏的西方人是奧多里克神父(Father Odoric)。據信，他是在大約一三二八年到達拉薩的。繼他之後到過西藏的人是三個世紀後的耶穌會教士安德拉達(Antonio Andrada)。一六六一年，克魯伯(Grueber)和多利維爾(D'Orville)神父也踏上了西藏的土地。

已知第一個進入西藏的英國人是波爾(George Bogle)，他在一七七四年奉黑斯廷斯(Warren Hastings)①之命出使西藏。當時西藏的領袖是格桑嘉措喇嘛。波爾先生在西藏停留了相當時間，但卻沒有留下此行的任何紀錄。

不過，據史都華先生(Mr. Stewart)——他是波爾出使之行的一位關係人——寫給普林格爾爵士(Sir John Pringle)的一封信指出，波爾對他所看到的西藏宗教和天主教之間的相似性，倍感震驚。這種相似性，也可以從一八一〇年版的《大英百科全書》(*Encyclopaedia Britannica*)的第二十冊看出來（這段文字不知何故，但在最近的版本被刪去了）：

「西藏宗教是一種被攪亂了的基督教——這樣一種看法，由來已久。而甚至連迪賽德里神父（他是一位耶穌會教士，曾在本世紀初（十八世紀）到過西藏），也認爲他可以用我們的宗教系統，來解釋西藏宗教裡所有神祕元素。他還主張，只要能穿透西藏宗教的神祕外衣，就可以發現西藏人也擁有很好的三位一體觀念。……事實是，不管西藏的宗教發源於何處，它的源頭都是純淨而單一的。在最初，它所要傳達的，是那個值得謳歌的上帝 (Deity) 觀念，而且不存在彼此競爭的道德系統。不過，隨著時間的推移，它受到了世間俗人的扭曲和污染。」

迪賽德里的書信曾被阿爾迪 (Du Halde)從義大利文翻譯成法文。在其中一封書信中（一七一六年四月十日發自拉薩），迪賽德里這樣說：「西藏人把上帝稱爲 Konchok。他們似乎也有三位一體的觀念，因爲他們有時會稱上帝爲 Konchokchik（意指獨一的神），有時又稱祂爲 Konchoksum（意指三相的神）。他們會手拈佛珠，反覆唸誦 Om、Ha、Hum 三個字。Om 的意思是『智慧』或『手臂』（即『力量』），Ha 的意思是『心』，而Hum的意思是『心』或『愛』。他們用這三個字來指涉上帝。」

耶穌會的克魯伯和卡布遺會的潘納 (Horace de la Penna)也認爲，西藏的宗教和他們自己的宗教存在著相似性。而他們這個認定，是基於以下理由：㈠喇嘛的服飾和見於古代油畫裡的使徒服飾不無相似之處；㈡他們的等級制度與天主教會的科層制度類似；㈢他們的葬禮儀式和羅馬的儀式肖似；㈣西藏人也有道成肉身的觀念；㈤極爲強調道德的觀念。

熱爾比永(Gerbillon)則指出，西藏的宗教除了也會使用聖水和爲死者禱告外，「他們的穿著，很像油畫裡的聖徒；他們戴的冠帽，和天主教教士戴的類似；再者，他們的大喇嘛，極度位高權重，就跟羅馬天主教的教宗一樣。」

格魯伯的意見還要更大膽。他認爲，雖然從沒有西方人或基督徒到過西藏，但西藏宗教在每一個重點上，都和羅馬教會一致：他們會用麵包和葡萄酒來慶祝受難彌撒，會行「終傅」之禮，②會爲新人祝福，會爲病患禱告，會舉行巡遊式，會祭拜聖徒的遺物，也具有僧人和女尼，會在崇拜的時候唱誦聖詩，會遵守各種定期的齋戒，會實行最嚴厲的贖罪懲罰（包括鞭打），會供養主教，會派遣傳教士赴遠方宣教——這些傳教士身無長物，赤足穿過沙漠，足跡最遠可遠達中國。「這一切，」格魯伯最後強調說：「都是我親眼目睹的。」

這些奇妙的相似性還不是事情的全部。像潘納就指出（不過他的話並非全然可信）：

「大體來說，西藏的宗教和羅馬的宗教是對位的。它們同樣相信只有一位上帝，相信三位一體，相信有天堂、地獄和煉獄；同樣會濟貧、代禱、誦經和爲死者獻祭；同樣有爲數不少的修道院，裡面住著僧侶和修道士，他們除了誓言遵守安貧、順服和仁慈的誡律外，還有很多其他的誡律需要遵守。他們也有告解神父，而這些告解神父，是由他們的上級所選任的，並且會從一位喇嘛或主教那裡獲得執照。沒有這張執照，他們將無權聽取告解或執行贖罪懲罰。另外，西藏的宗教也使用聖水、十架和念珠。」

曾在一八四四至四六年之間旅遊西藏的于克(Monsieur Huc)，則對喇嘛教與天主教的相似性，有以下的觀察：「十架、主教帽、法衣；大喇嘛出游時穿的斗篷式長袍；兩隊詩班的二重唱；讚美詩，驅魔式；用五根鍊子懸在半空的香爐；小串念珠、獨身、靜修、崇拜聖徒；齋戒、巡遊、連禱和聖水——所有這些，都是西藏宗教和我們的宗教的相似之處。」

「現在，我們可不可以說，這種相似性可以反映出西藏宗教具有基督教的源頭呢？我們認爲可以，因爲不管從西藏本身的傳統還是當地的重要文物或文獻，我們都找不到足以形成這些相似性的源頭。」

打開平克頓（Pinkerton）的《旅遊》（*Travels*）一書的第七卷，在「西藏略述」的標題下，有以下的文字：「好些傳教士都認爲，**在古代喇嘛的典籍裡**，可以看得出若干基督教的痕跡，而**他們猜想，那應該是在使徒時代被傳播到這裡來的**。」

姑勿論西藏宗教和天主教在儀軌、制度、服裝或禁規上的相似性，是不是可以作爲諾托維奇先生的發現的眞實性的一個佐證，不過它們卻似可證明，這兩個宗教，事實上眞的是擁有一個相同的源頭。而如果誠如那些傳教士所認爲的，福音是在使徒時代被傳播到西藏去的，那麼，使徒們想會去他們導師早年曾經逗留過的地方一遊，乃是再自然不過的事情。限於篇幅，我無法對此深入討論，而只能把這個猜測，留給別人去證明它的眞僞。

我在翻譯《聖人伊撒之生平》時，採取的是直譯法，但對於諾托維奇先生敘述其個人旅程的部分，我則採取了彈性較大的譯法。

致出版者的信

敬愛的先生們：

欣聞貴社即將出版拙著《耶穌基督未爲人知的生平》的英譯本。這本書，當初是用法文寫成的，出版於去年年初。

貴社將要出版的英譯本，不能算是對法文本的純粹翻譯，因爲它作了很多增飾。基於出版商方面的考慮，此書的法文原本當初是在有點急就章的情況下完成的，這難免會損及它的完善度。當時，可供我用來撰寫序言、導論和簡歷的時間，只有短短五天，而我能用來校改校樣的，也僅僅只有幾小時。

這一點，解釋了爲什麼這本書有些論證會顯得不夠結實、有些地方會出現敘述上的跳躍和有時會出現印刷上的錯漏。沒想到這些卻被我的批評者當成了把柄。但他們千方百計在我的書的枝節上找碴這一點，只證明了他們無力撼動樹幹本身的事實。他們看不出來，我手植的這棵大樹，即使是蒙受最猛烈的攻擊，也是屹立不搖的。

但我必須承認的是，他們也幫了我一個大忙（我必須爲此向他們獻上感謝），因爲他們讓我認識到，我的書還有什麼需要補強的地方。我一直都是個樂於增廣見識的人，從不以我既擁有的東方知識自滿。我知道，我需要學習的地方，還有很多。

對於那些站得住腳的批評，我是絕對接受的，而且馬上就會自動作出修正。因此，英國讀者乃是最先受惠於這些批評的一群。

我將要呈獻在英國讀者面前的，將是一本可以化解一切攻擊和細節上絕對正確的書。例如，我在法文本裡曾經把某個中國皇帝的朝代搞錯，而這個錯誤已經在英譯本裡獲得了更正。

英國讀者是極爲敏銳的一群，但也是對新事物——特別是有關宗教方面的新事物——心懷警惕的一群。但我期望，英國讀者能透過這本書的本身來評斷它的好壞，而不是像我的批評者那樣，拿它文法上的或印刷上的錯漏做文章。我尤其希望，英國讀者在讀畢此書以後，會承認我是帶著完全的誠意去寫它的。

我充分意識到，一些構思巧妙的批評業已對社會大衆起了誤導的作用。儘管有一些我識或不識的朋友挺身而出，慷慨地爲我的書辯護，但是，《耶穌基督未爲人知的生平》已經受到的攻擊是那麼的刻毒，以致讓它在英國的初度面世，就被籠罩在一股不信任的氣氛之中。我的攻擊者幻想我出版此書的動機，是爲掀起一場神學大辯論，但事實上，我唯一的目的，只不過是想爲科學的大廈再多奠一塊基石而已。

每一個可以拿來攻擊我的理由，都已經有人提出過。但攻擊者的砲火，並不是集中在書的內容上，而是在作者本人。他們致力於醜化作者，否定他有任何作爲作家的資格。他們這樣做的目的，無疑是想激起作者的情緒反應，讓他說出一些不理智的話，從而讓他作品的可信度大打折扣。

對於羞辱性的指控，我本來大可以用不屑的態度一笑置之。畢竟，羞辱並不是理性，那怕它是用一種假裝的和緩口氣說出來的——就像是企圖要破壞我的名譽的穆勒先生那樣。然而，我還是決定要回應這些指控。

對我的其中一個指控是：爲什麼希米寺的大喇嘛不願意正面回答我有關手稿的問題？理由是，在東方人的眼中，歐洲人都是盜匪，以文化探索之名，行掠奪之實。

而我最後之所以成功的獲得希米寺僧侶的信任，讓我得以接觸到手稿，則是因爲我使用了一種我在旅途上學來的東方式手腕。我懂得用極迂迴的方式去打聽我想知道的事情，而繼我後來去的人提的都是直通通的問題。

喇嘛會認爲，有誰問及手稿的事，目的不外是把它弄走。所以，有人問到這件事情的時候，他們當然會支吾以對。這種審慎是完全可以理解的，因爲打著文化探索的旗號去進行最野蠻的搶奪，正是西方人的一貫伎倆。

一位住在列城的女士寫信到歐洲，說我「從來沒有在那裡出現過」，又說列城沒有一個人聽過我的名字。換言之，就是說我是個大騙子。

要回應這種指控，得花上我一些力氣，但我斷不能讓這種無中生有深入人心。如果說那位英國女士和她的朋友從未見過我的話，那我可以舉出別的人證。其中一位就是楊哈斯本中尉(Lieutenant Younghusband)，我跟他是在一八八七年十月二十八日於馬塔仁村 (Matayan) 碰見的。他是第一個橫越中國、登上二萬一千五百英尺高的穆斯塔山口 (Mustagh Pass) 的英國人。

我至今還保存著一張拉達克總督蘇拉吉巴(Surajbal)送我的照片，上面有他的題字。

另一位可以證明我到過列城的人是馬克斯醫生。他是受雇於英國政府的歐洲醫生，在列城的時候曾爲我治過病。各位可能會問，我爲什麼不直接寫一封信給他，請他回信證明我眞的到過西藏呢？我當初之沒有這樣做，只因爲與西藏之間的通信，相當費時宕事。不過，我後來還是這樣做了，而且在一八八七年十一月四日收到他的回信。

也有人指稱，希米寺從來就沒有過一本關於基督生平的手稿這回事，整件事情都是我自己想像出來的。我覺得這種指控眞是太恭維我了，因爲我的想像力並沒有這樣豐富。

而即使我有能力想像出這樣的事情，稍有常識的人都會指出，如果我是作假的話，斷不會把事件的發生地點、日期和經過鉅細靡遺地說出來。

也有人嘲笑我是上了愛開玩笑的喇嘛的當——就像是雅科約夫婦所碰到過的那樣。他們說我對印度的騙子沒有足夠的防範心理，以至於把僞幣當成眞鈔——甚至黃金。

最強調這一點的人是穆勒先生，而由於穆勒先生在科學界聲譽卓著，所以我願意花比回答其他批評者更多的篇幅去回應他。

穆勒先生主要反對我的理由，在於《聖人伊撒之生平》一書的書名，並未見於《丹珠爾》或《甘珠爾》的目錄上。

不過，如果《聖人伊撒之生平》是可以在《丹珠爾》或《甘珠爾》的目錄裡找到，那我的發現就沒有什麼稀罕的了。這兩套佛經的目錄，一向都是開放給西方的學者研究的，而如果它們眞的載有《聖人伊撒之生平》的書名的話，那任何一個東方學家，只要他有興趣，都可以到西藏去把它找出來。

誠如穆勒教授自己承認的，這兩套大佛經的目錄，只包含兩千種經書。這顯然是個很不完備的目錄，因爲單是拉薩一地的佛寺，收藏的經書就超過一萬種以上。我誠懇地請求我的批評者想一想，單憑《丹珠爾》或《甘珠爾》這樣有侷限性的鑰匙，能打得開一整個東方科學的寶庫嗎？

事實上，我翻譯出來的那些詩句，是不太可能會出現在任一本目錄書上面的。因爲它們是零散分佈在不同的經卷裡的，而且不具標題，因此，你難望在任何一本漢文或藏文的目錄書裡找到它們。它們所記述的，是發生在基督紀元的第一世紀的一件驚人事實，由喇嘛們根據目擊者的記憶，用巴利文記錄下來的，也因此，它們難免有些地方清楚，有些地方模糊。

如果我有這個耐性，去把這些詩句互相連接起來，讓它們形成一個有意義的順序，難道我的這個努力，也應該被置疑嗎？

同樣的事情不也見於西方的傳統中嗎？像《伊利亞紀》(*Iliad*)這本我們已經擁有了兩千五百年的書，當初不也只是一些分散在各處的詩歌，後來經皮西斯特拉妥(Pisistratus)下令，才被蒐集在一起、組織成一本書的嗎？

穆勒先生又指責我，不應該把那個我請教過的羅馬樞機主教的名字隱匿起來。他說，如果我把名字寫出來，說不定反而可以成爲我的發現的眞實性的一個佐證。不過，我卻認爲，爲別人保持隱私是最高的行事原則，又何況是我們有過一番那樣的談話。所以，我不認爲透露他的名字是適當的。

不過，我卻可以趁這個機會，透露一件他告訴我的事情：對羅馬教會來說，《耶穌基督未爲人知的生平》根本不是什麼新鮮事物，因爲在梵諦岡的圖書館裡，早就收藏著三十六卷跟這個主題相關的、完整或不完整的手稿。它們以不同的東方語言寫成，是由駐印度、中國、埃及或阿拉伯的傳教士帶回羅馬去的。

有人覺得我的書旨在挑起一場神學論爭。但試問，它有推翻四福音乃至整本《新約》的權威性嗎？一點都不會。在法國一本月刊《和平》(*La Paix*)裡，我已經公開承認過，我是個東正教徒，而且是個堅定的東正教徒。不管是什麼樣的文件，如果它是有可能推翻四福音的話，都得包含以下兩個因素的其中之一：一是它有跟四福音牴觸的義理，一是它提到的事實與四福音不符。然而，《聖人伊撒之生平》裡所透露的義理，卻並未跟四福音有相牴觸的地方，而如果說它記載的事實和四福音有出入的話，那這些出入，也只是表面性的。

因爲別忘了，當初把有關耶穌受難的事傳回印度去的，是一些從巴勒斯坦返回印度去的商人（他們是印度人，而不是穆勒先生所以爲的是猶太人）。他們前往巴勒斯坦，是爲了經商，而他們剛好目睹了基督受難的事件。如果說這些目擊證人看事情的方式和羅馬人有不同的話，那是沒有什麼好驚訝的。既然他們是生活在猶太人之間，他們會用猶太人的觀點看這件事情，是再自然不過的。③

我認爲，對於這些目擊證人的回憶，最值得探問的問題是：他們是有偏頗的目擊證人，還是忠實地憶述了他們的所見所聞。但這是一個詮釋的問題，並不是我有責任去斷定的。

我會樂於把自己規限在一個更簡單的問題上（我也奉勸我的責難者這樣做），

那就是：我公布的文件，東西眞是存在於希米寺嗎？而我有忠實地把它的內容重現出來嗎？我認爲，這個問題才是眞正値得辯論的。

我曾經表示，我願意在一些被認可的東方學家的隨同下，再回希米寺一次，查證我說的話的眞假。但卻沒有人回應。大部分的批評者盡以攻擊我爲滿足，而少數嘗試這樣做的人則因爲用的方法不對而徒勞無功。

我聽說，一支美國考察隊正在組織之中，準備要到希米寺去進行實地的查證（但他們似乎並不打算邀請我參與）。我並不害怕這樣的調查，相反的，我由衷地歡迎它。因爲這個考察將會證明，我並沒有虛構任何事情，而只不過是把一個一直在基督教的世界裡漂浮不定的傳言，予以具象化罷了。

《新約》對救世主十三到三十歲之間的生活，完全隻字未提。這段時間，什麼事發生了在他身上呢？他做了些什麼呢？如果有人能夠從聖經裡指出有哪個段落，是可以否定或近乎否定耶穌曾去過印度或西藏的話，我馬上舉手投降。不過，就連最頑固的宗派，也是無法做到這一點的。

除此以外，基督教的創始者會想去研究婆羅門教或佛教的教義，難道是件很奇怪的事情嗎？摩西不也做過一樣的事嗎？在他寫下《創世紀》和制定公義的律法時，不也是參考過前人的書籍和律法嗎？這一點，他在好幾個場合都承認過。這已經是釋經學上的常識了。

難道不是幾乎所有宗教——就連最野蠻和最荒謬的宗教在內——都是多少包含著眞理的斷片，而且有著一些可以讓終極眞理有朝一日進入的入口的嗎？而這個事實難道不是反映出，所有的宗教，都是從同一個源頭分枝出去的，而說不定有朝一日會在某個嚮導的指引下重歸於一嗎？因此，早期的基督教，不但不會盲目排斥其他宗教，而是甚至是反過來，透過詮釋去轉化它們，擁抱它們。

如果不是這樣，聖約翰會願意花那麼多的工夫去吸收柏拉圖的邏各斯(Logos)概念，把它轉化爲永恆和道成肉身的聖言嗎？不是就因爲後者無與倫比的莊嚴性，才會使得邏各斯這個希臘哲學裡的最高概念黯然失色的嗎？

如果不是這樣，希臘和拉丁教會的神父們——像聖奧古斯丁和聖克里索斯托(St. John Chrysostom)——又怎麼會願意花那麼大的氣力，去把古代神話中的雜質和垃圾，從它們的深刻意涵與道德教誨中分離開來。因爲只有這樣子，這些神話才能再生，也就是說，它們的內在深意才能凸顯出來。

要怎樣才能把婆羅門教和佛教所包含的眞理，從《吠陀》與釋迦牟尼的寓言的遮裹中分離出來，這一點，我只能留給專家去傷腦筋。

現在且回到我的書上來。我主張，如果我們能在四福音的教誨和印度與西藏的聖書之間找到相通性，將會是對全人類做了一件重大裨益的事業。

難道一本可與四福音競爭、並可以對我們迄今覺得隱晦的問題加以照明的書籍，在基督教的歷史裡會是一件新鮮的事嗎？在十六世紀，以啓示錄爲名的書籍就多得讓教會不得不在特林特會議(Council of Trent)作出決定，把它們其中的一大部分列爲禁書，以免它們之間互相牴觸的論點，會動搖大衆的信仰。會議又決定把《啓示錄》加以刪節，使它更能被一般人了解及接受。

另外，尼西亞會議(Nicene Council)——在君士坦丁大帝的首肯下——不也是把很多被信徒視爲份量與四福音相當的書籍列爲禁書嗎？尼西亞會議就像特林特會議一樣，把超越的眞理削減至最大的程度。

再來，難道歷史不是記載著，《西卜林神諭集》(*Sibylline Books*)就是在斯提利科(Stilicho)——羅馬皇帝霍諾留(Honorius)麾下的一名將軍——的一聲令下，在四○一年被公開焚燒的嗎？我們難道可以否認，在這本神諭集裡，不是豐盈滿溢著道德、歷史和先知般的眞理嗎？

在上述我們所談及的這些年代，不難明白爲什麼宗教領袖們會盡其一切去維繫一個向心力業已鬆弛或甚至已經搖搖欲墜的宗教，而他們相信，要做到這一點，最好的辦法莫如建立一個監視和過濾永恆眞理的機制。

但是，許多有識之士卻不願意恪守官方所定下的眞理標準，他們竭盡所能，去搶救那些行將灰飛煙滅的書籍文件。過去三百年來，不少的聖經版本，都把爲官方所不容的《赫麥斯牧羊人傳》(*Book of the Pastor of St. Hermas*)、《克雷芒書》(*Epistle of St. Clement*)、《巴拿巴書》(*Epistle of Barnabas*)、《瑪拿西禱言》(*Prayer of Manasses*)、《馬加比傳》(*Books of the Maccabees*)納爲附錄，就是這種努力的表現之一。

四福音無疑是基督教教誨的根基。然而，耶穌的門徒可不只有四個。在耶穌的十二門徒中，聖巴多羅買、聖多馬和聖馬提亞曾經被派遣到印度、西藏和中國傳揚福音。

難道這些耶穌的門徒朋友、這些熟悉耶穌的傳道事業和目睹過他殉道的人，會從來都沒有寫過什麼嗎？他們會把他們老師的偉大教誨的記錄權，完完全全交給別人嗎？再說，這些「別人」用來寫作的都是希臘文，但一過了幼發拉底河，希臘文卻是一種行不通的語文。然則，聖多馬他們又要怎樣向那些只懂巴利文、梵文或漢語方言的人講道呢？

在十二門徒之中，聖多馬是最以能文著稱的，而其他的門徒，則大多是工匠漁夫出身。那麼，聖多馬把他從主那裡聽來的教誨記錄在一塊大理石或黃銅板上，會是那麼不可思議嗎？

我從希米寺喇嘛那裡得來的詩句，有可能就是來自聖多馬的——也許是他親手寫下，也許是別人按他的指示寫下。

這本被塵埃掩埋了不知多少個世紀的書，難道沒有可能成爲一門新的科學的起點嗎？而它所可能帶來的豐碩收穫，會不會是我們現在所無法預見和無法想像的呢？

這些，都是我的書所引發的問題。這個主題是如此重大，絕對值得人去花這個氣力。它包含著所有會鼓動人類的問題。我深信，這樣的研究，絕不會是徒勞的。我已經用鶴嘴鋤讓一個隱藏著的寶藏顯露端倪，而我有理由相信，這個寶藏裡埋著的寶貝，是無窮無盡的。

現在已不再是知識由社會中某個階級所壟斷的時代。今天，世人對知識莫不如飢似渴，而每一個人，都有權翻開科學的書本，去獲得有關那個屬於我們每一個人的人子(Man-God)的眞理。

我相信我所發現的手稿的內容是可信的，因爲我看不出來，它跟歷史或神學的觀點有任何相牴觸的地方。應該讓它獲得眞正的研究與討論。只要是眞正的研究與討論，那即使最後我被證明是錯的，我仍然非常歡迎。但羞辱我卻是沒有道理的。它只能證明一件事：它們的作者的無能。

先知但以理(Daniel)說過，有朝一日，「很多人將會往來奔走，而知識將會獲得增加。」我已經對他的話加以身體力行。我研究，我尋找，我學習，我發現。我要把我的知識與發現，呈獻給那些像我一樣，對學習與求知如飢似渴的讀者們。

我要把我的知識與發現，透過貴出版社的媒介，滿懷信心地呈獻在英國大衆的面前，而我也深信，我會得到的評斷，將是公正的。

耑此

尼古拉斯・諾托維奇　敬上

(Niscolas Notovitch)

序言

尼古拉斯・諾托維奇

自土耳其戰爭（一八七七至一八七八）以後，我在東方從事了一連串的旅行。在走訪過巴爾幹半島所有值得一遊的地點後，我就前往中亞的高加索和波斯，並在一八八七年離開波斯，前赴印度——一個自童年時代起就吸引著我的奇妙國家。

我的目的是想多了解印度人，研究他們的風俗習慣，與此同時，也考察這個國家神祕宏偉的考古文物和莊嚴瑰麗的大自然。

我漫無目的地從一個地方去到另外一個地方。我最遠去到的，是阿富汗的山脈，從那裡，我取道如詩如畫的波倫山口(Bolan Pass)和格爾拉山口(Guernai Pass)，返回印度。然後，我又遊了拉瓦爾品第(Rawalpindi)，遍遊旁遮普，參觀了阿姆利則金廟和位於拉合爾附近的蘭季特・辛格國王(Ranjit Singh)的王陵，最後把箭頭指向有「永恆的安樂鄉」之稱的克什米爾。

在克什米爾，我一直隨興而遊。到拉達克以後，我就打算取道喀喇崑崙山和中國的土耳其斯坦（新疆維吾爾）回俄國去。

停留拉達克期間，有一天，我到一間佛寺去參觀。寺中的住持告訴我，在拉薩一間佛寺裡，藏有一份非常古老的手稿，上面記載著耶穌基督在西藏的事蹟。他還說，有很多著名的佛寺，都藏有這份手稿的翻譯本和副本。

由於我會再訪這地區的可能性不大，所以我決定延後返歐的日期，並不惜一切代價，把喇嘛所提的手稿給找出來，不管那是正本或副本都可以。到拉薩的路並不像一般以為的那樣危險和艱苦。當然，有一點點冒險是免不了的，但我早已習慣了這樣的冒險，它們根本不足以阻擋我前往拉薩的決心。

到達列城後（列城是拉達克的首府），我走訪了著名的希米寺。而住持告訴我，寺裡就收藏著一份我要找的手稿的副本。爲了不讓當局對我走訪希米寺的動機起疑，也爲了不致對我接下來的西藏之旅引起妨礙（畢竟我是個俄國人），我在人們面前表明了要回印度去的態度，並且馬上離開了列城。

不過我卻遇上一件不幸事件：從馬背上摔了下來，摔斷了一條腿。這倒給了我一個留在列城，並再訪希米寺的絕佳藉口。希米寺的喇嘛看我受了傷，馬上爲我加以治療。我在希米寺養傷期間，喇嘛們在他們上級的同意下，把記載著基督事蹟的手稿拿給我看。在一個譯者的幫助下——手稿是以藏文寫成——我得以把喇嘛唸給我聽的手稿內容記錄在筆記本裡。

我一點都不懷疑這部手稿的眞實性，因爲它是由印度和尼泊爾的婆羅門教和佛教的歷史學家，以極精細的態度寫成的。回到歐洲後，我決定要把記錄下來的內容出版成書。爲愼重起見，我特別走訪了幾位教會方面的人士，向他們徵詢他們對這本書的意見。

其中一位是基輔的都主教柏拉頓閣下。他認爲，我的發現極爲重大，然而，他卻想說服我，不要把手稿內容付梓。他的理由是我出版這本書的話，將會爲自己帶來不利。至於會給我帶來什麼樣的不利，這位可敬的都主教並沒有多作解釋。由於我們談話的地點是俄國，所以，我想他的話可能和書報審查官的存在有關。所以，我決定把出版的事先緩一緩。

一年後，我到了羅馬。我帶著我的筆記本造訪一位和教宗極爲相熟的樞機主教。他對我說了如下的話：「出版這樣的東西有什麼好處呢？沒有人會把它當一回事的，而你只會為自己樹立不少敵人。你還那麼年輕，又何苦如此呢！如果你在意的是錢的問題的話，那我可以幫你爭取一筆獎金，以彌補你在金錢上的花費和時間上的損失。」我自然是回絕了。

在巴黎，我又求見了樞機主教羅蒂尼——我跟他是君士坦丁堡的舊識。他也反對我的出版計畫，表面上的理由是時機還不成熟。但他又補充說：「教會已經被一波波的反神學思想衝擊得遍體鱗傷。如果你把手稿的內容出版，只會助長那些貶低和中傷福音教義的人的氣燄。我這樣勸你，是為了所有基督教會的利益著想。」之後，我去見西蒙先生(Jules Simon)。他覺得我的發現很有趣，推薦我去見見勒南先生。

第二天，我就坐在勒南先生這位大哲學家的書房裡。我們的會面以這樣的方式結束：勒南先生建議我把我記錄下來的手稿內容交託給他，他看過後，會向法蘭西學院寫一個研究報告。

這個建議，當然是很有吸引力，而對我來說，也是一種恭維，然而，我還是假借手稿還需要進一步修改為由，沒有把它留下來。因為我預見得到，如果我答應這個合作，那留給我的，將只有手稿發現者的榮耀，而對手稿評論和把它公諸於世的榮耀，將全歸《耶穌傳》的知名作者所有。

我深信自己有充分的能力把手稿的譯文和我爲它所做的評論出版成書，所以沒有接受勒南先生的美意。不過，爲免傷害這位大師的自尊——他是我高度尊敬的人——我決意把書延至勒南先生辭世後再行出版。從我對他衰弱的健康判斷，知道這一天爲期將不會太遠。

現在，我的預測已經成爲了事實。所以，我趕緊把我記錄下來的手稿內容進行了整理，並寫出我自己對它們的評論。在這些評論中，我提出了一些論證，而我相信，這些論證足以證實，當初寫下手稿的那些僧侶，是誠實無欺的。

最後，我建議，任何學術上的團體，在對我的書進行評論以前，不妨組織一支考察隊，前往我找到手稿的所在地，實地查證它的歷史價值。

補記：旅行期間，我拍了相當多極爲有趣的照片，但當我到達孟買時，卻發現它們全報廢了。這個不幸，緣起於我的黑人僕從菲力浦的粗心大意。我把裝底片板的箱子交給他揹。旅行期間，他由於覺得箱子太重，打開了箱子，把部分東西拿出來，分放到別的地方。就因爲這樣，底片板便通通曝光，而我的辛勞也付諸流水。

西藏之旅

旅行印度期間，我經常有機會接觸佛教徒。而在跟他們談話的時候，他們常常會提到西藏，而且把它形容得非常引人入勝。於是，我一訪西藏這個鮮為人知的國度的念頭就油然而生。我決定取道克什米爾前往西藏，那是因為，我嚮往到克什米爾一遊已經很久了。

一八八七年十月十四日，我坐上一列滿載士兵的火車，從拉合爾出發，前赴拉瓦爾品第，並在第二天的中午到達。稍事休息後，我在城裡四處瀏覽，又買了些會在遠離鐵路的地區可以用得著的裝備。由於長期有軍隊駐紮，讓拉瓦爾品第看起來有點像個軍營。

在傭人菲力浦的協助下，我收拾好行李，坐上一輛租來的「湯加」(tonga)（一種由小馬拉著的兩輪車），便踏上通往克什米爾如畫般的道路。菲力浦是個來自彭地治里(Pondicherry)的黑人，是駐孟買的法國公使向我大力推薦的人選。

「湯加」的行進速度迅速，只有在半路上遇到一支迎面而來的軍隊時，因爲必須左穿右揷，才稍微放慢了速度。這支軍隊是一支在外紮營的部隊，正在回城途中，士兵的行李都由駱駝揹著。未幾，我們就走出了旁遮普谷，開始登上一條盤旋無盡的山路，進入七彎八拐的喜馬拉雅山區。

地勢愈來愈陡，而先前那種怡人的氛圍，也被拋到了後頭，代之而出現的，是我們腳底下的萬丈深淵。當我們的「湯加」走出七彎八拐的山路，到達一個樹林密佈的高原的頂部時，太陽正放射著它最後的一道金光。不遠處就是渡假勝地穆里(Murree)。每逢夏天，穆里就會擠滿前來享受清新空氣與樹蔭的英國公務員家庭。

在平常季節，都會有「湯加」往返於穆里和斯利那加之間，不過隨著冬天的接近和歐洲人紛紛離開克什米爾，「湯加」也停止了服務。但我卻反其道而行，選這個時候前往克什米爾，這難免讓那些我在路上遇到、要從克什米爾返回印度的英國人大感不解。他們想破頭也猜不到我到克什米爾去要幹什麼。

公路在當時還處於建築之中，所以我能走的只有山路。我在穆里租了帶鞍的馬四（費了一點力氣才租到的），然後再度上路。當我們離開海拔五千英尺的穆里，向下走去的時候，已是傍晚時分。

我們沿著一條黑漆漆的道路前進，路上坑坑巴巴，積滿最近一場雨所留下來的雨水。走在這樣的路上，自是談不上有什麼愉快可言，而我們的馬匹在前進時所憑藉的，與其說是眼睛，不如說是感覺。隨著夜幕的降臨，天上突然下起一陣暴雨，讓我們吃了一驚。由於夾道都是厚密的櫟樹，讓我們陷入了伸手不見五指的黑暗中。爲怕彼此走失，我們三不五時都會呼喊對方一聲。雖然一片暗黑，但我們仍然意識得到，有大塊大塊的岩石，幾乎就懸在我們的頭頂。我們的左方完全被樹木遮蔽，但從隆隆的水聲，聽得出樹木的後方有一條小瀑布般的激流。

帶雪的雨讓我們冷徹骨髓。足足在泥濘裡跋涉了兩小時，我們才看到一點微弱的燈光，在遠方閃爍。這讓我們登時又恢復了精力。

不過，山脈裡的燈光常常是會騙人的。它們雖然看起來相當近，但實際上卻距離我們相當遠，而且會隨著山路的彎轉而飄忽不定——忽焉在左、忽焉在右、忽焉在上、忽焉在下——就像是在以捉弄疲弊的旅人爲樂似的。不過當然的，事實上在動的是我們而不是燈光，而我們每前進一步，就多接近它一分。

就當我們已經放棄可以走到燈火前面的希望時，它忽然又再出現了，而這一次離我們是如此之近，以致於我們的馬匹甚至自行停下了步來。

在這裡，我必須要感謝有遠見的英國人。他們在沿路都蓋了些一層的小平房，供路過的旅人借宿之用。當然，你不可能期望它會有多舒適，但對一個疲弊的旅人來說，舒不舒適是無關宏旨的，只要有一間乾燥清潔的房間可以住宿，他就會心滿意足。

顯然，那些負責照管我們遇到那小平房的印度人，萬萬想不到在這種季節和這麼晚的時刻，還會有客人臨門，所以都離開了，而且把鑰匙帶走。我們只得破門而入。我的黑人僕從爲我鋪了一張簡陋的床，而我一躺上去之後，幾乎馬上就睡著了。

第二天破曉，在喝過茶和吃過一點罐頭肉以後，我們重新上路，沐浴在太陽灼灼的光線中。我們先是走在一個明麗的峽谷裡，繼而又走在一條在群山深處蜿蜒的山路。沿路三不五時都會出現村莊。我們一直走到杰盧姆河(Jhelum)，路才轉爲下坡。天空蔚藍、無雲和極爲晴朗。

接近中午時分，我們到達一條名叫湯谷(Tongue)的小村，它位於河岸邊。整條村只有一排小房子，一間間小房子活像一個個打開了前面的箱子。這裡有吃的和各式貨物販售。印度人很多，前額各戴著不同顏色的種姓標識。也可以看得見一些英俊的克什米爾人，他們身穿白色的長襯衫、頭戴潔白的包頭巾。

我用高價向一個克什米爾人租了一輛印度式的單馬雙輪輕便車。這東西的車廂很窄小，只勉強擠得下兩個人。不過，我還是選擇坐這種馬車而不選擇騎馬，因爲我急不及待要盡快完成我的旅程。

但走出還沒有半公里的路，我就開始後悔了。我覺得很累，一方面是因爲座位很窄小，一方面是因爲我得不斷搖來擺去，以保持身體平衡。

遺憾的是，要改變主意已經來不及了，因爲黃昏已經降臨。當我們在夜深抵達霍賴村(Hori)時，我發現我的兩腿已經僵硬。雖然沿著杰盧姆河展開的景色如詩如畫，但我卻因爲疲累已極和兩腳遍佈著因不停摩擦造成的瘀傷，而無心欣賞。在杰盧姆河的一邊是陡峭的山岩，而另一邊是長著綠林的山坡。

在霍賴村，我碰到一隊從麥加朝聖回來的篷車隊。他們以爲我是個醫生，所以聽說我急於趕到拉達克去的時候，就請求我加入他們的行列。而我則答應，到了斯利那加之後，我會與他們同行。第二天破曉，我騎上馬背，繼續前進。

當晚，我在一棟路邊小平房裡過了一夜。不過一整個晚上下來，我都坐在床上，手上拿著一盞燈，不敢闔眼，生怕會被一隻蠍子或蜈蚣所攻擊。這地方住滿這一類的東西。雖然我對於自己竟會害怕這樣小小隻的昆蟲而羞愧，但這種感覺就是揮之不去。勇敢和懦弱的分界線到底是何在呢？我不敢自誇有多勇敢，但我也絕不是個膽怯的人。然而，這些可憎的小東西卻讓我——雖然已極端疲累——不敢睡覺，眞是啼笑皆非。

黎明時，我們騎上馬，緩步走在一個被高山包圍著的河谷裡。在熾熱的陽光照射下，我在馬背上昏昏欲睡。但一陣突如其來的清新之感卻把我喚醒過來。我看到，我們即將要登上一條籠罩在大森林裡的山路。在沒有樹木遮掩的路段，可以看得見一條湍急溪流的壯觀水流，但有時候，樹木卻會遮天蔽日，讓我們什麼景色都看不見——不過，這些時候卻會有大群鳥兒的美妙歌聲彌補我們的損失。

我們近中午的時候走出了森林，來到一個位於河邊的小村落。我們打算用過午餐後，才繼續上路。我逛了逛市集，並想向一個印度人買一杯溫牛奶來喝，他就蹲在一大桶煮沸的牛奶前面。你可以想像得出來，當我向他買一杯牛奶，但他卻要我把整桶牛奶帶走時，我的心情會震驚到怎樣的程度。

「我只想要一杯牛奶，不是一桶。」我說，但那印度人卻不爲所動。

「按照我們的律法，」他說：「任何不屬於我們種姓的人，如果目不轉睛盯著我們的物件或食物好一陣子，我們就必須把物件加以清洗，或把食物丟掉。老爺，你污染了我的牛奶！沒有人會再喝這桶牛奶。你不但盯著它看，還用手指去指它。」

這個他倒沒說錯。我是盯著牛奶看了好一陣子，那是因爲我想看清楚它是不是貨眞價實的牛奶，至於我會用手指指著牛奶桶，則是因爲想請他從牛奶桶中倒一杯給我。爲了表示對本地律法和習俗的尊重，我付錢把整桶的牛奶買下。從這件事情我又學到了一課：永遠不要再盯著印度人的食物看。

沒有一個宗教要比婆羅門教有更多的儀式、律法和經論的了。世界的三大主要宗教——猶太教、基督教和伊斯蘭教——都各只有一本聖經，但婆羅門教卻有無以數計的經論，即使最有教養的婆羅門教士，對它們的掌握，也不會超過十分之一。

撇開四大部的《吠陀》不論，單是以梵文寫成的《往世書》(*Puranas*)，就包含著四十萬句詩句，內容涉及法律、醫藥、天地的創造、毀滅與再生。大部頭的《經論》(*Shastras*)處理的是數學與語法等等的問題。至於十二大冊的《摩奴法典》，裡面除了處理民法和刑法的問題以外，還涉及宗教儀軌方面的規定。它所規定的儀式極爲繁複細瑣，但印度人卻遵守如儀，這不能不讓人對印度人的耐性甘拜下風。

正是由於對律法奉行不渝，市集裡的那個印度人，才會認爲一個仔細檢視他的牛奶的人，是在污染他的牛奶。可怪的是，婆羅門教在初起的時候，乃是絕對的一元論者，認定世界只有唯一一個永恆的眞神。

這種事情，其實也見於任何的歷史時期和任何的宗教。教士階層利用民衆的無知，設計出各式各樣的律法和禮拜儀式，以爲這樣可以讓民衆更加聽話，結果就使得《吠陀》所明白開示的一神論原則湮滅不彰，而婆羅門教也成爲了一個滿天神佛的宗教。

印度人一度是個偉大的民族，甚至連他們的宗教，都是純淨和高尚的，不過，如今這個民族卻淪落得近乎白癡和奴隸的邊緣，每天在戰戰兢兢履行多如牛毛的儀式和規條。

現在的印度人，大可以說是爲了維持婆羅門教士的權力而活著的，而這種權力，本來只應該掌握在一個代表人民的政治主權手上。由於英國並不干涉印度公共事務的這個方面，使得婆羅門教士能繼續佔盡便宜。

不過還是言歸正傳，回到我們的旅程上來吧。我們再度啓程時，太陽已沈落到峰頂之後，而夜幕一下子籠罩在我們所走過的鄉間地區。沒多久，杰盧姆河所穿過的那個狹窄河谷，就彷彿陷於沈睡之中，而我們正在走的小徑，輪廓也漸漸變得模糊。山脈與樹木融成了昏暗的一團，而星星則在我們頭頂閃爍。

由於地勢愈來愈險峻，最後我們不得不下馬，摸索著山壁，慢慢前進；只要一個不小心，就會有掉落萬丈深谷而粉身碎骨之虞。我們在深夜越過了一條橋，走了一段陡峭的上坡路之後，就看見一棟路邊小平房踞於高處，其四面是一片孤絕。

第二天我們行經的是一片迷人的地區，幾乎是沿著一條河流前進。在一個轉彎處，我們看見一座錫克人的荒廢要塞，孤零零地佇立著，彷佛是在沈思著它過去的光榮。在被群山所包圍的一個小河谷裡，我們看到另一間路邊小平房。有一支隸屬克什米爾大君的騎兵隊就紮營在它附近的空地上。

聽說我是俄國人，騎兵隊的軍官們就邀我跟他們一起用膳，這讓我有幸可以認識到布朗上校，他是第一個編纂出一本阿富汗語—普什圖語(Afghan-Pushtu)字典的人。

由於急著盡早到達斯利那加，我們用過膳就繼續趕路。我們沿河而行了一段相當時間後，就到達一列山脈的山腳下，河水在這裡也分叉而出。先前單調乏味的景色至此打上句號，代之而起的是一個人居衆多的河谷。河谷裡的房子都是兩層式，四周圍繞著花園和田畝。再往前走一點點，過了一列山丘以後，就是著名的克什米爾谷。我們在黃昏時越過了這列山丘。

當我們走到最後一座山丘的丘頂時，一幅壯觀的畫面就在眼底展開。那眞是最引人入魅的景觀之一。克什米爾谷一直延伸到天邊，而喜馬拉雅山脈高聳的山坡上，到處都可以看得見密集的聚落。每逢日出和日落，群峰上的永恆積雪就會泛起銀光，有如銀指環般，把這一片豐美而迷人的高原環繞起來。

花園、山丘、一個佈滿無數小島的湖和小島上那些奇奇怪怪的建築物，在在會讓一個旅人有去到了另一個世界之感。對他來說，他已到達了陶醉狂喜的極限，而他也相信，他也終於到達了兒時夢裡所看到的天堂。

當我們沿著河谷而下，往杰盧姆河走去的時候，夜的陰影慢慢下降，讓山脈、花園和湖泊融爲昏暗的一團，只有一些遙遠的光線，像星光一樣，在黑暗中點綴著。根據傳說，克什米爾谷過去一度是一個內海，後來，一塊山岩從中間裂開，讓海水全部流洩光，只剩下一個湖、一些池塘和杰盧姆河。杰盧姆河的兩旁，各排列著一些長而窄的船，船主的一家一年到頭都是住在船上。

從這裡到斯利那加，如果騎馬，有可能一天就到得了，換成坐船，則需時一天半。但我還是決定選擇坐船。我挑了一艘獨木舟，在跟船東經過一番討價還價以後，就舒舒服服地坐到船首去。船首除鋪了地毯以外，還有一個類似遮陽篷的東西，可以遮風蔽日。

船在午夜出發，載著我們快速航向斯利那加。在船的另一頭，有一個印度人爲我煮茶。我喝過茶之後很快就睡著了。因爲隱隱意識到自己正在前進，所以我睡得很甜。

第二天把我照醒的，是從遮陽篷的帆布所透進來的溫暖陽光。我對四周景物的第一印象是：美得難以形容。河的兩岸青翠一片，遠方的山峰積著雪，村莊如詩如畫，而河水則水晶一樣清澈透明。

我貪婪地呼吸四周的空氣，它們稀薄而美味。千百隻飛鳥在無雲的晴朗天空上飛翔。在我身後，傳來搖櫓的聲音。划船的是一個漂亮的女人，划起船來一副毫不費力的樣子。她有一雙很漂亮的眼睛和一身被太陽曬成褐色的皮膚，表情有點漫不經心的味道。

如夢似幻的美景對我起了催眠作用，讓我渾忘自己爲什麼會置身河上，並覺得自己被一股幸福的滿足感所充滿。我甚至渴望這一趟船上之旅不會有終點。我當時自是不會意識得到，有多少的困難和危險會在後面的路上等著我！

獨木舟在水面上滑行迅速，地貌不斷在我眼前開展，然後又紛紛落到我的後頭，沒入地平線下面。然後，一陣清新的氣息向我襲來，看來，它們似乎是從前方的山脈傳過來的。每過一下子，這些山脈的體積就會變大一些。暮色開始下降，但我卻仍然沒有看膩眼前的自然美景，它們勾起了那些我生平最快樂的回憶。

隨著斯利那加的接近，被翠綠所環抱的村莊變得愈來愈多。當我們的船經過每個村莊的時候，寥寥無幾的居民都興匆匆的跑到岸邊上看我們。男人和女人都穿著長及地面的衣服。男的裹著伊斯蘭教徒頭巾，女的戴著帽子，小孩則是赤身露體。

在斯利那加的入口處，可以看到一排的三桅帆船和船屋——一整家一整家的人就住在裡面。當我們的獨木舟從河兩岸的木屋之間滑過時，遠方積雪的山頂正被落日的最後餘暉撫拂著。

這裡的商業活動似乎隨著日落而停止了下來。數以千計的七彩船(dunga)和轎船(bangla)停靠在兩岸，而大量的本地人——包括男女兩性——則穿著亞當夏娃的原始服裝，正在河水中進行傍晚的洗禮。他們認爲，這種儀式可以洗淨所有人類的偏見。

十月二十日，我在一個乾淨的小房間裡醒過來。窗外是明麗的河景，在克什米爾的日光下熠熠生輝。由於我寫本書的目的不在描述沿途風景的細節，所以，對於斯利那加那些美麗的湖、迷人的小島、充滿歷史的宮殿、神祕的佛塔和風情萬種的村莊，我就不多著墨了。

我在斯利那加度過了六天。這六天，我遊覽了四周讓人迷醉的，走訪了無數見證了這城市古代繁華的歷史遺跡，並研究了這個國家的奇風異俗。

克什米爾以及它周遭的地區（如伯爾蒂斯坦和拉達克等），都是英國的附庸。原先，它們是有「旁遮普之獅」之稱的蘭季特・辛格的屬土。蘭季特死後，英國派兵佔領拉達克，並把克什米爾從整個帝國中分離出來，稍後又以一億六千萬法郎的代價，把克什米爾讓渡給蘭季特的一個親戚古拉伯・辛格(Ghulab Singh)，並授與他大君的頭銜。我在克什米爾旅行那期間，統治它的人是古拉伯的曾孫彼德拉・辛格(Pertab Singh)。他的宮廷位於喜馬拉雅山南麓的查謨(Jammu)。

克什米爾著名的快樂谷(Happy Valley)④長八十五英里，寬二十五英里。莫臥兒王朝的時代，是這個河谷的全盛時期。莫臥兒的皇帝喜歡駐驆於此，在小島上搭上大帳篷，享受鄉村生活的風味。很多印度斯坦的大君也喜歡在夏天到這裡來，一方面可以避暑，一方面可以參加莫臥兒皇帝招待的盛宴。

不過，這種盛況已經不再，而這裡也不再是個快樂之谷：野草覆蓋著清澈的湖面，野松樹在各個小島上蔓生，讓其他植物的生機備受窒息，而王宮和亭臺樓閣都成了荒煙蔓草的廢墟。

四周的山脈也彷彿被一種無所不在的憂鬱所籠罩，然而，它們那永恆的美，仍然予人以美好時光也許會有朝一日再臨的希望。這裡的居民，一度是俊美、聰明而愛乾淨的一群，但如今卻淪落得跟半白癡無異。他們懶散而骯髒，而現在統治他們的，不再是刀劍而是鞭子。

克什米爾人由於有過太多不同的主人，加上受過各式各樣的劫掠與入侵，以致變得對一切都無動於衷。他們消磨日子的方法，是坐在碳爐邊與鄰居閒聊，要不就是縫製披風或做做金銀線的細工。

克什米爾的婦女顯得沈鬱，她們的臉上流露出一種難以形容的悲哀表情。這裡人人都是邋邋遢遢的，即使是英俊的男人或漂亮的女人，不管冬天夏天，也不管是男是女，這裡的居民穿的一律是用厚質料做成的長袖外衣。他們的襯衫是從來不洗的，而且非穿到不能再穿，不會丟棄。在他們那又髒又油的外衣的烘托下，克什米爾男人頭上所纏的伊斯蘭教徒頭巾顯得眩目的白。

跟四周豐富而美麗的自然環境相比，克什米爾人的襤褸特別會讓一個路過的旅人感到莫大的黯然。

斯利那加是克什米爾的首府，它名字的原意是「太陽之城」。有時候，這裡的居民會逕用這個國家的名字——克什米爾——來稱呼它。斯利那加就位在杰盧姆河旁邊，向南延伸出五公里，全城人口有十三萬五千。它的房子都是兩層式、木造，沿著印度河的兩岸排列。整個城鎮的寬度不超過兩公里，而所有的居民，就彷彿是住在河裡沒有兩樣。沿河一共有十條橋樑，連接兩岸。

每戶人家都有步道連接到河邊。一整天都有人在河裡、沐浴或清洗家庭器皿（一般包括兩到三個銅的水瓶）。全城有三分之二居民信奉婆羅門教，另有一部分是伊斯蘭教徒，至於佛教徒則寥寥無幾。

該為接下來的旅程作準備的時間很快又到了。我買了一批罐頭食物、幾箱葡萄酒和旅途上其他不可或缺的用品。我把所有這些東西全裝在箱子裡，雇了十個搬運工和一個「齊卡里」(chicari)，買了我要騎的馬，並把出發日期定在十月二十七日。

拜一位法國朋友佩紹先生相贈，我此行多了一個會讓旅程增加生氣的良伴：一隻很聰明的狗。牠先前曾經陪著我的好幾個友人，橫越過帕米爾高原。

我選好一條可以縮短兩日路程的路線以後，就在二十七日的黎明，坐上一艘船，越過大湖。我的苦力們走的是陸路，我和他們稍後會在分隔斯利那加和信德大峽谷的群山下會合。

我永遠也不會忘記我們在攀爬一座三千英尺高的高山時，幾乎手腳並用的苦狀。苦力一個個都氣喘呼呼，我無時無刻不在擔心，會突然看到他們其中哪一個，連同他所揹著的東西，一起摔到山腳下。當我看到我的狗狗帕米爾那副可憐相的時候，只覺得很心疼。牠不斷吐舌頭，到最後，在發出一聲低鳴後，就四腳一軟，整個身體垮在地面上。我忘記了自己的疲累，不斷鼓勵牠站起來，而牠也眞像聽得懂似的，掙扎著重新站了起來。不過，沒走上幾步，牠就重新癱在地上了。

當我們終於到達峰頂時，夜已經來到了。一到峰頂，我們每個人都馬上撲到積雪的地面上，抓起一把把雪往嘴巴裡塞——我們都渴壞了。經過短暫的休息後，我們開始下坡。我們走得很急，巴望可以在有猛獸出沒以前，趕到位於山腳下的海爾納村(Haïena)。

本來，從斯利那加到海爾納村，有一條平坦、保養得很好的路可走，但我卻捨彼而選擇了目前的路線，因爲後者可以爲我節省相當多的時間和距離。

進入信德峽谷以後，我碰上了一個不怎麼愉快的遭遇。這個峽谷長六十英里，一向以出沒那些對人類不怎麼友善的猛獸著稱，其中包括黑豹、老虎、豹子、黑熊、狼和胡狼。老天就像是想讓我們不好過似的，在我們出發前下了一場雪，讓較高的山頭盡爲積雪掩蓋，逼得各種兇猛的走獸不得不往下走，以尋找可以棲身的洞穴。

我們在黑暗中順著一條在古老的樅樹和樺樹之間蜿蜒的窄路向前走。除我們自己的腳步聲以外，四下沒有半點聲音。突然間，在極近的距離，一陣恐怖的吼叫聲撕破了寧靜。我們所有人都驚得呆住了。「是黑豹！」我的僕人輕聲說，顫抖的聲音裡充滿著恐懼。其他的苦力一動也不敢動，就像是被牢牢釘在了地裡。

我要摸索身上的槍時才想起，剛才爬坡的時候因爲爬得太累，我把左輪手槍和來福槍分別交給兩個苦力代我拿。我現在對自己這個做法，後悔到了最極點。我用很低的聲音叫那個幫我拿來福槍的苦力把槍遞給我。

吼叫聲愈來愈淒厲，在靜悄悄的森林裡引發陣陣回聲。忽然間，我們聽到有什麼東西沈沈地落在地面上的聲音，就在同一時間，有人發出了令人毛髮爲之聳然的慘叫聲，混合著某種飢餓猛獸粗厲的怒吼聲。

「老爺，槍在這裡。」我聽到一個聲音對我說。我趕忙伸出手，卻什麼也沒拿到，因爲四周黑得我根本無法看見兩步開外的事物。又一聲野獸的吼叫聲和人的慘叫聲讓我隱約意識到發生了什麼事。我急忙去摸索苦力遞給我的來福槍，一方面想殺死那隻黑豹，一方面想——來得及的話——搶救那個受害者。此外，我也滿懷恐懼，生怕我會成爲下一個受害者。

我的苦力全都怕得陷於麻痹癱瘓，過了整整五分鐘，他們才有一個在我的指示下，劃著火柴，點燃了一堆柴枝（我記起了野獸是怕火的）。火光亮起以後，我們看見，一隻大黑豹就站在十步開外，而我的其中一個苦力則躺在地上，四肢被撕得稀巴爛。那黑豹動也不動地站著，爪子裡看得見一些人的血肉。牠的身旁，側躺著一箱全打破了的葡萄酒。

接著，黑豹突然一躍而起，向我們撲將過來。我根本來不及把來福槍拿起來瞄準。眼見牠馬上就要撲到我面前的時候，牠卻突然轉了個彎，發出一聲可以讓人的血管結冰的哮聲，然後就沒入了路邊密厚的樹叢裡去。

我的那些苦力這時才回過神來，紛紛用柴枝點起了火把。我們沒有管那個被咬死的可憐印度人的屍體，只管趕快前進，因爲怕如果不趕快走，自己也會落得跟他一樣命運。

一小時以後，我們走出了森林，進入平原區。我在一棵濃密的懸鈴木下面築起帳篷，並下令點燃一個大火堆。火堆是唯一能保護我們、讓猛獸不敢接近的方法——四方八面都可以聽到牠們嚇人的吼聲。穿越森林的沿途，帕米爾的尾巴都是垂得低低的，而且緊貼著我腳邊走。但一等住進帳篷以後，牠卻忽然間恢復勇猛，整個晚上都吠個不停。不過自始至終，牠都沒敢把鼻子伸出帳篷外面過。

這個晚上對我來說好比一個恐怖之夜。我一整晚來福槍都不離手，聆聽著峽谷裡此起彼落的吼叫聲。有好幾隻黑豹試圖接近我們的營地——大概是被狗吠聲吸引過來的——但篝火卻讓牠們不敢逼近。

離開斯利那加的時候，我一共帶著十一個苦力。四個負責揹葡萄酒和食物，四個揹我的私人物品，一個揹各種器皿，最後一個什麼都不用揹，只負責當斥侯。當斥侯的人在克什米爾有一個特殊稱呼：「齊卡里」，意指「可以伴隨獵人找到獵物的人」。

不過，在經過峽谷的一夜驚險後，我就把我雇的「齊卡里」給打發走了，因爲我發現他為人不只很膽小，而且對這一帶極為陌生。到達岡特村(Gund)之後，我又把六個苦力打發走，他們負責揹的東西，我改為用租來的馬代替。稍後，我雇了另一個「齊卡里」，他除了充當斥侯以外，還是我的譯員。他是佩紹先生大力推薦給我的。

信德峽谷的風景不只美，而且是獵人的天堂。除猛獸以外，你在這裡還可以找到鹿隻、野綿羊和各式各樣的鳥類，其中特別值得一提的是有金色、紅色和雪白色毛羽的雉鷄、大隻的鷓鴣和巨大的老鷹。

座落在信德峽谷內沿途的村莊並不起眼。它們一般由十到二十間的茅屋構成，人們穿著的是又髒又破的衣服。牛隻都是很瘦小的品種。

越過森巴河(Sumbal)以後就是岡特村(Gund)，我在此買了一些馬，取代其中六個苦力。每當碰到這種有用的四蹄動物耍性格的時候，只要我鞭子一揮，牠們就會馬上乖乖聽話。至於人，我則只要花一點點錢，他們就會變得極端恭順，那怕我的最小命令，他們也會馬上執行。

在東方，眞正的權威是棒子和盧比。沒有這兩樣東西，只怕連莫臥兒皇帝也會一籌莫展。

沒多久，夜就降臨了，我匆匆忙忙在分隔戈干干村(Gogangan)和辛納馬格村(Sonamarg)的那個峽谷趕路。路況很差，而且猛獸滿佈。每到晚上，牠們就會四出覓食，有時甚至會侵入到村莊。這一帶黑豹很多，所以雖然風景優美而土壤肥沃，但敢於在此定居的人寥寥無幾。

在峽谷的出口處，離塔歌科達村(Tchokodar)不遠，我遠遠看見有兩團黑色的東西，正橫過路上。慢慢我就看清楚，原來那是一公一母的兩頭熊，後面還跟著一頭小熊。

由於只有我和僕人兩個人（我們走得比苦力的隊伍要快），加上我手上只有一支來福槍，所以，我並不認爲我有必要跟這些熊交鋒。不過，我的獵興此時卻發作起來，驅使我放手一搏。於是我從馬上躍下，瞄準，發射，然後連有沒有打中都沒有去管，就連忙重新上膛，發射下一槍。兩槍之間的相距時間，只在一秒鐘。

就在這個節骨眼，兩隻大熊的其中一隻向我撲過來。不過，我的第二槍卻嚇得牠半路轉過身去，逃入了森林中。我舉著槍，慢慢走上前去，看到另一隻大熊側躺在地上，已經死去。而那隻小熊，則環繞在牠身周嬉戲。我再一槍，把小熊的生命也結束掉。我的僕人連忙去剝掉兩隻熊身上的皮。牠們的毛皮都非常上乘，而且黑得像墨汁。

這段揷曲花去我兩小時。而等我們在塔歌科達村附近把營帳紮好，天已全黑了。一宿無話。第二天，我們沿著信德河，到達了巴爾塔爾(Baltal)。在這裡，先前那片「黃金大草原」般的美景戛然而止（事實上，「辛納馬格村」的原意就是「黃金大草原」）。代之而起的是巍然聳峙在一萬一千五百英尺高處的佐吉山口(Zoji La)。而在它後面的，則是一個嚴酷而不友善的國度。

我的打獵餘興至巴爾塔爾就打上了句號。因爲接下來的沿途，我唯一遇到的動物就只有野山羊。如果我想來一場打獵冒險的話，那就得離開道路、深入到喜馬拉雅山的深處。但我既沒有這個時間，也沒有這個興致，所以就繼續安安分分地趕路。

我現在進入的這個地區，海拔在一萬一千英尺至一萬兩千英尺之間，只有在卡爾吉爾(Kargil)，高度才一度降爲八千英尺。

佐吉山口非常陡峭崎嶇，攀爬在上面，感覺上有如在攀一堵近乎垂直的牆。有些路段蜿蜒於山岩上的突出部位，寬不超過一公尺，下面的萬丈深淵讓人看得眼花撩亂。在這樣的地點，只要踩錯一步，旅人就會直登天堂！

在其中一個地點，我們遇上了一條橋。它由兩根插在兩邊山岩裡的木樑所構成，橋面上鋪著一層土。一想到過橋的時候難保不會剛好有石頭從山上滾下來，或難保橋不會因爲晃得太厲害而連土帶人拋到下面去，我就不寒而慄。過這條橋的時候，我的心跳停止了不只一次。

過巴爾塔爾以後，人們用來計算距離的單位是「達克」(dak)。所謂的「達克」，就是傳送郵件的驛站。它們都是些低矮的小屋，每兩個驛站之間相距七公里。每個驛站都有一個守衛全天候駐守。

這種驛站制度在克什米爾和西藏之間那些非常原始的路線仍然沿用著。如果你要寄信的話，就把信放在一個皮革袋子裡，交給信差，然後他會把信放在籃子，揹在背上，快速地把信送到下一個驛站。下一個信差接過信後，會以同樣的方式送到七公里外的信差手中。從西藏到克什米爾的信件，每星期會傳送一次，反之亦然。即使下雨或下雪，送信的工作照樣進行。

信差每跑一趟的薪酬是六個安那(anna)。我雇的苦力，開的價錢與此相同，但他們揹的東西，卻十倍於信差。當我看到那些面色蒼白、神情疲憊的信差時，難免會爲他們感到難過，但我們又能做什麼呢？那是這個國家的習慣。從中國進口的茶葉，也是以相同的方式運送。這個郵遞系統，可說是既經濟又快速。

在馬塔仁村(Matayan)附近，我跟先前遇過那隊從麥加朝聖回來的篷車隊再度相遇。他們遠遠就認出我是誰，並馬上跑過來乞求我幫忙看看一個生病隊員的病情。我發現那個可憐的傢伙發著高燒，在痛苦中蠕動翻騰。我把十指互絞，表示我的無能爲力，然後又用一根手指指了指天空，以表示他們同伴的病情，已超出人類或科學的能力之外，只有上帝幫得上忙。

由於這群人的行進速度很慢，我不得不把他們丟下，以便可以在黃昏時趕到德拉斯(Dras)。德拉斯位於一個河谷的底部，靠近德拉斯河。在德拉斯附近，我們看到一個小小的要塞，它雖然是極古老的建築，卻漆著新的白漆，由大君麾下的三個錫克教士兵所駐守。

在德拉斯，我住宿在驛舍裡，聯繫斯利那加與喜馬拉雅山山區深處的唯一一根電報線，就從這驛舍通過。從這時候起，天氣已經冷得我無法再睡帳篷，非得投宿在商隊旅店裡不可。它們雖然都髒得可怕，但因爲有巨大圓木所生起的火堆，所以相當暖和。

從德拉斯到卡爾吉爾的沿路，風景都很單調乏味。只有壯觀的日落日出和美麗的月色例外。除此以外，這段路平坦、綿長而危險四伏。

卡爾吉爾是這個區的主要城市，也是克什米爾總督的駐在之所。它四周的環境相當優美。有兩條溪流流經此地，一條是蘇魯溪(Suru)，一條是瓦加溪(Wakka)，匯流而成蘇魯河。卡爾吉爾的土屋就沿著河岸的兩旁展開。

第二天的清晨，我騎著新租來的馬，朝著又有小西藏之稱的拉達克進發。途中，我又遇到了一條搖搖晃晃的橋。它就像克什米爾的其他橋一樣，由兩根大木樑構成，兩頭分別插在河的兩岸，上面鋪著一層小柴枝，乍看之下像條浮橋。

接下來，我輕鬆自如地走了兩公里的路，登上了一個平緩的高原，繼而是通向瓦加河谷的下坡路。河谷內分布著零星的村莊，其中最美的一個是巴什吉姆(Pashkyum)，它就位於卡瓦河的左岸。

我經過的這段路，簡直就是佛家所說的淨土。這裡的居民單純而良善，根本不知道爭吵爲何物。不曉得爲什麼，婦女在這裡顯得很稀少。而我碰到的婦女，也和先前在印度和克什米爾碰到的不相同：她們的臉容都輕快而有活力。

這也難怪，因爲在這個地區，一個婦女平均有三到五個丈夫，而且是完全合法的！一妻多夫制在這裡很流行。不管再大的家庭，也從來不會有一位以上的太太。

而如果一個家庭不超過三個人的話，一個鰥夫就會被容許加入，以幫補家計。幾乎毫無例外地，這裡的男性看起來都很衰弱，背相當彎，而且很少會活到老年。旅遊拉達克期間，我從未碰過一個白髮老人。

從卡爾吉爾到拉達克中心地區的路要比我先前走過的都生氣勃勃得多，沿路點綴著不少小村子，不過樹木和任何種類的植物都極端稀少。

在由急勁的瓦加河切割而成的河谷的出口處——距離卡爾吉爾二十英里——座落著一個名叫謝爾戈爾(Shergol)的小村莊。在村莊的中心區，佇立著三個顏色鮮艷的聖骨塚。

在謝爾戈爾村下方近瓦卡河的位置，我們看到一列又長又寬的土堆，其表面凌亂地散佈著一些各種顏色的平坦石頭，石頭上面刻著梵文、西藏文，甚至阿拉伯文的文字。我問我的苦力這些石頭是幹什麼用的，他們也說不出個所以然來。從謝爾戈爾以降，我們三不五時都會碰到這種像堤防的長條形土堆。⑤

第二天日出，我們騎上新換的馬，繼續趕路。中途，我們走訪了離木比克(Mulbeck)不遠的一間喇嘛寺。這寺廟建在一座孤立的山岩頂端，乍看之下，它就像是用膠水黏在山岩的邊沿上。山岩的下方是瓦加村。離瓦加村不遠，可以看到另一塊孤立的山岩，它的座落位置很特別，感覺上，它像是被一隻大手放到現在的位置上的。在山岩的其中一邊，雕刻著一個十幾公尺高的佛像，除此以外山壁上還設有若干的經輪，作爲裝飾。

所謂的經輪，是一種圓柱體形狀的裝置，上面垂掛著黃色和白色的布條。即使最輕的風，也可以讓它被吹得轉起來。人們裝設這種經輪，是爲了省去念經的麻煩，因爲經輪的上面銘刻著各種經文，經輪轉動，就如同人在念經。

在瓦加村下馬後，我就在翻譯員的帶路下，向喇嘛寺走去。通向寺廟的階梯，是硬生生從山壁上鑿出來的。在階梯的最頂端，我們受到一位圓胖胖的喇嘛接待，他下巴留著西藏人典型的稀疏鬍子。我稍後發現，他爲人不但殷勤，還很坦率。胖喇嘛身穿一件黃色的僧袍，頭戴一頂相同顏色、有護耳的帽子。他的右手拿著一個銅製的小經輪，在我們談話的過程中，他三不五時就會用手去轉它——這等於是不停在念經。

在胖喇嘛的帶領下，我們穿過了一些天花板很矮的廳堂。廳堂的四壁上佈滿架子，上面擺放著用各種材料和各種造型的佛像，每個佛像都蒙著厚厚一層灰塵。最後，我們走到一個視野開闊的露天平台上，從那裡，我們可以遠眺四周的荒涼地貌：

舉目都是淺灰色的山岩，只有一條孤伶伶的道路穿越其中。

我們坐下以後，就有人給我們奉上塔甘茶——一種用忽布釀的啤酒。寺廟裡的喇嘛之所以都長得肥肥胖胖，就是拜這種飲料所賜。不過，肥胖在這裡卻是被視爲是一種上天的眷寵。

這間寺廟裡說的是藏語。藏語的起源是個謎，而唯一可以肯定的是，有一個與穆罕默德同時代的西藏王，立意創造一種給普天之下所有佛教徒使用的語言。於是，他把梵文的文法加以簡化，並發明了一組爲數龐大的字母，而藏語就是在這個基礎上發展出來的。藏語的發音相當容易，但書寫卻極爲複雜困難。要把一個字音以文字的方式表現出來，需要的字母最少八個。

所有西藏的現代文獻，都是用這種語言寫成，但純正的藏語只通行於拉達克和西藏東部。而在西藏的其他地區，人們使用的都是方言。這些方言由西藏語和鄰近地區的語言糅雜而成。

在西藏的日常生活中，有兩種語言被人們同時使用著。一種是女人完全聽不懂的，而另一種則是全國都在使用的。但只有在佛寺裡，人們所說的才會是最純正的藏語。

喇嘛對歐洲人的態度，要遠比對伊斯蘭教徒友善。我問胖喇嘛為什麼會有這種現象，他解釋說：「伊斯蘭教徒和我們的宗教毫無共通之處。直到沒多久以前，他們仍挾著武力，迫使許多佛教徒改信伊斯蘭教。我們目前的努力，都集中在幫助那些墮落為伊斯蘭教徒的佛教徒回歸正道。至於歐洲人，則完全不一樣，因為他們就像我們一樣，奉守一神論這個最高的原則。基督教的唯一錯誤只在於它在接受了佛陀的偉大教誨的同時，卻自創了一個他們自己的達賴喇嘛。要知道，只有我們的達賴喇嘛，才具有獨一無二的恩賜，可以面對面看見佛陀和作為天與地的媒介人。」

「你說這個基督徒裡的達賴喇嘛是誰？」我問：「我們並沒有什麼達賴喇嘛，而只有一個『神之子』。對於他，我們致以最熱烈的崇拜。也是藉著他，我們才得以跟獨一而無形體的上帝交通。」

「我說的不是他，老爺。我們也很尊敬你稱之為『神之子』的那一位。但我們並不是視他為上帝的唯一兒子，而是把他視為一個完人，視為一個高出於所有人之上的人。佛陀的精神曾經化身在這位叫伊撒的聖人身上，他不需要借助刀槍，就能夠把我們偉大而真實的宗教傳揚到整個世界。我說的那個人，你們又稱之為『教會之父』。這是一種很大的罪過，願主寬恕這些迷途的羔羊。」說罷，胖喇嘛就迫不及待去轉他的經輪。

我終於聽懂他說的人是教宗。

「你說佛陀有一個兒子叫做伊撒，曾經把佛教傳揚到全世界。這個人究竟是誰？」

聽到我這樣一問，胖喇嘛把眼睛睜得大大，用一副難以置信的表情看著我，然後用宣布事情的口吻說了一番話。這番話，我的翻譯並不完全聽得懂，只知大意如下：

「伊撒是一位偉大的先知，是繼二十二位佛之後來到人間的第一位。他比任何一位我們的達賴喇嘛都要偉大，因為他包含著我們的主的部分神性。是他帶給我們啓蒙，是他讓每一個人類可以分辨善與惡。他的名字和事蹟，都記錄在我們的經卷裡。讀到他的奇異事蹟，讀到他被異教徒折磨和處死的故事，我們都不禁潸然淚下。」

胖喇嘛這番話讓我感到震撼。先知伊撒、他的受苦及死亡、基督教裡的達賴喇嘛、佛教徒對基督教的認同——凡此種種，都讓我一再聯想起耶穌基督。我請翻譯務必要仔細聽胖喇嘛所說的話，不要漏失掉任何一個字。

「這些經卷現在放在哪裡？最初寫它們的人又是誰？」我問。

「最主要的那些，是不同時期在印度和尼泊爾寫成的。它們可以在拉薩所收藏的數以萬計的經卷當中找到。在拉薩之外的一些大型喇嘛寺裡，也可以找到它們的副本。這些副本，是那些佛寺的住持前往西藏朝聖時，抄寫下來的。」

「你們這裡有沒有這樣的副本？」

「沒有。我們並不是一間大寺。從創寺至今，歷代住持抄寫和累積下來的經卷，不過幾百之數。但重要喇嘛寺裡的藏書，卻往往高達幾千卷。不過那些都是聖物，不會輕易示人。」

我們的談話又持續了一會兒才結束。離開的時候，我滿腦子都在想著胖喇嘛的話。伊撒，一個佛教的先知！他有猶太人的血統，住在巴勒斯坦和埃及，但四福音上卻隻字未提，完全沒有暗示耶穌所接受過的教育裡，有可能有佛教的成份。

我決定走訪西藏的每一家喇嘛寺，以求獲得更多有關先知伊撒的訊息，如果能找到一本記錄他生平事蹟的手稿副本，那就更好了。

離開木比克之後，我們就攀過了位於一萬三千英尺高的納米卡(Namika)山口，然後下到桑格魯馬河谷(Sangeluma Valley)。繼而，我們折而向南，朝卡耳布(Kharbu)邁進，把位於桑格魯馬河另一邊的無數村莊拋在後頭。這些村莊的其中一個名叫昌堂(Chag-doom)，建在一座山岩的岩頂上，四周環境極其迷人。

昌堂村的房子都漆成白色，有兩層的，有三層的，給人以一種歡快的印象——所有拉達克村莊的房子都有這樣的特徵。一個歐洲人到克什米爾去旅行的話，難得會看到有任何本國風格的建築痕跡，但拉達克則不同。在拉達克，他會高興而又帶點驚訝地看到一些平整而帶有玻璃窗戶的小房子——樣式就跟在歐洲的城鎮看到的一樣。

離卡耳布不遠，在兩塊垂直的山岩上，可以看到一個小鎮或村莊的遺跡。據說，當初有一場風暴或地震，把它的城牆摧毀掉。

第二天，我經過了另一個驛站，並攀過了海拔一萬三千五百英尺高的佛圖山口(Fotu La)，在它的最高處，豎立著一個聖骨塚。之後，我們就順著一條河水幾乎乾涸了的河床往下走，去到一個名叫拉馬尤魯(Lamayuru)的小村莊——它的出現，有點讓人出其不意。村莊裡有一間喇嘛寺，高踞在一座俯視全村的孤立山岩上。

這佛寺根本不知樓梯爲何物，從一層到另一層，靠的不是樓梯而是繩子。而佛寺的對外通道，則是一些錯綜複雜的走廊和迴廊。它的窗戶上築滿大鳥的巢。在佛寺所在那塊山岩的下方，有一家小客棧，可以提供路過的旅客不怎麼樣的房間。

當我住進客棧，正準備在一張地毯上好好睡一覺的時候，卻忽然有三個穿著黃色僧袍的僧人，不請自來，走入我的房間，向我問了一大堆的問題，諸如我是從哪裡來的，此行的目的何在等等。最後，他們又邀我到佛寺去走一走。

我雖然疲累，但仍然接受了邀請，跟他們順著一條在山岩上鑿出來的陡徑往上走。沿途都設著經輪，而我每經過一個旁邊的時候，都會伸手去轉它一轉。這些經輪是爲防路過的人沒空念經而設的，看來，生活在這裡的人每天都很忙碌，根本抽不出時間去念經。

很多佛教徒會把這一類的經輪裝設在水邊。我就看過有一條河的河邊，裝滿一整排這樣的經輪，而藉著水的推力，它們會不斷轉動。這樣，裝設它們的人就可以把念經的工夫給省了下來。

抵達目的地以後，喇嘛把我帶到一間燈光昏暗的房間裡，招呼我在一張長凳上坐下。四面的牆壁上裝飾著那少不了的佛像，還有書本和經輪。招待我的喇嘛向我

——解釋這些物件的重要性。

「你們這裡的所有藏書，」我問他們：「都一律是跟宗教有關的嗎？」

「是的，老爺。它們談的都是跟最重要的宗教儀式有關的事情。另外還有一些是記載著佛陀的話語的。」

「在這些書裡面，有沒有一些記載著先知伊撒的事蹟的？」

「沒有，」對方回答說：「我們只擁有跟儀式規定有關的主要典籍。至於聖人們的傳記，則要到拉薩去才找得到。就連我們這地區一些較大的佛寺，歷史也還沒有悠久到足以擁有這一類的書籍。我來這裡以前，曾在拉達克另一頭一間大佛寺修行過好些年，在那裡，我看到過有幾千卷喇嘛們在不同時期抄寫下來的典籍和經卷。」

又經過一番探詢後，我得知他所提到的佛寺，位在列城附近。不過，我的反覆追問卻引起了他們的疑心，他們帶著毫不掩飾的不快，把我帶回到山下的客棧去。回到客棧後，我用過一頓輕淡的晚餐後即就寢。睡前我交代我的印度翻譯，去向拉馬尤魯寺的年輕喇嘛打聽，他們的大喇嘛被選派來這裡當住持以前，住過的佛寺叫什麼名字。

第二天日出再度上路時，翻譯員告訴我，寺裡喇嘛顯然已經起了戒心，所以他什麼也沒打聽出來。在此我不打算描述這些佛寺裡的隱修生活，因爲有關這一點，在稍後涉及列城那間著名佛寺的部分，我將會有所交代（在這方面，拉達克的所有佛寺都是一樣的）。

一條陡峭的下坡路在拉馬尤魯的前方展開，並在穿過一個狹窄而昏暗的峽谷後，通到印度河。由於事先不知道這條下坡路會有危險性，所以我打發了苦力們先行出發，自己隨後再動身。我沿著一條在褐色的黏土丘之間蜿蜒的道路前進，開始的時候路面寬闊平順，但沒多久，路就變得狹窄而破碎，像濱海道路一樣在山壁上蜿蜒，而旁邊則是令人膽戰的深谷。

路非常窄，要是此時有另一個騎士向我迎面而來的話，我們誰也別想通得過。任何文字都無法傳達這個峽谷的雄偉與原始之美，它的一個個峰頂，宛如一根根刺向長空的標槍。

某些路段窄得我只要舉起馬鞭，就可以碰得到一邊的山岩，而在另一邊，死神則從萬丈深淵下面瞪視著我。不過，這時想要下馬已經遲了。我只能後悔自己當初爲什麼會做出這個草率的決定，並盡可能小心翼翼地向前踏步。

這個峽谷事實上是一條巨大的裂縫，由地底的可怕爆發所形成——爆發把一塊龐然的花崗岩一分為二，形成現在這個峽谷。俯視谷底，隱約可以看得見一條細細的白色條紋。那是一條洶湧的激流，它單調的怒吼聲在峽谷裡引起了陣陣奇怪的回聲。在我的頭頂上，蜿蜒著一條窄窄的藍絲帶——那是在山岩間唯一看得見的天空部分。

這樣的壯麗景觀帶給人的是一種強烈的歡樂。但與此同時，四周死寂山脈和憂鬱的水聲，卻又會帶給人一種悵然之感。

我在這種又快樂又惆悵的心情中走了八英里的路，之後，突然一個右轉彎，我就走出了峽谷，進到一個被山岩圍繞的河谷中，而它們的峰頂，就映照在印度河的河面上。在其中一邊的河岸上，挺立著喀爾西堡(Khalsi)。這座小小的堡壘是一個著名的要塞，它的年代，可上溯至伊斯蘭教徒入侵的時代。在它附近，是一條從克什米爾通往西藏的山路。

從一條類似浮橋的橋樑度過印度河以後，我就來到喀爾西堡的大門前。經過河谷和喀爾西村的沿途我都沒有停下來，因為我急著在夜色降臨以前，趕到位於印度河河谷的史諾爾尼村(Snourly)過夜。

接下來兩天，我們毫不費力地沿著印度河的河岸，通過如詩如畫的鄉間。這條路，最後可以把我們帶到拉達克的首府，也就是列城。

在越過薩斯普那(Saspoula)河谷的時候，我們看得見在幾公里外的一個鄰近地區，建有一些嘛呢堆和聖骨塚。我們也經過兩間喇嘛寺，其中一間飄動著一面法國國旗。稍後我得知，那國旗是一位法國工程師送給寺方的，而僧侶們則把它當成裝飾品使用。

我在薩斯普那村過了一夜，但並沒有忘記去走訪佛寺。在佛寺裡，我再一次看到塵兮兮的佛像、在牆角堆成一落落的經幡、雜亂無章地堆成一堆堆的羊皮卷和書籍，還有被隨意棄置地上的恐怖面具。當然，也少不了經輪。

喇嘛們似乎很喜歡把這些東西示人，他們把它們視同寶貝，而無視於訪客對這些東西表現出多少興趣。他們的想法似乎是這樣的：「我們必須要把我們所有的東西展示給客人看，因爲說不定，在看過那麼多的聖物之後，他們就會不能自已地相信人類靈魂的莊嚴神聖。」

當我問及有關聖人伊撒的事情時，得到的回答跟我先前聽到過的一模一樣：有一些記載著他生平事蹟的經卷，收藏在拉薩，而只有最重要的佛寺，才會有這些經卷的副本。這時，我完全不去想取道喀喇崑崙山回國之事，而一心一意只想打聽到伊撒的生平事蹟。因爲我認爲，這些文件，說不定可以讓我們對這個完人的內心生活有更深一層的認識，而且可以補充福音書裡有關他的那些略嫌模糊的記載。

在離列城不遠的列城河谷的入口處，我們看到在一座巍然獨立的山岩上，高踞著一棟兩側各有一個塔樓的堡壘，旁邊還有一棟小小的喇嘛寺（平塔克寺）。一座一萬五百英尺的高山屏障著西藏的入口。接下來，路就陡然折向北，通往列城的方向。列城距離平塔克寺六英里，座落在一群巨大的花崗岩山脈的基部，海拔一萬一千五百英尺。而聳峙其上的那些山峰，高度從一萬八千到一萬九千英尺不等，積雪終年不化。

列城四周被一些矮小的白楊樹所圍繞，接下來，地勢漸次升高，最先是梯田，然後是居住區，而在列城的最高處，則雄踞著一座堡壘和古代拉達克統治者住過的王宮，居高臨下。我在黃昏時進入了列城，投宿在一棟專爲那些打獵季節從印度來此的歐洲人而設的平房式旅館裡。

拉達克

拉達克原是西藏的一部分，不過，因爲北方的民族一再取道此地入侵克什米爾，遂使拉達克經常成爲戰場。而一場又一場的戰爭不但讓它淪於今日的悲慘境地，也使它失去了與拉薩的政治聯繫。

在很早以前，伊斯蘭教徒曾經統治過克什米爾和拉達克，他們用強硬手段，迫使柔弱的拉達克人改信伊斯蘭教。其後，錫克人趕走了伊斯蘭教徒，把拉達克兼併到克什米爾之中，並允許拉達克人恢復原來的信仰。

有三分之二的居民受惠於這個政策，他們重新建立喇嘛寺，並回歸原先的生活方式。只有伯爾蒂斯坦人繼續保持伊斯蘭教什葉派的信仰。然而，他們的伊斯蘭教與正式的伊斯蘭教只有模糊的相似性，而這主要表現在習俗與一夫多妻制上。好些喇嘛告訴過我，他們一直都沒有放棄把伯爾蒂斯坦人導回到佛教來的努力。

雖然拉達克已不再隸屬西藏，但在宗教上，它卻仍然與拉薩——也就是西藏的首都和達賴喇嘛的住處——保持著從屬關係。佛寺的住持都是由拉薩方面選派。而在政治上，拉達克的主權則屬克什米爾的大君所有，並由他派駐的總督管理。

拉達克的居民屬於漢族—土倫族的血統，可以區分爲定居者和遊牧者兩大群落。定居的拉達克人沿著狹窄的河谷建立村落，住在保養得很好的兩層式房子裡，從事耕墾的工作。

拉達克男人都長得極醜，五短身材，瘦削，駝背，小頭，額斜而窄，顴骨突出，扁鼻，薄唇而嘴大，下巴留著稀疏鬍子，滿臉皺紋。這樣子的人，不但在拉達克是典型，也遍見於整個西藏。

女性的身材同樣矮小，顴骨也同樣突出。不過，她們的體格要粗壯許多，而且臉上常常掛著善解人意的笑容。她們具有歡樂和平和的性情，把很多時間用在嬉戲上。

嚴苛的氣候讓拉達克人難有穿色彩鮮豔衣服的機會。他們的襯衫都是自己縫製，用的是灰色的亞麻布和粗布。他們的褲子用的是同一種材料，長度只及於膝蓋。

有錢的人還會穿一件喬加斗篷(choga)——一種類似外套的衣服。在冬天，人們會戴上有護耳的毛皮帽保暖，在夏天，則只戴一頂帽尖折向一邊的布帽。他們的鞋子由毛氈製成，外面覆蓋以皮革。在他們的腰帶上，掛滿一大堆的小東西，包括針線盒、刀子、筆筒、墨水壺、煙草包和煙斗等。

西藏人幾乎毫無例外都有著懶散的個性。如果他們有一條辮子鬆了開來的話，不等上三個月，他們是不會把它重新結起來的，而他們的襯衫，也除非破得不能再穿，不會扔掉。他們的外套，總是髒兮兮的，背部被辮子上的油弄得斑斑駁駁（他們的辮子每天都會抹油一次）。他們一年只洗一次澡，不過洗這次澡可不是他們自願的，而是出於法律的規定。從這一點你就可以知道，應該避免跟拉達克人太靠近。

不過拉達克的婦女則相反，她們是乾淨和整齊的熱愛者，每天都會清洗身體一次。她們的衣服包含一件短袖的緊身襯衣和一件紅色的坎肩，下襬束在用紅色和綠色布料製成的燈籠褲裡。她們腳上穿的是刺繡的紅色半高統靴，靴口綴著毛皮。

拉達克婦女把頭髮結成一條條細細的辮子，再披以一塊大塊的頭布，有點像現在義大利婦女所時興的式樣。頭布的邊沿懸掛著各種顏色的小石子，以及錢幣和金屬的碎片。

她們耳朵會覆蓋著用布塊或毛皮做的護耳，背部會披一塊羊皮以禦寒。有地位的婦女會多披一塊有金線鑲邊的紅色披風。

不管走在街上還是探訪朋友，婦女一律都會在背上揹一個圓錐形的籃子，那是用來裝載撿拾來的泥煤用的；泥煤是這個地區的主要燃料。

每個婦女都擁有一定數量可以自己支配的金錢，這些錢，她們通常會花在購買首飾上——例如購買粧點髮式用的、大顆而便宜的綠松石。

拉達克婦女享有的社會地位會讓其他的東方女性忌妒，因爲她們不但極爲自由，而且受到高度的尊敬。除少量農活需要幫忙以外，她們大部分的時間，都是用在找朋友聊天上。値得一提的是，她們聊天時從不會說三道四。

定居的拉達克人以農業維生，但由於他們所擁有的土地極爲稀少（每個人分到的土地不超過十畝），以至於他們不是交不起稅，就是無法滿足基本生活所需。靠打工度日的人普遍受到鄙視。社會裡最低的一個階層的人被稱爲「比恩」(Bem)，人們都小心翼翼，避免跟他們發生身體上的碰觸。

在農閒時間，拉達克人會去捕獵西藏山羊，這種羊的羊毛，在印度得到的評價很高。人口中最貧窮的一群，由於買不起獵山羊的裝備，只能靠當苦力幫補家計。

即使婦女也有當苦力的，她們很耐勞，而且比丈夫有更佳的健康。拉達克的男人都相當懶，一旦累了想睡覺，就不管是荒郊野外，不管冷熱，都可以在石頭上睡一整個晚上。

一妻多夫制是把這裡的人口連結在一起的一個重要關鍵（稍後我會再詳談這種婚俗）。它創造出一個個大家庭，成員彼此為共同的福祉耕墾土地。一個成員是不容許與家庭脫離關係的，而如果他過世，他分到的田地就要歸回到公家去。

除了小麥以外，拉達克人很少種植其他的東西。而由於天氣嚴苛，麥子結出來的顆粒都很小。人們有時候也會種種大麥，磨成麵粉出售。

每當農季結束，所有男人就會跑到山上去採集野香草和大荊棘。這些都是可以用來充當燃料的東西。在拉達克，燃料相當稀少，你幾乎不會看得見樹林和花園，只有在河床地帶，有時會看得見一片疏落的楊柳或楊樹。在村莊附近，偶爾也會看到一些白楊樹。但由於缺乏肥沃的土地，要在拉達克種植蔬菜水果相當困難。

木材的缺乏最明顯反映在房屋的建材上。拉達克的房子有時是用曬乾的磚頭建成的，但更多時候是用中等大小的石頭砌成，而砌牆所用的灰泥，則是以陶土和剁碎的稻草揉成的。房子一律都是兩層式，正面用白漆仔細油漆，窗框則漆成各種艷麗的顏色。水平狀的屋頂構成了一個可供休憩的露天平台，人們通常都會在屋頂上擺些盆栽的野花加以點綴。而在一年裡天氣最好的季節，人們喜歡坐在屋頂上眺望大自然和轉動經輪來打發時間。

每一棟房子都包含著好些房間，而其中包括一組招待客人住宿的房間。客房的牆壁上裝飾著上佳的獸皮。其他的房間裡則有床和傢具。有錢人家的房子還會設有擺滿神像的經堂，專供唸經禱告之用。

這裡的生活是很刻板的。就以食物來說吧，可供選擇的樣式寥寥無幾。拉達克人的飲食是最簡單的。早餐吃的是一片黑麥麵包，午餐吃的是用手調開的麵糊：先把麵粉放在一個木碗裡，加入微溫的水，用小筷子攪勻後，再揉成一小球一小球，配著牛奶吃。

晚餐吃的是麵包和茶。肉在這裡被視爲超級的奢侈品。只有獵人的膳食，才會偶然有點野山羊肉、鷹肉或白雉鷄的肉調劑（白雉鷄在拉達克地區相當豐富）。人們最愛喝的是塔甘茶——一種沒有經過酒精發酵的淡啤酒。一整天下來，有事沒事，他們都會拿這種飲料來喝。

如果有個人要騎馬到附近的地區找工作的話（在拉達克，騎得起馬的人很稀罕），他就會帶少量麵粉在身上。當晚餐時間來臨的時候，他會在一條河邊或溪邊下馬，拿出一個木杯（這是他不離身的用具），放入麵粉，再加入一些水，揉搓以後加以食用。

拉達克的遊牧民佔全人口的一半。他們比定居的拉達克人要更窮，也更不開化。他們大部分都是獵人，完全不會從事任何農事。雖然他們也信奉佛教，但除非是需要麵粉，否則很少會到寺廟去（他們會用獵物交換寺廟的麵粉）。

一般來說，他們都是在極寒冷的山峰地帶紮營而居。他們和定居的拉達克人個性剛好相反：後者老實、好學而懶散，而前者極爲暴躁、活躍而愛說謊，他們對寺廟也表現出極大的藐視。

在拉達克的遊牧民中，有一支名叫坎布人(Khamba)，來自拉薩的邊緣地區。他們在拉達克的高山地帶，過著像吉普賽人一樣的流浪生活。由於不勝任任何的工作，而且說的是一種自己的語言，所以他們普遍受到歧視。只有在因爲受不了飢餓而到村莊裡討食物吃的時候，人們才會出於可憐，而施捨他們一些什麼。

流行於整個西藏的一妻多夫制激起我莫大的興趣。一妻多夫制完全不是佛陀教誨的遺產，因爲早在佛教傳入以前，它就在西藏盛行著。在印度，也有相當比例的人口採行這種婚俗。據信，它具有抑制人口增加的功能。另一個在印度助長這種婚俗的因素，則是印度人喜歡扼殺女嬰的陋習——英國人雖然設法想要禁止這種陋習，卻徒勞無功。

摩奴把一妻多夫定爲一種律法，而某些佛教的傳教者，雖然已經拋棄了婆羅門教的信仰，卻還是把這種風俗帶到了錫蘭、西藏、蒙古和朝鮮。這種在中國受到壓抑但卻在西藏和錫蘭大行其道的風俗，也可以在印度南部的托達人(Toda)、馬拉巴海岸的奈爾人(Nair)和住在這兩者中間的卡爾穆克人(Kalmouk)之間找到。另外，在塔斯曼尼亞人和北美的伊洛魁人(Iroquois)那裡，也還可以看得到這種古怪婚俗的痕跡。

如果凱撒的話可信的話，那這種婚俗也曾經在歐洲盛行過，因爲在《高盧戰記》(*De bello Gallico*)的第五卷，我們可以讀到這樣的話：「妻子會在一群十到十二個男子之間分享，特別是在兄弟或父子之間。」

凡此種種，都顯示出，一妻多夫制不可以被視爲某種宗教所獨有的習尙。在西藏，每個人可以分配到的可耕地都很少，因此，最適合用來解釋這種婚俗的起源的，似乎莫過於經濟上的原因。全西藏一百二十萬平方公里的面積，但它需要餵養的人口，卻有一百五十萬，這就使得一妻多夫制成了一個不得不爾之舉。此外，爲了節約開支，一個家庭有時還會把他們的一個兒子送去當喇嘛。

被送走的一般都是長子。當小孩長大到八歲，父母就會委託一支路過的篷車隊，把他帶到拉薩，在某家佛寺裡當七年的見習喇嘛。

這期間，他需要學習閱讀和書寫，研究各種宗教儀式，並熟習用巴利文寫成的經典。（巴利文是摩揭陀國——也就是喬達摩佛的出生地——所使用的語言。）

當一個家庭年紀最大的兒子娶妻後，他太太就會自然成爲他其他弟弟的太太。不管是求親的過程還是結婚的儀式都極爲草率。

一旦父母決定要讓他的兒子們成婚，最長的一個兒子就會到附近有女兒待字閨中的鄰居去提親。但在第一二次拜訪的時候，他都會只說些不相干的話，只有到了第三次，他才會把提親的企圖說出來。這時，女方的父母就會把女兒叫出來。（她和求婚者很少是沒有見過面的，因爲在拉達克，女性都是不戴面紗的。）

一樁婚事必須徵得女孩的同意才能作實。而如果她答應了婚事，就會跟著求婚者一起離開，成爲他和他弟弟們的太太。如果一個家庭只有一個兒子的話，父母通常會把他送到一個只有兩或三個丈夫的女人那裡，成爲她的第四個丈夫。這樣的毛遂自薦，是很少會被拒絕的。

新郎的父母一般會與新人同住到第一個小孩誕生爲止。在第一個小孩誕生後，父母們就會把所有的財產給新家庭，自己搬到一個較小的住處去居住。

有時候，父母在孩子還小的時候就會預先替他們締結婚約，等他們到達適婚年齡再完婚。一個婦女有權擁有任何數量的丈夫與情人。如果她碰到一個她喜歡的年輕人的話，她可以把他帶回家，向她的丈夫們宣布那是她的「情人」，而碰到這種事的丈夫，也絕不會大驚小怪。

這裡的人幾乎毫無忌妒的概念。西藏人冷血得不知道何謂愛。在他們眼裡，愛是自私的，而且是不合理的。

如果有一個丈夫出缺的話，他的地位就會被一個未婚男人或鰥夫遞補。但鰥夫在拉達克極為稀罕，那是因為，一般來說，婦女都會比她們那些體弱的丈夫活得久。有時，一個路過的旅行者也會被選上，這樣，他就會留下來定居。同樣的，一個本地人到鄰近村落旅行或找工作時，一樣有可能會被相中。

拉達克的女性受到高度的尊敬，而且對於選擇丈夫或情人，享有完全的自由。她們總是很有幽默感、對一切都興致勃勃，而且哪裡都有權去——除喇嘛廟的主誦經堂例外，因為那是女性止步的地方。

小孩只會尊敬媽媽，對父親毫無感情。這沒有什麼好奇怪的，因為他們的父親太多個了。

雖然我絕不贊成一妻多夫制，但在西藏，我也不能去譴責它。因爲沒有一妻多夫制的話，人口的增加將會變得相當驚人，而飢荒和各種不幸，也將會籠罩整個國家，爲之大壞。

希米寺的慶典活動

拉達克的首府列城是個小城，居民不超過五千，由兩三條大街構成，街上林列著漆成白色的房子。在城的中央區，是一個供舉行市集的廣場，有來自印度、土耳其斯坦、中國、克什米爾和西藏各地的商人，來此以各種貨物換取本地人的黃金。他們出售的貨物從僧侶所穿的長袍，以至於最細小的日常生活用品，一應俱全。

一座古老而廢棄的宮殿佇立在一座山丘上，俯視著整個城鎮。城中央有一棟兩層樓的大房子，是拉達克總督蘇拉吉巴——也是我的朋友——的住所。他是一個極善解人意的旁遮普人，曾在倫敦接受教育，取得哲學學位。

爲了歡迎我，他在市集廣場舉辦了一場盛大的馬球賽，黃昏時候，又在他家前面的露天平台安排了舞蹈和比賽節目，招待我觀賞。

好幾堆篝火映照在前來參觀表演的群眾臉上。他們形成一個大圈子，站在中間的，是一群打扮成妖魔鬼怪、野獸和魔法師模樣的舞者，他們扭腰擺臂、手舞足蹈，並配合著兩根長號和一個鑼鼓的單調樂聲，有節奏地團團轉起舞。

群眾不停歇的拍打聲和不間斷的呼喊聲讓我感到極度疲累。整個表演以一些西藏女舞者的優雅舞蹈結束。她們用腳尖旋轉身體，從一邊搖擺到另一邊，之後，又慢慢接近我們窗前，把帶著銅手鐲和象牙手鐲的雙手交錯到胸前，向我們鞠了一個深深的鞠躬。

第二天一大早，我就啓程前往宏偉的希米寺。它座落在一塊雄視著印度河河谷的巨岩岩巔，四周風景如詩如畫。希米寺是拉達克最主要的喇嘛寺之一，由四周居民的供奉和來自拉薩的津貼維持。

在一個村莊星羅棋布的地區附近，我們從一條橋越過了印度河。跟著，我們就走在一些看來像是沒有盡頭的突堤上。堤上佈滿刻著文字的石頭。我的嚮導小心翼翼走在石頭堆的右邊。我想把馬騎到左邊去，但嚮導立刻把我叫住，並拉住我的馬轡，把馬引回到右邊去。他向我解釋說，沿著刻石堆的右邊走，是這個國家的習俗。我向他打聽這種習俗的起源，卻沒問出個所以然來。

還沒到希米寺，一座帶有鋸齒狀胸牆的高塔就遠遠在望。我們走著走著，最後走到一道顏色漆得很鮮艷的大門前。那是一棟巨大的兩層建築的入口，裡面有一個鋪著小石頭的中庭。

中庭右邊的一個角落，有一兩扇貼著銅帶子的繪漆大門，那是主殿的入口。主殿內部擺滿諸天神佛的塑像，還有一個佛陀的大像，他身周繞滿大量的小神。

中庭的左邊是一個游廊，上面設有一個巨大的經輪。我們到達的時候，佛寺裡的住持和喇嘛全聚在游廊上。游廊的下方坐著一些樂師，他們有拿著長號的，有拿著鑼鼓的。在院子的右邊，是一間間的僧房，從洞開著的房門裡看得見，裡面全都掛有佛畫和裝有小個的經輪。每個經輪都繪成黑白兩色，頂部插著繫有彩帶的三叉戟。

在院子的中央豎著兩根很大的經幡柱，上面飄動著犛牛尾巴和長長的紙彩帶，彩帶上寫滿經文和咒語。

一陣凝重的沈默籠罩著整個地方，每個人都在焦慮地等待某種神祕儀式的開始。我們在涼廊上坐下，位置離喇嘛們不遠。幾乎我們一坐下，樂師們就開始用他們的長號，吹出柔和而單調的音樂。伴隨著的是間歇的鼓聲。這種鑼鼓的造型很奇怪，固定在一根豎在地面上的短竿子的頂端。

隨著這種聖樂的第一個音符的響起，寺廟裡的門突然都打開了，走出來大約二十個分別扮成動物、鳥、惡魔和各種怪獸模樣的舞者來。他們胸前掛著用不同顏色的絲線所繡成的惡魔或骷髏頭像，頭上戴著圓錐形的帽子，帽沿懸垂著五顏六色、寫滿經文的緞帶。他們臉上都戴著用白絲線繡成的骷髏面具。

他們慢慢繞著經幡柱轉圈，不時張開雙臂，用左手向天空揮出一根像調羹的東西。這根東西，有一部分是人頭骨的碎塊，上面連著頭髮（我想這些頭髮應該是從敵人的頭皮上取下來的）。

他們起初只是繞著柱子步行，但沒多久就變成不停的跳躍。一陣接連不斷的鑼鼓聲使他們突然停止不動。不過，才停下來一下子，他們便又激烈地跳動起來，並不斷帶有威脅意味地向天揮舞他們手上那根繫有黃色緞帶的小竿子。

最後，他們向大喇嘛敬過禮，就向主殿的入口走去，而與此同時，則有另一批臉上戴著銅面具的舞者從主殿的殿門走出來。這批新舞者的衣服上刺繡著各種顏色的裝飾物。他們一手拿著手鼓，一手搖著小鈴。每個手鼓都繫著個小球，舞者只要輕輕一搖手鼓，小球就會反覆打在手鼓的鼓皮上，發出響亮的聲音。

這些舞者繞著院子繞著中庭跳了好幾圈的舞，每繞中庭跳完一圈，就會一起擺動小手鼓，發出震耳欲聾的聲音。最後，他們跑向主殿的入口，站在台階的前面。一陣沈默以後，第三組舞者就出現了。他們臉上各戴著代表不同神祇的大面具，每個面具的額上都有第三隻眼睛。各代表不同的神祇。走在最前面的舞者扮演的是蓮花生大士（意爲生於蓮花之中的人）。在他旁邊，跟著個服飾華麗、拿著把黃色大陽傘的假面舞者。

他身後還跟著一批身穿華麗服裝的神祇，邁著緩慢的步子向前走。坐我旁邊的一個喇嘛告訴我，這些舞者分別代表六組可以變形的人物：神、半神、人、動物、精靈(spirit)和魔鬼。

在這些人物的兩邊，又另有一些穿著色彩嚇人的絲袍子的假面舞者。他們頭上戴著尖頂的金冠，冠沿上圍繞著六片金葉。他們在一種不協調的音樂聲的伴奏下，繞著經幡柱跳了三圈的舞，然後就坐在蓮花生大士的四周。這時，蓮花生大士把兩根手指放到嘴巴裡，吹起一聲尖銳的口哨聲。

聽到這聲訊號，一些穿得像戰士的年輕人從主殿裡走了出來。他們戴著裝飾著三角形小旗的綠色面具，身穿短襯衫，腳上戴著繫有鈴璫的腳鐲。他們一面用手鼓和鈴璫搖出聒噪不堪的聲音，一面繞著坐在地上的衆神祇轉個不停。

這時，兩個穿著緊身衣的大個子也加入了戰士的行列。他們扮演的是小丑的角色，做出各種滑稽可笑的動作。他們其中一個不斷跑去打另一個手上的手鼓。這個舉動逗得在場的觀衆哈哈大笑。

之後又出現了一群新的舞者，他們扮演的是僅次於神祇之下的一種力量。他們穿著紅色的主教帽和黃色的燈籠褲，手上也拿著鈴璫和手鼓。他們出場後，就站到和衆神對立的位置上。

差不多最後上場的是戴著紅色和褐色面具的舞者，他們的面具上都有三隻眼睛。這些舞者，連同先前的舞者，分成兩排，在伴奏的音樂聲和手鼓的敲打聲中，開始跳起激烈而狂野的舞蹈：時而前進，時而後退，時而轉圈，時而排成一隊。他們偶爾會停下來一下子，向觀衆席上微微鞠躬。

經過好一陣子以後，這個激動的場面——看得我們很累——開始平靜下來。而扮演神、半神、王、人、精靈的舞者站了起來——其他的舞者跟在後面——走向主殿的入口處，而從那裡，則走出一些裝扮成骷髏骨架模樣的舞者來。所有這些情節，都是經過預先安排的，而它們各有各的象徵意義。

先前各舞者紛紛讓路給這些新上場的舞者，而後者則踏著沈重的步伐，走向經幡柱。他們在經幡柱前面站住，然後拿起兩片掛在他們身側的木塊，用它們來模仿顎骨咬合的動作，發出咯咯咯的聲音。

接下來，他們配合著斷斷續續的擊鼓聲，繞著中庭走了三圈，最後吟唱起一首聖歌。繼而，他們再去操弄那個人造的顎骨，又發出磨牙的聲音和做出一些像因痛苦而引起的扭曲肢體動作。這之後，他們就安靜下來，一動不動。

這時，原來放在經幡柱旁邊一個代表人類敵人的石膏像被人抓了起來，摔成粉碎。觀衆中最年長的一些人紛紛走向前，拾起碎片，交給扮演骷髏的角色。這個動作，象徵著他們不久以後，將會在墳墓裡與這些骷髏重逢。

表演結束後，大喇嘛向我走過來，邀請我到主平台去喝杯塔甘茶。我對這個邀請感到很高興，因爲我的腦子裡還在因爲看了剛才的表演，而暈頭轉向。

他帶我走過中庭，登上一列階梯（兩旁都設有經輪），穿過擺滿神像的房間，去到一片露天平台。我在一張長凳上坐下，與大喇嘛相對而坐。這位大喇嘛長相尊貴，眼中閃爍著智慧的光芒。三個喇嘛爲我們端來幾壺塔甘茶。他們把茶斟到小小個的銅杯子裡，然後先把杯子遞給大喇嘛，再遞給我和我的隨員。

「你喜歡剛才的表演嗎？」大喇嘛問我。

「我覺得非常有趣。」我回答說：「事實上，剛才的場面至今還在我的腦海裡徘徊。不過話說回來，我從未想過佛教可以有這麼激烈繁複的儀式。」

「沒有哪個宗教的儀式要比我們的更富戲劇性。」大喇嘛說：「不過，這個儀式層面的表現，並未與佛教的基本原則相違背。我們認爲，這是個維持無知群眾對造物主的愛與順服的有效方法，就如同玩具可以增加小孩對父母的依戀和服從一樣。在我們的眼中，群眾都是天父的小孩。」

「但這樣按固定方式——同樣的面具、服裝、道具——進行的表演，其意義何在呢？」我追問說。

「我們一年會有好幾次類似的節慶活動，每次都會有類似的神舞表演。它們有如一齣啞劇，旨在顯示眾神喜愛受到高度的尊崇。演員們從我們這裡取得戲服，並按照我們指示的大綱演出，除此以外，他們可以完全自由發揮。他們的表演固然很有震撼力，但只有我們喇嘛，才明白其中眞正的象徵意義。據我所知，你們也有類似的儀式，但這一點完全不影響你們的一神論原則。」

「請恕我冒昧，」我說：「但你們的佛寺裡擺滿各種神像，這不是跟一神論的原則相牴觸的嗎？」

「正如我方才告訴過你的，」大喇嘛說：「人永遠都是處於襁褓狀態。他看得見和感受得到大自然的宏偉，但就是沒有能力了解，創造一切和賦一切以生命的，是一個偉大的眞神。

人總是需要具體的東西作爲憑藉。超出他感官之外的事物，是他難以持久相信的。因此，他總是要去找一個手段，作爲他與造物主的中介。因此，他會把大自然中每一種對人有好處的力量來作爲崇拜的對象。古埃及人就是一個好例子，他們既膜拜動物，也膜拜樹、石頭、風和雨。他們這樣做的出發點，固然是善的，但其行爲的後果卻帶來了惡。

其他的國家也深陷在這種無知之中。但他們看得出來，雨並不是一定可以爲人帶來收成，而動物也不一定對主人順服，所以他們就創造了偶像。他們以爲，這些偶像對他們的環境是中性的，而且會有求必應。

我重申一次，從最遠的遠古直至今天，人都是傾向具體事物的。像亞述人，爲了尋找可以把他們帶到造物主腳前的方法，他們就把目光轉向星星。星星是人所無法企及的，於是亞述人就把它們當成神來崇拜。伽巴伊人(Guèbre)人拜的也是星星，並把這種信仰保持到今天。

人智力上的盲目，讓他無法了解他與至聖者之間那看不見和精神性的臍帶。這一點，解釋了爲什麼一神論的原則會湮滅不彰，而人們爲什麼會老是拿可觸之物作爲自己的神。

關於這一點，婆羅門教也是個好例子。婆羅門教本來是信奉一元論的，但後來的信徒卻偏愛外在的事物，結果就創造出——當然不是一次完成而是一點一點地——一大堆神和半神來。但與此同時，人卻不敢把神聖和永恆的屬性加諸於他們用手創造出來的偶像上。

談到人偏愛具體的事物這一點，以色列人也許要比其他民族是個更好的證明。因爲雖然造物主——祂在萬國萬民中都是同一個主——對以色列人顯現了很多奇蹟，但他們卻在他們的先知摩西正在和上帝交通的時候，用金屬創造出一個偶像來膜拜。

佛教是對這種傾向的一個修正。我們的偉大改革者釋迦牟尼受『至高審判者』(Supreme Judge)的啓發，深深明白到上主的無比莊嚴性與不可分割性。因而，他公開與婆羅門教士和他們的多神論原則決裂，努力傳揚造物主的純潔性與不朽性，否定各種偶像和造物主有任何肖似之處。

他和他弟子所獲得的成功，招來了婆羅門教士們的迫害。這些教士，違背『至高者』(Supreme Being)的律法，以極大的專制對待百姓，並爲了他們個人的利益，創造出一大堆的新神來。

我們把我們第一批的聖先知稱爲『佛』。而所謂的『佛』，就是『智者與聖者』的意思。我們相信，他們是偉大的造物主的化身。他們傳揚佛教，以對抗婆羅門教士對百姓的暴政和把宗教商業化的做法。在中國和印度的低下階層裡，獲得了大量的信徒。

在這些神聖的先知中，特別受尊敬的兩位是釋迦牟尼佛和喬達摩佛。⑥釋迦牟尼佛生活在三千五百年前，他把只存在一位眞神的教義傳遍了整個中國；喬達摩佛則生於兩千五百年前，他把印度幾近半數的人口轉化成爲佛教徒。

佛教分爲好些宗派，但他們只在若干宗教儀式上有所歧異，而在基本的教義上，並沒有兩樣。我們西藏的佛教又稱喇嘛教，是在大約一千五百年前從中國的佛教分離出來的。

稍後，一位蒙古高僧因爲把許多佛經翻譯成爲中文，而被中國的皇帝封爲『國師』。自他死後，這個頭銜就爲達賴喇嘛所有。此後歷代的達賴喇嘛，都擁有國師這個頭銜。

喇嘛教分為兩個宗派，一個是紅教，一個是黃教。紅教的喇嘛奉班禪喇嘛為首。班禪喇嘛駐錫在札什倫布寺，是西藏最高的民政首長。紅教是容許娶妻的。但我們黃教則謹守獨身之誓，並奉達賴喇嘛為首。除了這個不同以外，兩個宗派的儀式是一模一樣的。」

「兩者都會演出我剛才所看到那樣的神舞嗎？」

「對，只有極少數的差異。過去，這類儀式都極盡富麗堂皇之能事，但自從拉達克被異國征服以後，我們的佛寺歷經了不只一次的洗劫，失去了很多財物。所以現在，我們在演出神舞時，只能用白色的服裝和銅的道具，但在西藏本土，你會看到的，卻是黃金的道具和用金線織成的戲服。」

「不久前，我走訪的一家寺廟的住持告訴我，你們有一位名叫伊撒的先知。你知道任何有關他的事情嗎？」

「佛教徒對伊撒這個名字，都心懷極大的尊敬。」大喇嘛答道：「不過，除了讀過記載他生平的經卷的大喇嘛以外，知道他事蹟的人並不多。像伊撒這樣的佛，多如恆河沙數，而記述他們生平細節的經卷，加起來有八萬四千卷。很少有讀過一百卷以上的人。

按慣例，每個到拉薩朝聖的喇嘛，都應該在拉薩抄寫一份或以上的經卷，帶回其所屬的寺廟，作爲禮物。我們的佛寺就包含大量這樣的抄本。其中有一些，就載有伊撒佛的生平與事蹟。他在印度人和以色列的孩子中間傳揚過聖訓，最後遭異教徒處死。後來，這些異教徒的子孫都信奉了伊撒所傳揚的教義。我相信，那也就是閣下所信奉的宗教。

偉大的佛是宇宙的靈魂，也就是大梵的化身。祂幾乎經常都是處於湛然不動的狀態之中，並在自身之內，保存著自有時間以來的所有事。祂用祂的呼吸，爲世界注入了氣息。祂讓人類自行其事。但過了很多個世代以後，祂從祂的寂然狀態中醒轉過來，化身爲人，去拯救祂那些無可救藥地墮落在罪惡中的受造物。

在祂生活在世上的時候，祂爲祂分散各地的子民創造了一個新的世界。而當完成這個工作以後，祂就離開凡塵，復歸於不可見和至福的狀態中。

三千年前，佛化身爲著名的釋迦牟尼王子，以延續祂化身二十次的計畫。兩千五百年前，宇宙的靈魂再次化身爲喬達摩，爲緬甸、暹邏和一些其他的島國奠定了一個新的人間王國的基礎。

之後，佛教開始傳入中國。這是拜一些智者的努力所賜，他們竭盡所能去傳揚聖訓。漢明帝在位的時候，也就是一千八百三十二年前，釋迦牟尼的教誨在中國受到了普遍的接納。當佛教在中國傳揚開來的同時，它的要義也開始在以色列人之間傳揚。

近兩千年前，宇宙的靈魂再一次打破它的靜止狀態，化身爲一戶貧窮人家的新生兒。這是因爲祂認爲，由一個小孩子嘴巴說出來的道理，將更容易讓對永恆生命無知的人開悟。祂要以自身爲人作榜樣，把他們帶回眞道，達到道德上的清純。

當這個聖小孩還小的時候，他被帶到印度，一直留至成年方才離開。這段期間，他研習了永恆居於天國之上的佛陀的大法。」

講到這裡，大喇嘛開始流露出疲容。他用手轉動手上的經輪，暗示希望結束談話。於是我匆匆問了以下的問題：

「有關伊撒生平的那些經卷，是用什麼語文寫成的？」

「這些經卷先是從印度被帶到尼泊爾、再從尼泊爾被帶到西藏去的。它們以巴利文寫成，現存於拉薩。不過有一個藏譯的副本，收藏在我們寺廟裡。」

「西藏人是怎樣看待伊撒的？認爲他是個聖人嗎？」

「一般人並不太認識他，只有讀過記載他生平的經卷的大喇嘛，才知道一些關於他的事情。他的教誨並沒有構成佛教的一個核心部分，加上他的信徒並不承認達賴喇嘛的權威性，因此他在西藏並未被視爲一個主要的聖人。」

「把有關伊撒的經卷拿給外人看，對你們來說算不算是觸犯誡律？」

「它們既是屬於神、也是屬於人的東西。」大喇嘛說：「再說，推廣他的聖訓，也是我們的責任所在。只不過，我一時想不起來它們現在放在哪裡，但如果你會再來的話，我很樂意把它們找出來給你看。」

這時，有兩個僧人走了進來，說了句我的翻譯員聽不懂的話，然後馬上離開。

「我被叫去參加祭祀，」大喇嘛說：「所以容我先行告退。」他向我們鞠一鞠躬以後就離開了。由於沒有別的事情可做，我便回到分配給我的客房去休息。我吃完一頓清淡的晚餐之後即就寢。

第二天我回到列城後，滿腦子都在想要用什麼藉口再訪希米寺一趟這件事情。兩天後，我差遣一個信差，幫我把一個鬧鐘、一個手錶和一個溫度計送去給大喇嘛，並附以一個口信：可能的話，我盼望能在離開列城以前再到一趟希米寺，屆時我也希望能看一看上次談話時提到的那些手稿。

我原本計畫，先回克什米爾一趟，稍後再到希米寺去，但命運卻改變了我的計畫。因為第二天，當我經過上方佇立著平塔克寺的那座山丘時，我的馬突然被絆倒，而我也從馬背上摔了下來。我著地的力道極大，以致右腿膝蓋以下部分的骨頭都斷了。

因此，我回克什米爾的計畫不得不告吹。由於我既不想返回列城或在平塔克寺求宿（一間不怎樣衛生的寺院），所以我就命令我的僕人，把我送到希米寺去。慢慢走的話，從平塔克寺到希米寺只要半天時間。

我的僕人用臨時弄來的木板把我的斷腿夾緊（讓我痛死了），然後把我抬到馬鞍上。一個苦力抬著我的斷腿，另一個則牽著馬韁，引導馬匹前進。我們在黃昏將盡的時候踏入了希米寺的門檻。

一聽到我發生了意外，希米寺上上下下每個人都跑出來看我。他們小心翼翼地把我抬到他們最好的廂房內，把我放在一張很柔軟的床上（床邊裝著個經輪）。整個過程都在住持的監督下進行，當我為了表示感激而把手伸給他的時候，他帶感情地把它握了握。

第二天，我為自己造了一個好一點的夾板，然後一動不動地躺著。結果非常讓人滿意，幾天以後，我的傷勢就有所緩和，適合離開希米寺，前往印度找外科醫生去。

我在希米寺休養那段期間，一個年輕喇嘛不斷在我床邊轉動經輪，而可敬的住持則給我講了很多有趣的小故事，為我解悶。他還不時從他們的箱子裡拿出我送的鬧鐘與手錶，問我它們的用途和操作方法。

最後，抵不過我最懇切的請求，住持終於答應讓我看一看有關伊撒的手稿。他拿了兩大卷用皮面包覆的書到我面前，裡面的書頁，已經因為年深日久而發黃。他用西藏文把內容唸給我聽，我一面聽著翻譯員的翻譯，一面記錄在我的旅行筆記本裡。這份引人好奇的文件是以一首首單獨的詩連綴而成的，彼此之間往往缺乏連貫性。

幾天後，我的腳傷就大為好轉。於是，在小心包紮好我的斷腿以後，我就重新上路，取道克什米爾返回印度。這個回程，行進得相當緩慢，一共花了二十天的時間才抵達，而我也承受了極大的痛苦。

不過，拜佩紹先生體貼送我的擔架和克什米爾大君的首相所發的一道敕令（他命令地方政府爲我安排轎夫），讓我終於安抵斯利那加。但我幾乎完全沒有在斯利那加停留，因爲我急於在下第一場雪以前返回印度。

在默勒爾(Murree)，我碰到另一個法國人，他是法爾伯爵，當時他正在進行橫越印度斯坦之旅。我們結伴而行，直至到達孟買爲止。一路上，他對我所承受的痛苦都表現出極大的關懷。

對於他仁慈的體貼，我將永誌難忘。同樣讓我難於忘懷的，是那些在我抵達孟買以後，對我給予友善關懷的朋友，他們包括布勒特伊子爵莫雷斯先生、領事官邸的總館莫埃先生和其他法國區的友善朋友。

我也要藉這個機會，向那些在我停留印度期間給予我友誼與接待的朋友，致以最誠摯的感激，他們包括芮皮爾上校與夫人、奧康納夫婦、休姆先生、羅伯遜先生和吉卜林先生。

我很早就有把我找到的伊撒手稿出版成書的打算。然而，一些其他的重要事情卻把我絆住，讓我分身不暇。直至最近，我才下定決心，花了很多個不眠之夜去整理筆記，把我記錄的詩句排列出一個秩序，再將這份引人好奇的文件公諸於世。

聖人伊撒之生平

最優秀的一位人子

第一章

一、大地在顫抖，諸天在哭泣，因爲在以色列的土地上，出現了大罪行。

二、因爲他們把偉大和正義的伊撒百般折磨並加以處死；在他內裡，居住著宇宙的靈魂(the soul of the universe)。

三、宇宙靈魂之所以化身爲人，爲的是把善帶給人類，把惡的思想從他們內心驅走，（中譯者按：此詩節與下一詩節須連讀。下文中大凡語意不完整之詩節，率皆如此。）

四、並且把墮落在罪中的人們，帶回到一種祥和、有愛和快樂的生活，並讓他重新憶起那唯一且不可分割的造物主。祂的仁慈是無限和無邊的。
五、把這件事情告訴我們的，是來自以色列的商人。

第二章

一、以色列人原來居住在一塊肥沃的土地上，每年可有兩造收成，擁有大批牛羊。但他們所觸犯的罪，卻讓上帝震怒。
二、上帝在他們身上降下大災，奪走他們的土地、牛羊和財物，讓他們淪爲埃及法老王的奴隸。
三、法老王用比對待畜生還要不堪的方式對待以色列人，要他們綁著鐵鍊，做許多苦工。他用鞭痕及傷口覆蓋他們全身，不給他們食物，也不讓他們睡在有天花板的地方。
四、他讓他們恆常處於恐懼的陰影下，剝奪他們任何人的尊嚴。
五、這種大患難讓以色列人重新記起他們在天上的保護者，他們向祂禱告，祈求祂的恩典與憐憫。

六、當時統治著埃及的，是一位以戰績彪炳和財富如山知名的法老王。他擁有衆多廣大的宮殿，而那都是他的奴隸爲他用雙手建造的。

七、法老王有兩個兒子，年輕一個名叫摩沙(Mossa)。他從有學問的以色列人那裡學會各種科學。

八、摩沙深獲猶太人的喜愛，因爲他個性善良，對所有受苦的人表現出同情心。

九、摩沙看到以色列人雖然受到百般折磨，但仍然不肯放棄敬拜他們的上帝，改信埃及的神祇，

十、他受到感動，因而相信了他們那無形無體的上帝。

十一、以色列的長老激發摩沙的熱心腸，求他爲猶太人向法老王請命。

十二、於是摩沙就到父親的面前，求他改善那些不幸的以色列人的待遇。法老王不但不接納，反而勃然大怒，更加重對以色列人的折磨。

十三、沒多久，一個大災難就降臨埃及：一場瘟疫殺死了所有老與幼、強與弱的埃及人。但法老王卻以爲，那是埃及神祇對他的懲罰。

十四、但王子摩沙卻告訴父親，那是以色列人的上帝的旨意。祂是爲了祂子民

所受的不幸而懲罰埃及人。

十五、法老於是下旨，要摩沙把所有猶太族的奴隸帶走，到一個遠離埃及的地方住下來。

十六、摩沙知會希伯萊的奴隸，他已經奉他們上帝之名，還他們以自由。他又領著他們出城，領著他們離開埃及的國土。

十七、他把他們帶回到那塊他們因爲犯罪而丟失的土地，給他們立法，並帶領他們敬拜那位無形體而至善的上帝。

十八、摩沙死後，以色列人謹守著他所立的法，上帝大悅，賞賜他們許多財富，以彌補他們在埃及所受的苦。

十九、他們的國，成爲了地上最強大的王國，而他們的王，也以財富纍纍著稱。以色列人享受了一段長時間的昇平。

第二章

一、以色列財富的光芒照遍全地，引起鄰國的忌妒。

二、但在至高主的領軍下，希伯萊人所向無敵，異教徒不敢輕啓戰端。

三、不幸的是，人並不是總是忠於自己的，以色列人對他們上帝的忠誠，並沒有能維持太久。

四、他們開始忘掉上帝所賜給他們的纍纍恩澤，很少再提祂的名字，反而向魔法師和術士尋求保護。

五、國王和各地方首領，用自己所訂的法，取代摩沙爲他們所寫下的法。上帝的聖殿和對上帝的敬拜都被廢棄了。人們縱情聲色之樂，失卻掉原有的純潔。

六、當上帝決定對以色列人再一次施予懲罰時，上距他們離開埃及，已有好幾世紀。

七、異族開始入侵以色列的土地，蹂躪城市，摧毀村莊，把居民俘虜作爲奴隸。

八、然後，從大海另一頭的一個異教徒國家羅馬勒(Romele)，來了一支大軍，征服了希伯萊人，並派來秉承凱撒意旨的軍事將領，統治他們。

九、羅馬勒人摧毀聖殿，禁止以色列人崇拜上帝，強迫他們向羅馬的神祇獻祭。

十、羅馬勒人把以色列的貴族拉去當兵，把女人從他們丈夫身邊搶走，把下層階級貶爲奴隸，把他們成千上萬地送到大海的另一頭。

十一、至於小孩，則一律被處死。沒多久，在以色列的全地，除呻吟與哀哭以外，別無所聞。

十二、在這個極端凄慘的處境下，以色列人重又憶起他們偉大的上帝。他們懇求祂的施恩及寬恕。而我們無限慈愛的父，也接納了他們的禱告。

第四章

一、此時，無限慈悲的審判者被選立，化身爲人。

二、而「永恆的聖靈」(Eternal Spirit)，也從完全湛然寂然和至福的狀態中醒轉過來，準備要將自身從「永恆的存有」(Eternal Being)中分離出來一段時間，

三、以便以人類的外觀，向人類顯示，要怎樣才能與至聖者結合，獲得永恆的福樂。

四、「永恆的聖靈」並要以自己爲榜樣，向人們顯示出，人要怎樣才能達致道

德上的清純；教導他們，只有透過把靈魂分離於肉體，人才能臻於至善，獲准進入永恆不變、喜樂常存的天國。

五、於是，沒多久，一個神奇的嬰孩就誕生在以色列的土地上。上帝透過這個嬰兒的嘴巴，說出身體的脆弱和靈魂的宏大。

六、新生兒的父母都具有高貴的血統，但卻是窮人。但他們卻不以爲意，反而稱頌上帝的名，把他們的困窮，視爲是上帝的試煉。

七、爲了獎勵他們沒有背離眞道，上帝賜福給這家人的長子。祂把他選立爲上帝的代言人，派遣他去拯救犯罪的人與醫治痛苦的人。

八、這個神聖的小孩被取名伊撒。他在極早歲就開始成爲唯一而無形體的上帝的代言人。他勸告那些走入歧途的靈魂懺悔和淨化自己所犯那些該被譴責的罪。

九、人們從各地來聽他講道，他們對於一個小孩子卻能說出大道理感到驚異。所有以色列人都一致認爲，「永恆的聖靈」就居住在這個小孩裡面。

十、當伊撒十三歲那一年，也就是以色列人該娶妻的年紀，

十一、大批有錢人和地位顯赫的人聚集在他父母的家，都想招得伊撒爲婿。那是因爲此時的伊撒，早已因他那些奉主之名而傳講的道理而大名遠播。

十二、不過，伊撒卻悄悄離開了父母的家，離開了耶路撒冷，隨著一隊商旅，往信德(Sind)進發，

十三、他的目的是要讓自己可以在「聖言」(Divine Word)的薰迪下趨於至善，並研究諸佛所宣示的佛法。

第五章

一、十四歲那一年，蒙福的伊撒來到信德的這一邊，住在亞利雅人(Arya)之間。

二、他的大名迅速傳遍整個信德北部，而當他行經五河之國和拉杰普塔納(Rajputana)途中，耆那神的信徒懇求他住在他們中間。

三、但他沒有答應誤入歧途的耆那教徒的請求，而是前往了奧里薩邦(Orissa)的札格納特(Juggernaut)——也就是埋葬著黑天(Vyasa-Krishna)凡骨的地方。在札格納特，伊撒受到婆羅門教士的熱烈歡迎。

四、他們教他閱讀和理解《吠陀》，教他藉著禱告治病，教他向民衆講解聖典，也教他爲人趕鬼。

五、他在札格納特、王舍城(Rajagriha)、貝拿勒斯(Benares)和其他聖城度過了六年。每一個人都愛他，因爲他與吠舍和首陀羅兩個種姓相處融洽，還向他們講述聖書《吠陀》的道理。

六、但伊撒此舉卻讓婆羅門與剎帝利兩個種姓相當不悅。他們告訴他，梵天是禁止人們接近這兩個低下種姓的；而這兩個種姓之所以地位低微，則是因爲他們是梵天用自己的腿和腳這些低下的部位創造出來的；

七、吠舍只容許在節慶的日子聽別人朗誦《吠陀》，

八、至於首陀羅，則不只不准聽別人朗誦《吠陀》，就連看《吠陀》的書頁一眼，也是不被允許的，與生俱來就註定永遠只能當婆羅門、剎帝利，甚至吠舍的奴隸。

九、婆羅門的教士對伊撒說：「大梵說過：『只有死，才能讓他們（首陀羅）從奴僕的身分中解放出來。』離開那些賤民，跟我們一起崇拜眾神吧。如果你不順服眾神的話，眾神就會發怒，對你施以懲罰。」

十、但伊撒卻不聽這一套，繼續教化首陀羅，並在他們面前批評婆羅門與剎帝利。

十一、他痛罵婆羅門與剎帝利那種剝奪自己同胞人權的做法。「父上帝對祂的子女沒有差別待遇，祂對每個子女同樣鍾愛。」

十二、他也不承認《吠陀》和《往世書》的神聖權威性。「因爲，」他告訴他的追隨者說：「你們該怎麼行，早有一部頒下的律法，規定得淸淸楚楚：

十三、『當敬畏你的上帝，唯獨在他前面屈膝，也唯獨向祂一個獻祭。』」

十四、伊撒也否定三相神(Trimurti)的存在以及梵天曾經化身爲濕毗奴、濕婆和其他神祇的說法。他說：

十五、「『永恆的聖靈』明白，宇宙中只有一個唯一和無形體的上帝。他是宇宙的唯一創造者與維持者。」

十六、「祂是唯一創造者，祂的存在既無始，亦無終。不管是在諸天或人間，祂都是獨一無二的。」

十七、「偉大的造物主是不跟任何有生之物分享祂的大能的，更遑論無生之物了；唯獨祂一個享有全能。」

十八、「祂要世界出現，世界就出現了。單憑意念，祂就把水集中起來，讓它們與地球上的乾燥部分分離開來。他是人存在的憑藉，他透過吹氣，把自己存在的一部分授給了人。」

十九、「祂把土地、水、動物以及祂所創造的一切交給人掌管。祂不只創造了萬物，也用不可變的律則保育萬物，並爲各物訂定了存在的時限。」

二十、「上帝之怒不多久以後就會臨到，這是因爲人遺忘了他們的創造者。人用各種可憎的東西去污染祂的殿，並把上帝爲他們所創造的事物當成偶像來崇拜。」

二十一、「上帝發怒，是因爲人把石頭和金屬當成神，不惜以活人來獻祭，而不知道，每個人的裡面，都居住著『至高者』(the Most High)的靈的一部分。」

二十二、「上帝發怒，是因爲人們喜歡羞辱那些額上沾滿汗水的勞動者，而喜歡奉承那些坐在奢侈餐桌前的懶散者。」

二十三、「大凡剝奪他弟兄的快樂的人，就是在剝奪自己的快樂。婆羅門和剎帝利終將淪爲首陀羅，而『永恆者』(the Eternal)將會與首陀羅永遠同在。」

二十四、「在最後的審判日，首陀羅與吠舍都會因爲他們的無知而獲得寬恕，另一方面，上帝則會憤怒地懲罰那些自高自大的人。」

二十五、伊撒的教誨讓吠舍與首陀羅對上帝充滿極大的孺慕，他們問伊撒，要怎樣禱告，他們才不會失去永恆的福份。

二十六、「不要拜偶像，因爲它們是聽不見你們說什麼的。不要聽信《吠陀》之言，因爲它們的眞理是贋品。永遠不要把自己擺在前面，也永遠不要羞辱鄰居。」

二十七、「幫助窮人，扶持弱者，不要對任何人爲惡，也不要貪圖你沒有、而別人擁有的東西。」

第六章

一、教士和戰士階級得知伊撒的傳道內容後，決定把他置諸死地。他們派出僕人，要去捉捕年輕的先知。

二、不過伊撒卻得到首陀羅的通風報信，連夜離開了札格納特。他前往喜馬拉雅山區，在喬達摩人(Gautamide)之國——也就是偉大的釋迦牟尼的出生地——安頓了下來。

三、他努力學習巴利文，而在他精通巴利文以後，就開始鑽研佛教的聖經典。

四、六年後，伊撒——被佛選中爲其傳揚聖言的人——成爲了佛教經典的完美闡釋者。

五、於是，他離開了尼泊爾和喜馬拉雅山區，下到拉杰普塔納河谷，再向西行，向不同的人群傳揚人的最高完善之道。

六、那就是：對鄰人行善，乃是能使人迅速與「永恆的聖靈」合而爲一之道。「但凡能重獲其原初清純的人，」伊撒說：「死的時候罪衍將得赦免，而他們也將有權去目睹上帝的莊嚴聖相。」

七、在越過異教徒的區域時，神聖的伊撒教導人們，崇拜有形體的神明，是有違自然律的。

八、「因爲，人是不被容許看到上帝的形象的，但他們卻偏偏創造出一大堆肖似『永恆者』的神祇來。」

九、「此外，把動物和人用石頭或金屬所造的物件看得比神聖的純潔重要，也是和人的良知相違背的。」

十、「『永恆的立法者』(Eternal Lawgiver)是唯一者。除上帝以外，別無其他的神。祂不與任何人分享世界，祂也沒有把祂的動機告訴過誰。」

十一、「就像父親會用慈愛對待子女一樣，上帝也會在人死後以慈愛的法則審判他們。祂絕不會羞辱祂子女們的靈魂，把它們轉化到動物的身體裡。」

十二、「屬天的律法，」上帝藉伊撒的口宣示：「是不容許以宰殺活人來給偶像或動物獻祭的。因爲動物乃至地上的一切，都是我所賜與人的。」

十三、「萬物都是我爲人提供的。人是直接而親密地與他們的父——也就是我——聯繫在一起的。因此，任何把我的子女從我這裡偷走的人，都會受到神聖律法的嚴厲審判和懲罰。」

十四、「在『永恆的審判者』(Eternal Judge)面前，人的地位只是零，就像動物的地位在人面前是零。」

十五、「因此我告訴你們，離開偶像，離開那些會讓你們與父分離的儀式祭典，離開那些被諸天捨棄的教士。」

十六、「因爲，教士會領你們背向眞神。他們所鼓吹的迷信與殘忍，會讓你們的靈魂倒錯，並失去所有的道德感。」

第七章

一、伊撒的話語傳遍他途經的異邦人國家，人們紛紛拋棄他們的偶像。

二、看到這種情形，教士們乃要求伊撒，提出證據，證明他們的偶像是假神。

三、伊撒回答說：「如果你們的偶像眞是擁有超自然力量的話，那麼，叫他們把我打倒在地吧。」

四、「那麼，你又能叫你的上帝行神蹟嗎？」教士回答說：「如果你的上帝是眞神，那叫他把我們的神打倒吧。」

五、伊撒說：「打從宇宙被創造的第一天，上帝的神蹟就無時無刻停止過。看不到它們的人，就是坐失生命中最美好的禮物。」

六、「上帝之怒，不是針對一塊無生命的石頭、金屬或木頭而發的，而是針對人而發的。如果人想獲得救贖，就應摧毀所有他造的偶像。」

七、「即使是一顆石頭或一粒沙子，它們雖然在人的眼中微不足道，但它們在未被人拿來加以利用之前，仍然懂得耐心等待。」

八、「同理，人也必須耐心等待，等待上帝在最後審判日所加給他的天大福氣。」

九、「但你們——你們這些人類的敵人——卻有禍了，因爲你們等待的，不是福氣，而是上帝的憤怒。如果你期望上帝會透過神蹟來證明自己，你們就有禍了。」

十、「因爲上帝在盛怒中想予以消滅的，並不是偶像，而是樹立偶像的人。他們的心靈將會被放在永恆之火裡燃燒，他們的身體將被撕碎，丟給飢餓的野獸吃食。」

十一、「上帝會把祂的羊群中的雜種驅走，但卻會把那些迷途的、未認識自己內裡屬靈部分的羔羊找回來。」

十二、教士們對伊撒的說話啞口無言，這就更讓百姓相信伊撒所說的教誨。他們唯恐招來『至聖者』(the Divinity)的憤怒，紛紛把偶像敲成碎片。至於那些教士，則因爲害怕群衆的報復，逃命而去。

十三、伊撒進一步教導群衆，不要試圖以肉眼認識「永恆的聖靈」，而應該要用心去感受祂的存在，並應該純化自己的靈魂，以取得祂的喜悅。

十四、「人不只不容許以活人獻祭，」他告訴他們：「也不應該宰殺任何動物來獻祭，因爲萬物都是爲了人的福祉而創造的。」

十五、「不要偷盜鄰人家的財貨，因爲那是剝奪他用額上汗水辛勤換來之物。」

十六、「不要欺騙任何人，因爲任何欺騙，都等於是自欺。當努力在最後審判來臨前讓自己成爲一個正直的人，否則就爲時太晚。」

十七、「不要讓自己縱情酒色，因爲那是與上帝的律法相違背的。」

十八、「想要獲得至高的福樂，你不只要淨化自己，還應幫助其他人，打破阻擋他們回到原初至善狀態的障礙。」

第八章

一、先知伊撒的大名響徹鄰近國家。當他要進入波斯時，當地的教士大爲驚恐，禁止民衆前去聽他講道。

二、當他們看到所有村莊熱烈歡迎他，並且聽他講道時，他們就下令拘捕他，把他送到大祭師面前，接受審訊。大祭師問了他如下的問題：

三、「你憑什麼來此宣揚一個新的上帝呢？難道你不知道，可憐的人，聖人瑣羅亞斯德才是唯一享有和『至高者』(Supreme Being)溝通的特權的人嗎？」

四、「是誰下令天使把上帝的話寫下，交給百姓遵行的呢？是誰在天國裡把律法交給瑣羅亞斯德的呢？」

五、「你以為自己是誰，竟膽敢來此冒瀆我們的神，動搖民眾的信心？」

六、伊撒的回答如下：「我要宣示的不是一個新的上帝，而是我們在天上的父。祂自始至終都存在著，而即使在萬物終結後，祂仍將繼續存在。」

七、「我要向百姓傳揚的就是祂。百姓就像天真的小孩一樣，還未能單憑他未成熟的智力，認識到上帝，認識到祂的神聖和崇高。」

八、「但就如嬰兒可以在黑暗中找到母親的奶頭，所以，即使是你們的百姓，雖然他們被你們錯誤的教義導入了歧途，但仍然可以憑本能認識他們的父。」

九、「『永恆者』要透過我的口，向你的百姓說話：『你們不可敬拜太陽，因那只是我為人造的萬物的一部分。』」

十、「『我讓太陽升起，為的是在你們工作的時候，溫暖你們；我讓太陽落下，為的是讓你們得享我早已安排好的休息。』」

十一、「『那是因為我，你們得以擁有一切——在你們上面、中間、下面的一切。』」

十二、「但是，」教士們問道：「沒有教士存在的話，百姓又怎麼知道要按照正義的法則行事呢？」

十三、伊撒於是回答說：「早在教士還沒有出現之前，自然的大法就已經在指導著他們，而當時他們也還保存著靈魂的清純。」

十四、「他們的靈魂是與上帝同在的，不需要借助偶像或動物，也不需要拜火——就像你們所鼓吹的那樣——他們照樣可以與上帝交通。」

十五、「你們主張人一定要敬拜太陽，又主張太陽是兼具善與惡的神明。好，那我告訴你們，你們的教義是錯的。太陽是不會自動運行的，而只會依照無形體的造物主的意志運行；祂也是太陽的創造者。」

十六、「祂創造太陽，是爲了叫它照耀白晝，並爲田畝及工作的人們帶來溫暖。」

十七、「『永恆的聖靈』是所有有生命之物的靈魂。你們所犯的其中一件大罪，在於把聖靈區分爲善的聖靈與惡的聖靈，但上帝卻是全善的。」

十八、「祂就像一個父親一樣，只會對子女做有益之事，而且會寬恕子女的一切過失——只要他們能悔過的話。」

十九、「惡的聖靈只居住在那些把上帝子女帶離正道的人的心裡。」

二十、「因此我告訴你們，千萬不可對審判日掉以輕心，因爲上帝會對那些把祂的子女帶離正道、灌輸他們滿腦子迷信與偏見的人，施以恐怖的懲罰。」

二十一、「但凡蒙蔽百姓眼睛，灌輸他們有毒思想，教導他們崇拜比人低下的事物的人，也必受到上帝大大的懲罰。」

二十二、「因此，你們的教義，乃是你們錯誤的果實。你們因爲渴望上帝的眞理而爲自己創造出一個假神。」

二十三、教士們聽了伊撒的話以後，決定不傷害他。但到了晚上，他們卻趁所有人都入睡，派人把伊撒脅持到城外，丟棄在荒野中，以爲這樣一來，他很快就會成爲野獸的腹中物。

二十四、不過，在主上帝的保護下，伊撒毫髮無傷，繼續他的行程。

第九章

一、二十九歲那一年，被上帝選立爲祂眞道的傳揚者的伊撒回到了以色列。

二、伊撒去國這些年來，以色列人受到了異邦人更多兇殘的暴行，處於深深的絕望中。

三、他們其中很多人，為了取悅野蠻的異族統治者，都已經不再遵守上帝所立和摩西所帶給他們的法。

四、面對這樣的罪惡，伊撒勸告他的同胞不要絕望，因為救贖的日子已經近了。他也鼓勵他們，不要放棄他們對父上帝的信心。

五、「孩子們，不要讓你們被絕望所打倒，」天父透過伊撒的口說：「因為我聽見了你們的聲音，你們的哀哭聲已傳到了我這裡來。」

六、「不要哭泣，我摯愛的百姓！因為你們的憂傷打動了你們的父，祂已原諒了你們，就像當年原諒你們的先祖一樣。」

七、「不要棄家人於不顧，沈迷於酒色中；不要喪失你們性情中的高潔；不要敬拜偶像，因為他們不會聽得見你們的禱告。」

八、「用你們的希望和耐性充滿我的殿，棄絕你們父輩所信奉的宗教。因為一直在帶領他們的人是我，一直在賞賜他們的人也是我。」

九、「你們應該扶起那些跌倒的人，給那些飢餓的人食物，幫助那些生病的人，好讓自己變得純潔而公義，以迎接我為你們準備的最後審判日的來臨。」

十、以色列人大群大群聚在伊撒身邊，聽他講道。他們問伊撒，要到哪裡去禱告，因爲聖殿早已被敵人夷平，聖器皿也已被打碎。

十一、伊撒告訴他們，上帝不存在於人爲他所立的殿中；只有人的心，才是上帝的眞正聖殿所在。

十二、「進入你們的聖殿，進入你們的心。用純正的思想、耐性和不動搖的信心去照亮它，那麼，你們將可與你們的父親近。」

十三、「你們的雙手和雙眼就是聖器皿。照上帝喜悅的方式行事，因爲，對鄰人行善，你等於是完成了一個敬拜的儀式，等於是爲上帝的殿加上了裝飾。」

十四、「因爲上帝是照自己的樣貌造你們的，也就是說，祂把純潔的靈魂和一顆充滿善的心賦予給你。你的靈魂和心，不是爲了收藏邪惡的思想而設，而是爲了作爲愛與公義的聖所而設。」

十五、「因此我告訴你們，不要污染你們的心，因爲『至高者』恆常住在裡面。」

十六、「如果你希望可以完成一件標誌著愛和憐憫的行爲，那麼，就帶著坦蕩的心去做它，不要有任何計算利害得失的心理。」

十七、「因爲但凡帶著計較心理去做的事，都將無助於你的救贖。因爲這樣的行為，跟偽裝成善行的偷竊、撒謊和殺人沒有兩樣。」

第十章

一、聖人伊撒從一個城市走到另一個城市，以上帝的話，為已經準備要向絕望屈服的以色列人打氣；數以千計的人跟隨著他，聽他講道。

二、但這些城市的首長卻對伊撒心懷恐懼，他們向駐在耶路撒冷的總督報告說，有一個名叫伊撒的人來到這個國家，用語言煽動百姓反對當局；而百姓則沈迷於聽他講道而荒怠工作，相信不久，他們就會起而作亂。

三、當時的耶路撒冷總督彼拉多聞說此事，決定要逮捕伊撒，把他帶到耶路撒冷審判。但為了不激起群衆的憤怒，彼拉多決定屆時把他交付猶太的祭司和有學問的長老，在聖殿中進行公審。

四、這個時候，伊撒也正好來到耶路撒冷。聽到他的來到，所有耶路撒冷的居民都跑去迎接他。

五、他們以尊敬的態度歡迎他，並打開聖殿的門迎接他，想從他口中聽他在其他城市傳揚過的道理。

六、伊撒這樣告訴他們：「人類因爲信仰的缺乏而在敗壞中。黑暗和誘惑使人類的羊群走失四散，而他們又喪失了他們的牧羊人。」

七、「但暴風雨是不會永遠持續的，而黑暗也不可能永遠把光遮蔽。天空有朝一日將會放晴，天堂之光將會照遍全地，而走失的羊群，也終將與牧羊人團聚。」

八、「不要冒險在黑暗中尋找捷徑，否則你將會掉入地上的坑洞裡；應當集合你們尚餘的力量，互相扶持，並信任上帝，等待光明的來臨。」

九、「凡扶持鄰人的，就是扶持自己；凡扶持家人的，就是扶持百姓與國家。」

十、「要相信，你們走出黑暗的一天已經近了；你們將會像一家人一樣依偎在一起；而你們的敵人，由於行上帝所不喜悅的事，將在恐懼中戰慄。」

十一、在一旁聽講的祭司和長老，聽到這番話以後，都對伊撒肅然起敬。他們問他，他是否果如總督彼拉多收到的報告所說的，意圖煽動百姓造反。

十二、「試問有誰能煽動已經迷途的人造反呢？」伊撒回答說：「我只是警告那些不幸的人，他們不應該再沿著黑暗的路前進，因爲一個深淵，就裂開在他腳前。」

十三、「地上的權勢是不能久遠的，它是註定要變遷的。既然權勢必然會此起彼落，人起來造反有什麼意義呢？它必然會前後相續，直至人類的滅絕爲止。」

十四、「相反的，難道你們看不見，有財有勢的人正在煽動以色列的子民，要他們去反抗那永恆的天國的權勢嗎？」

十五、長老們再問：「你是誰？來自哪個國家？我們先前並未聽說過你這個人，甚至連名字也沒聽過。」

十六、「我是個以色列人，」伊撒回答說：「從出生那一天起，我就看到耶路撒冷的城牆，聽到我淪爲奴隸的兄弟的哭聲，聽到我被異邦人擄走的姊妹的涕泣聲。」

十七、「而當我看到我的兄弟遺忘了眞神的時候，我的靈魂滿懷憂傷。我很小就離開父母，住在其他的民族之間。」

十八、「不過，由於聽說我同胞所受的苦難愈來愈重，我決定回來我父母所住之地，提醒他們毋忘我們祖先所秉持的信仰，那就是：在地上必須忍耐，才能獲得天國上的幸福。」

十九、有學問的長老們又問：「我們聽說你否定摩沙的律法，並鼓勵百姓拋棄上帝的殿？」

二十、伊撒回答說：「沒有人可以破壞我們天父所確立的東西，也沒有任何罪人這樣做到過。而我所做的，只不過是在滌盪人心中的污垢，使之重歸於清純；因為人的心靈，才眞正是上帝所居的殿。」

二十一、「至於摩沙的律法，我並不是要去否定它們，而是要把它們豎立在人的心裡。我告訴你們，你們並不明白摩沙律法的眞義，它要教人的不是仇恨，而是仁慈。不過，一直以來，人們只看到其字面意義。」

第十一章

一、聽過伊撒的自辯後，祭司和聰明的長老們覺得他對誰都不會有傷害，決定不定他的罪。他們去到彼拉多的面前，對他說：

二、「我們看過那個你指控他陰謀煽動百姓造反的人。我們聽過他講的話，知道他是我們的同胞。」

三、「不過，各城市首長向你提出的報告，是不確實的，因爲他是個義人，他所教導百姓的，是上帝的話語。詢問過他以後，我們把他遣走了。」

四、彼拉多大怒，派自己的僕人僞裝成一般人的模樣，接近伊撒，監視他的一舉一動，並要他們把伊撒對百姓說過的話，一字不漏地回報。

五、與此同時，伊撒繼續前往附近各城市，傳揚造物主的眞道，忠告希伯萊人要保持忍耐，並保證解放很快就會來到。

六、不管伊撒走到那裡，都有很多人追隨在後。其中一些沒有再離開過他，成了他的隨員。

七、伊撒說：「不要相信人所行的奇蹟，因爲只有能操控大自然者，才能眞的行使超自然的力量。而人，卻是無法驅使風雨的。」

八、「然而，卻有一種奇蹟，是人可以達成的。那就是帶著眞誠的信仰，從自己心中拔除邪惡的思想。當他做到這一點的時候，邪惡的道路就會被粉碎。」

九、「所有沒有上帝同在所作的事都是錯誤、陷溺和著魔的，它們只能證明，幹這種事的人的靈魂，是多麼的無恥、僞誤和污穢。」

十、「不要相信神諭，唯有上帝看得見未來。那些求助於占卜者的人，等於是污染他內心裡的聖殿，和證明他不信任上帝。」

十一、「相信占卜者和他們的神諭，就會破壞一個人與生俱來的單純與童稚般的清純。一種陰間的力量擄獲了他，驅使他去犯各種罪和崇拜偶像。」

十二、「我們的主上帝是獨一無偶的，全能的、全知的與遍在的。祂擁有全部的智慧與全部的光明。」

十三、「正是祂，是你們應該在悲傷中尋求慰藉的。祂可以在工作上幫助你，在疾病中醫治你。任何向祂求助的人，都不會被拒絕。」

十四、「大自然的奧祕掌握在上帝手中。世界在還沒有出現以前，就已經存在於上帝深邃的意念中；透過至高無上者的意志，它得以物質化和形體化。」

十五、「當你親近祂的時候，當回轉成小孩的模樣，因爲你並不知道過去、現在與未來，而上帝卻是所有時間的主人。」

第十二章

一、「正義的人啊，」耶路撒冷總督的探子試探伊撒說：「請告訴我們，我們是應該遵行我們凱撒的旨意，還是等待即將到來的解放？」

二、伊撒認出了這些人的身分，便回答說：「我沒有說過，你們將可從凱撒那裡得到解放。我說的是你們那陷溺於錯誤中的靈魂將獲得解放。」

三、「就像一個家庭不能沒有一個頭，百姓如果沒有一個凱撒，秩序也勢將大亂。對於他，順服是應該的。而他自己，則要爲他所作的一切，接受最高法庭的裁判。」

四、「凱撒擁有神聖的權力嗎？」探子進一步試探伊撒：「他是人中間最優秀的一個嗎？」

五、「人中間不應該有誰比別人更優秀。但比別人受苦更多的人，卻是存在的。那些被選立爲領袖的人，應該照顧這些受苦的人的需要。」

六、「仁慈與公義是一個凱撒最高的屬性，如果他能緊緊依著這兩者行事的話，他將會名揚不朽。」

七、「但如果他依相反方向行事，如果他對臣民做出超過他權限的行爲，讓他們的生命陷於危殆的話，那他就是冒犯了最高的審判者，並讓自己在人的眼中失去尊嚴。」

八、這時候，人群中有一個老婦人爲了可以聽清楚伊撒說話，而站到前面來，但其中一個探子卻把她一把推開，以便自己可以站在她前頭。

九、伊撒見狀，便說：「我從未看過有子女推開自己母親，站到她的位置上的。母親的尊貴，僅次於上帝之後。凡不尊敬母親的人，就不配被稱爲兒子。」

十、「因此，仔細聽好我要對你們說的話：當尊敬你們的母親，因爲她是宇宙之母，造化的所有祕密，盡在她的身上。」

十一、「她是所有的善與美的根本，也是生與死的根源。男人的整個存在，都寄託在她的身上，因爲她是他自然上與道德上的支柱。」

十二、「她忍受痛苦把你們生下來，含辛茹苦養育你們，而直至她死爲止，你們一直是她最大的牽掛。祝福她並崇拜她，因爲她是你的朋友、你在世上的支柱。」

十三、「尊敬她，高揚她。如此行，你將獲得她的愛和她的心。你將獲得上帝的喜悅，你的許多罪衍將獲赦免。」

十四、「同樣的，愛你們的妻子，並尊敬她們。因爲她們有朝一日會成爲母親和一個族裔的女祖。」

十五、「對女性要寬大。她的愛可以讓男人更高貴，可以柔軟他的硬心腸，馴服他的野性，使他變得像小羊羔一樣溫順。」

十六、「妻子與母親是上帝賜予你們的無價寶。她們是人生最美麗的裝飾，而且透過他們，世界的所有居民將被生下來。」

十七、「一如上帝有大能把光與黑暗分開，把水與陸地分開，婦女也具有神聖的恩賜，能把男人心中的善念與惡念分開。」

十八、「因此我告訴你們，你們的善念當歸功於婦人和妻子，婦人是你們的聖殿，在她裡面，你們將可獲得最完全的幸福。」

十九、「你們當從這聖殿裡感染道德的勇氣。在裡面，你們將可忘卻悲哀和失敗，而你們也將可恢復失去的力量，去幫助你們的鄰人。」

二十、「不要讓她蒙受羞辱。這樣，你就是在羞辱自己。沒有愛，不會有這大地上的一切。」

二十一、「保護你的妻子，因爲她有朝一日也許會反過來保護你與你的家人。所有你爲妻子、母親、一個寡婦或一個不幸婦人所做的事，都等於是在爲上帝而做。」

第十三章

一、聖人伊撒如此教導了以色列的百姓三年。他的足跡遍及每一個城鎮的每一個村莊。而他所預言的一切事，全都應驗了。

二、這期間，彼拉多所派出的探子一直密切監視著伊撒，但他們卻始終沒聽他說過一句煽動群衆造反的話。

三、然而，伊撒的群衆魅力卻深爲彼拉多所忌，而伊撒的敵人也在彼拉多面前造謠中傷伊撒，說他正慫恿百姓擁立他爲王。因此，彼拉多就下令他的探子誣告伊撒。

四、士兵拿著彼拉多的命令逮捕了伊撒，把他關在一間地下室中，進行各種酷刑，逼他承認一些可以判他死刑的罪。

五、但伊撒卻一心只想著他弟兄的福祉。他因著造物主之名，把種種痛苦強忍下來。

六、彼拉多的僕人繼續折磨他，讓他變得極端衰弱；但上帝卻與他同在，不讓他死去。

七、得知伊撒所受的凌虐，大祭司和長老去到彼拉多面前，請求他趁著一個節日來到的機會，把伊撒予以釋放。

八、但總督卻對這個請求一口拒絕。於是，祭司和長老們改而請求將伊撒交付公審，以在節日的來到前，決定他是否有罪。彼拉多同意了。

九、第二天，總督把所有的首長、祭司、長老和律師召集在一起，審判伊撒。

十、他們把他從監牢裡帶出來，讓他坐在總督的前面，與兩個盜匪一起接受審判。彼拉多是想藉此向群衆表示，他的審判，並不是刻意針對伊撒。

十一、彼拉多面向著伊撒說：「你這個人哪，你是否眞有煽動群衆造反，想他們把你擁立爲王的企圖？」

十二、「一個人不是憑想就當得了王的。」伊撒回答說：「而那些告訴你我煽動群衆造反的人都是在撒謊。除天國的王以外，我從未提過什麼與王有關的事情。我提天上的王，是爲教導群衆該敬拜祂。」

十三、「因爲以色列的子民已經喪失了原有的純潔，如果他們不求助於眞正的上帝的話，他們自己就將成爲祭品，而他們的聖殿，也會被夷爲廢墟。」

十四、「我曾經教導以色列的百姓，俗世的權力是可以維持一個國家的秩序的。我告訴他們：『應該要滿足於你們目前的地位和財富，不要破壞公共的秩序。』我也告誡他們，不要讓他們的心靈陷入無秩序狀態。」

十五、「否則，天國的王將要懲罰他們。不過，我又告訴他們：『如果你們能順從你們的命運，那天國將會作為獎賞，為你們保留。』」

十六、這時，一個證人被帶到前面來，作了以下的證供：「你曾經說過，在那不久將要把以色列人從異教徒的枷鎖中解放的那個王眼中，世俗的權力一文不值。」

十七、「你是個蒙福的人，」伊撒說：「因為你把眞理給說了出來。天上的王確乎要比地上的法律更有權力，他的王國，也遠遠凌駕於所有地上的王國。」

十八、「而以色列人將要把罪孽淸洗乾淨的時刻，也為期不遠了。因為有預言說過：他們解放的前夕，將會有一個先行者前來宣布這件事，並把他們集合在一個羊圈裡。」

十九、總督彼拉多對法官們說：「聽到沒有？這個以色列人伊撒已經承認了他被指控的罪了。那麼，就根據你們的法律，判他的罪吧。判他極刑吧。」

二十、「我們不能這樣定他的罪，」祭司和長老們說：「因為誠如你本人剛才聽見的，他談到的王，是天國上的王，而他對以色列的子民所宣講的道，沒有一點是與法律相牴觸的。」

二十一、於是，彼拉多又傳來一個受他唆使的證人，上前指證耶穌：「當你說天國的王派你來爲以色列人作預備的時候，你不是把自己稱爲以色列的王嗎？」

二十二、伊撒祝福過這個作僞證的人之後說：「你應該獲得原諒，因爲出自你嘴巴說的話，並不是來自你的本人。」然後，他轉過頭對彼拉多說：「爲什麼要貶低你自己的尊嚴呢？爲什麼要教導你的下人作僞證呢？難道非如此，你就沒有權力讓無辜的人入罪嗎？」

二十三、彼拉多聞言大怒，下令法官判伊撒死刑，並開釋兩名盜匪。

二十四、法官們經過商量後，對彼拉多說：「我們不會判無辜者死刑而開釋有罪的盜匪，這是一宗大罪，是違反律法的。」

二十五、「你想這樣做的話，就自己下令吧。」祭司和長老們這樣說。然後他們就往外走，到一個聖器皿前面洗手，並說：「這個義人的死，與我們無關。」

第十四章

一、在彼拉多的下令下，兵丁把伊撒和兩個盜匪帶到行刑地，釘到豎立在地上的十字架上。

二、一整天，伊撒和兩個盜匪都被掛在十字架上，由兵丁看守。他們的慘狀讓人不忍觀看。群衆圍在四周議論紛紛，而受難者的家屬則在禱告和悲泣。

三、日落時分，伊撒所受的苦到達終了。他失去了意識，而他的靈魂，則離開了肉體，融合到至聖者之中。

四、就這樣，「永恆的聖靈」結束了祂在地上的生活。這段期間，祂拯救了許多頑劣的罪人，並經受了許多的苦楚。

五、彼拉多此時對自己的行爲感到害怕，於是把聖人的屍體交還他父母。群衆聚在墳墓的四周禱告，空氣中充滿憤怒與哀傷。伊撒父母把他葬在行刑的現場。

六、三天後，彼拉多唯恐伊撒會復活的傳言成爲事實，就命令兵丁挖出他的屍體，另葬他處。

七、第二天，群衆發現伊撒的墓穴被打開了，裡面空無一物。謠言立刻不脛而走，說是最高的審判者已經差遣天使，把作爲聖靈化身的聖人伊撒的屍體帶走了。

八、彼拉多聽到謠言後，極爲憤怒，他以奴役和死刑作爲恐嚇手段，禁止任何人提起伊撒的名字和爲他向上主禱告。

九、不過，人們卻繼續爲他們的導師哭泣，並大聲讚頌他的名。他們其中很多人因此身陷囹圄，飽受折磨，甚至失去生命。

十、聖人伊撒的門徒離開了以色列，分散到世界各地傳道。他們奉勸世人改正自己的錯誤，

十一、異教徒的國王和戰士聽了這些傳道者的話之後，都紛紛放棄他們原來的荒謬信仰，趕走他們的教士，搗毀他們的偶像，以取悅內心充滿無限慈愛的造物主、王中之王。

註釋

① 英國首任孟加拉總督。〔中譯者註〕

② 終傅(Extreme Unction)：指爲臨終者塗敷「聖油」。〔中譯者註〕

③ 這裡諾托維奇所說的「事實出入」，很可能是指《聖人伊撒之生平》把害死耶穌的元兇歸咎爲彼拉多，而四福音則是歸咎於猶太的祭司和長老。所以他下面才會利用羅馬人與猶太人觀點的不同，來解釋這種差異。而由於他認爲這只是觀點角度的問題，才會說《聖人伊撒之生平》與四福音的事實出入，只是「表面性的」出入。〔中譯者註〕

④ 克什米爾谷的俗稱。〔中譯者註〕

⑤ 諾托維奇這裡所說的像堤防的長條形土堆，應該就是西藏人的「嘛呢堆」。「嘛呢堆」是用泥土築成的長土墩，上頭撒以刻有咒語的石頭，具有供奉神祇的功能。路過的信徒會在上面添加石塊，故嘛呢堆上的石塊會愈積愈多。經過的人繞繞嘛呢堆走一圈的話，可以積其功德。〔中譯者註〕

⑥ 釋迦牟尼與喬達摩原是一人，不知希米寺的住持何以把他們認作兩人。〔中譯者註〕

3

The Lost Years of Jesus

希米寺之行

摘自阿毗達難陀上師所著之《在克什米爾與西藏》，

並附有「希米寺手稿」之譯文

編者語

一九二二年，阿毗達難陀上師特地實地走訪希米寺，以查證諾托維奇在《耶穌基督未爲人知的生平》一書中提到的事情是否屬實。而帶領阿毗達難陀參觀希米寺的喇嘛向他證實，諾托維奇所說的，確有其事，還向他出示了那部爲《聖人伊撒之生平》之所本的手稿，幫助他翻譯出其中的一部分。

事後，阿毗達難陀在他用孟加拉文寫成的《在克什米爾與西藏》一書中，記述了這次走訪希米寺的經過，並附有他在希米寺記錄下的手稿內容的一部分。

《在克什米爾與西藏》這本書是分階段完成的，部分出於阿毗達難陀本人之手，部分由他助手闍多尼耶根據他的日記與筆記寫成。由於此書的流暢程度遠不如阿毗達難陀的其他作品，加上書中提到阿毗達難陀的時候，常常是用第三人稱的「上師」

而非第一人稱的「我」，這顯示出，他本人並未對全書做過一次通盤的修訂。一九五四年，也就是阿毗達難陀過世十五年之後，此書經他弟子般若難陀的修訂後，刊行了第二版。

以下的摘錄，選譯自《在克什米爾與西藏》第十三至十五章，它們都是第一次以英語的形式出現。這一點，要歸功於三位對古代智慧有奉獻熱忱的譯者：古馬・迪(Prasun Kumar De)、辛克萊(Per Sinclair)和馬宗達(Jayasri Majumdar)。古馬・迪土生土長於加里各答，現居洛杉磯；辛克萊是一位對印度文化與宗教有深深興趣的美國翻譯工作者；馬宗達是加里各答的語言教師暨翻譯工作者。對這幾位眞理的朋友，本書的編者與出版者要致上深深的謝意。

希米寺

破曉時分，上師在喇嘛的帶領下，進入了希米寺。他被帶到大喇嘛的辦公室裡去。喇嘛拿來一本很大的訪客登錄簿，請上師寫下姓名和地址。上師用英文寫下如下的字句：「阿毗達難陀上師，位於加里各答附近的羅摩克里希納教團的副團長。」出於好奇，上師瀏覽了訪客登錄簿上的所有名字，但卻找不到任何孟加拉人的姓名。

房間很大，地板上鋪著一張馬爾瓦爾式樣的大墊子。有一群喇嘛在工作，有在寫信的，有在記帳的。主殿和喇嘛寺的前院正在修葺中。有大約三十個西藏工人和泥瓦匠在忙。用來進行修葺工程的材料有泥土、石頭和木材。有很多男孩女孩和喇嘛婦在幫忙搬東西。泥瓦匠的工頭走到上師面前，請上師爲修葺工程捐獻一點，上師就給了他一點錢。收到上師的捐獻，工人們都快樂地用他們難懂的藏語唱起山歌來。

我聽說，已故的克什米爾大君曾經捐了三萬盧布，給寺方進行翻修工程。當年，當旁遮普的普羅達・辛格(Pratap Singh)攻擊這個省份的時候，希米寺的住持站在克什米爾大君的同一邊，並提供了他整支軍隊六個月的食宿費用。自此以後，希米寺就跟克什米爾的王家結成了強固的友誼。

寺裡到處都安裝著經輪。有些大的經輪就裝在水邊，憑著水力不斷旋轉，小一點的經輪——樣子像鼓——則往往排成一排。

在十至十二個廳堂裡，擺滿男女的神像。我們在其他喇嘛寺早就見過類似的神像，而在前面也曾經加以介紹過。在一個黑暗的廳堂裡放著一個老喇嘛的肖像。他就是希米寺的建寺者。我們前面也提過，很多人稱他爲「老虎喇嘛」。

大部分這些神像都是由金和銀所塑成。其他金屬造成的神像並不多見。他們所置身的神龕全是用銀雕出來，上面綴滿寶石和黃金的細工。神像的身上也是佈滿黃金和寶石。他們身上最主要的裝飾品是手鐲、腳鐲、頸鍊和金冠。

寺裡有一尊女神像，是我們在其他地方沒有看到過的。她是馬達拉(Mandara)，是蓮花生大士的妻子，拉克希塔(Shanti Rakshita)的妹妹。她在公元七四九年和丈夫一道離開了烏萇（位於北印度），到西藏來傳揚佛教。他們傳的是大乘佛教。喇嘛們都相信，蓮花生大士是文殊師利菩薩的化身。

希米寺屬於西藏佛教中的寧瑪派，寺裡住著近一百五十個僧侶。他們戴的帽子是紅色的。①每人都有自己的房間。他們的住持住在一個位於屋頂上的房間裡。他能說一點點英語和印度語。除了負責接待我們的那位喇嘛外，沒有其他喇嘛懂藏語以外的語言。如果我們不是從列城帶來一位能幹的翻譯的話，恐怕就會碰到很多溝通上的困難。

希米寺佔地約兩英畝。除東邊外，三面環山。佛寺有些部分向外突出，跟其旁邊的山坡直接相連。

在希米寺的下方，有好幾間廟宇（有大的有小的），以及一些村莊和耕地。希米寺的住持有無數的俗家弟子和信徒。每年，他都會去造訪所有信徒一次，而他們則會給他厚贈，作為奉獻。除此以外，每逢信徒生病或遭惡靈騷擾，他都會上門為他們禳災祈福，而每一次，也會獲得豐富饋贈。憑著這些收入，希米寺就足以維持它的所有開支。

好些年前，一位俄國的旅行家諾托維奇先生在西藏旅行期間，曾在這附近的一座山坡上摔斷了腿。村民把他抬到希米寺來，而寺方給予他醫藥上的治療。他在一個半月後康復離開。在希米寺養傷這段期間，他從一個喇嘛口裡得知，耶穌基督曾經去過印度，而這件事，被記載在收藏於寺裡的一些手稿中。在一個喇嘛的幫助下，諾托維奇把手稿的內容用英文記錄了下來。回家後，他寫了一本名爲《耶穌基督未爲人知的生平》的書，對這件事作了詳細記載。

上師在美國時讀過這本書，並對它的說法深感興趣。爲了查證其眞僞，他才會不厭其煩，親自跋涉到希米寺一趟。經過詢問以後，證實了果有其事。上師本人也希望看一看諾托維奇所提及的手稿。

那位接待上師的喇嘛從一個架子上取下一本手稿，交給上師，又告訴他，那只是個副本，而正本收藏在拉薩附近的馬婆寺裡。正本是用巴利文寫成的，而副本則已翻譯成藏文。它包含著十四章和兩百二十四首詩。在喇嘛的協助下，上師把手稿的其中一部分內容翻譯了出來。

以下摘錄自這份文件的內容，只包含有關耶穌基督在印度的活動部分。

耶穌基督，人類的領導者

第一章

一、猶太人犯了可怕的大罪，以致大地都要爲之顫抖，天上諸神都要爲之拭淚。

二、他們所犯的罪是把伊撒百般凌虐和加以殺害，而不知道，聖靈就居住在伊撒的身上。

三、當初，聖靈是爲了要除去猶太人所有不好的思想，才會化身爲伊撒，下降到凡塵來的。

四、為了把和平、快樂和上帝的愛帶給罪人，並提醒他們上帝的無限榮耀，聖靈才會降世於人間。

五、這番話，是那些從以色列到印度來的商旅所述說的。

第二章

一、以色列的部落，過去生活在一片極肥沃的土地上，一年有兩造收成。他們擁有大量的綿羊和山羊。但他們所犯的罪，卻激起了上帝的憤怒。

二、為此，上帝沒收了他們的所有財產，讓他們置身於法老王——也就是埃及最有權力的統治者——的奴役之下。

三、但法老王卻對以色列人的後裔施以極不人道的對待。他用鎖鏈鍊住他們，鞭打他們，迫他們做苦工，

四、以使他們永遠處於恐懼和不敢宣稱自己是個自由人。

五、處於這樣極端困苦的以色列的子孫，向宇宙之父——也就是他們祖先的救主——禱告，乞求祂的垂憐和幫助。

六、當時在位的法老王，是個富有和戰功彪炳的國王。他的宮殿，都是由奴隸所建。

七、法老王有兩個兒子，小的一個名叫摩沙。他嫻熟科學與藝術。

八、由於摩沙品性善良與對受苦者心存憐憫，讓他獲得所有人的愛戴。

九、他看見以色列的子孫雖然極端困苦，但仍不喪失對宇宙之父的信仰，大受感動。

十、摩沙相信了宇宙間那唯一的一位上帝。

十一、以色列人的拉比懇求摩沙，請他向他的父王爲以色列人說情，減輕他們的苦役。

十二、當法老王聽到這個請求後，勃然大怒，開始變本加厲地壓迫以色列人。

十三、但沒多久，埃及就發生了一場大瘟疫，殺死了所有老與幼、貧與富的人。法老王以爲，一定是他什麼地方得罪了埃及的神祇，才會受到懲罰。

十四、但摩沙卻告訴他，發怒的是宇宙的父。祂要爲埃及人對以色列人所行的不義懲罰埃及人。

到了適當的時間，宇宙之父的恩典就降臨在以色列人身上，讓他們獲得了自由和興旺。（中譯者按：這是阿毗達難陀的插話。）

•

第四章

一、至高無上的上帝、宇宙之父，出於對罪人的憐憫，決定以凡人的形狀，降臨世上。

二、由於要化身人世，「至高的靈」(Supreme Soul)乃自其本身分離出一個單獨的靈魂來。「至高的靈」既無始，也無終，超越於一切的因果之上。

三、祂降世，是為了要顯示，人的靈魂可以與上帝結合，獲得永恆的福樂；

四、也是為了證明，即使是凡身俗骨，一樣有能力臻於正義，而透過靈魂與肉體的分離，人將可以獲得不朽，並進入宇宙之父的天國，享受永恆的福樂。

五、祂化身成爲一個無垢的小孩，誕生在以色列的土地。這小孩成爲了宇宙之父的代言人，向世人開示肉身的無常和靈魂的不朽。

六、這孩子的雙親是貧窮人，但卻相當虔敬，而且有著高貴血統。他們不爲自己的貧窮而介懷，認定那是宇宙之主加諸他們的考驗。

七、爲了獎賞他們的耐心，宇宙之父賜福他們的這個長子，並差遣他拯救有罪的人，醫治有疾病的人。

八、這個神聖的孩子被取名爲伊撒。從很小開始，他已經懂得講道。他勸告百姓敬拜宇宙中唯一的眞神，並勸告罪人回頭和懺悔。

九、人們從四方八面前來聆聽從他嘴巴裡說出來的道理。大家都一致相信，那無限而至善的「至高之靈」，就居住在這小孩身上。

十、隨著時光推移，伊撒進入了十三歲。根據以色列人的習俗，十三歲是一個男子該娶親的年齡。伊撒的父母一如往昔地住在他們簡陋的房子裡。

十一、但他們的陋室現在卻因爲有達官貴人臨門而蓬蓽生輝。這些人都渴望可以招得伊撒爲婿。

十二、但伊撒卻不願意結婚。他早已因爲傳揚上帝的道而大名遠播。當有人上門求親時，他決定悄悄離家出走。

十三、當時，他內心強烈渴望，可以透過對上帝的侍奉而臻於至善，也渴望可以跟那些已經開悟的人一起研習宗教的眞理。

十四、他跟隨著一隊商旅，離開了耶路撒冷，前往信德（位於巴基斯坦南部的下印度河河谷）。

第五章

一、十四歲那一年，他越過了信德北方，進入了亞利安人的聖土……

二、當他從五大河區（旁遮普）經過的時候，他莊嚴的五官、安詳的臉容和寬闊的前額讓那些虔誠的耆拿人迅速認定，他是蒙上主恩賜的人。

三、他們要求伊撒留在他們的廟裡，跟他們同住，但伊撒沒有答應，因爲他當時不希望受到別人的注意。

四、一段時間後，他到達了賈金納特(Jagannath)，也就是黑天(Krisha)凡身的埋骨之處。伊撒成了婆羅門的弟子。他受到每一個人的喜愛。並開始閱讀、學習和解釋

《吠陀》。

接下來，他在王舍城、迦尸(Kasi)等聖地住了六年。之後，他就出發前往劫比羅伐窣堵(Kapilavastu)，也就是佛陀的出生地。

他在劫比羅伐窣堵跟佛教的僧侶同住了六年。這段期間，他徹底地學會了巴利文，並開始閱讀佛教的經典……

之後，他前往尼泊爾和喜馬拉雅山遊歷，……然後向西進發。

慢慢地，他抵達波斯，一個奉行瑣羅亞斯德教的國度（註）……

……他的大名迅即傳遍各地……

他於二十九歲返抵故鄉，開始在他受壓迫的同胞之間傳揚和平的福音。

註：途中，耶穌曾停在喀布爾附近一個池塘邊，清洗雙腳，休息了一會兒。這個池塘至今還存在，被稱為「伊撒池」。為紀念這件事情，人們每年都在池塘邊舉

行慶祝活動。這件事，在一本名為《Tariq-A-Ajhan》的阿拉伯書裡也有提及。

那可敬的喇嘛對我說，這手稿的正本，是在耶穌受難的三或四年後，根據那些認識他的西藏人和曾目睹他被國王釘十架的商人的口述，用巴利文記錄下來的。

毫無疑問，耶穌的印度之旅的各種記載如果能夠收集起來，彙整成為一本書的話，它將會是一件無價的文件。

註釋

①這一點似和希米寺住持對諾托維奇所說的希米寺屬黃教有出入。〔中譯者註〕

4

The Lost Years of Jesus

東方的傳說

摘自羅耶里奇的《亞洲的心臟》、《阿爾泰山－喜馬拉雅山》和《喜馬拉雅山》的文字，含伊撒手稿的摘抄

羅耶里奇的畫像

（其子史汶埃托夫斯基所畫，1937）

羅耶里奇：其人、其探險及其發現

考古學家、人類學家、探險家、獵人、外交家、神祕主義者、詩人、作家、教授、藝術家、舞台暨服裝設計家、文化的保存者——想要找到集這樣眾多才能於一身的人並不容易，但羅耶里奇(Nicolas Roerich)就是其中之一。他允稱之爲一個登峰造極的文藝復興人。

他的一生都用於對眞理的探求。他曾經到中亞探險過兩次，第一次去了錫金、旁遮普、克什米爾、拉達克、喀喇崑崙山、和闐、喀什、疏勒、烏魯木齊、額爾齊斯、阿爾泰山、衛拉特地區、蒙古、中戈壁沙漠、甘肅、柴達木盆地和西藏，最後還——靜悄悄地——去了莫斯科一趟。

一八七四年十月十日生於聖彼得堡的羅耶里奇，其年輕時代大部分都是在聖彼得堡西南二十五英里他父母的莊園裡度過。在那裡，他培養出對狩獵的熱情和對考古學與自然史的興趣。他有時會爲狩獵雜誌撰寫冒險故事和史詩。十八歲那一年，他把他與一頭熊對決的經歷寫成一個故事，並爲故事畫了一幅插圖。一位藝術家麥克賽恩(Michail O. Mikeshine)對這幅插圖大爲讚賞，鼓勵他從事藝術創作，並給他上了生平第一次的繪畫課程。

羅耶里奇希望可以從事藝術的追求，但他的父親卻執意要他學法律。於是，他就兩者齊頭並進，一八八三年同時在美術學院和聖彼得堡大學註冊入學。

一八九八年，他被任命爲帝國考古機構的教授。一九〇一年，他與海倫娜•沙波雪林科夫(Helena I. Shaposhnikov)結爲連理。海倫娜是著名作曲家穆索斯基(Modest P. Musorgski)的外甥女和陸軍元帥庫圖佐夫(Mikhail I. Kutuzov)的外孫女（庫圖佐夫元帥是打敗拿破崙入侵的主要功臣）。羅耶里奇和海倫娜育有二子：長子喬治，是個科學家；次子史汶埃托夫斯基，是個藝術家。

海倫娜是個靈性深邃、才華出衆的女子。她同時又是個鋼琴家和作家，寫了很多探討東方宗教的秘教傳統的作品。這些作品，她有些是以眞名發表，有些則是以化名發表，據說，她的化名多達五個。三不五時，報端都會出現關於她的消息。例如，在一九三四年的時候，她就曾經跟小羅斯福總統通過信，這顯示出，她的作品具有一定的份量。①不過總的來說，有關她的事情，我們知道得並不多，因爲她是個刻意隱沒自己的人。

羅耶里奇一家不只才氣過人，而且非常有親和力和感染力。他們的一個作家朋友契可夫這樣說：「我想說，沒有人散發出的光芒和非刻意的歡樂感，可以和羅耶里奇夫婦相比。每次跟他們碰面，我和太太的情緒總會被帶到最高點。他們想要我們做什麼，只要說一句，我和太太都會赴湯蹈火，在所不辭。」②

一九〇〇年初，羅耶里奇一家人在俄國和歐洲進行了廣泛的旅遊。期間，他除了繪畫以外，也從事考古挖掘、研究建築、演講和有關藝術和考古學方面的寫作。在芭蕾舞團團長佳吉列夫(Sergei P. Diaghilev)的邀請下，他成爲了著名的聖彼得堡世界藝術學會的一員，而且擔任過一段時間的會長。這個學會的宗旨是「向社會大衆傳達爲藝術而藝術的理念」。這種理念把「藝術視爲一種神祕經驗、一種可以表現和傳達出永恆的美的手段。它甚至可以說是把藝術當成一種宗教信仰。」③

一九〇六年，羅耶里奇被任命爲俄國的美術促進學校(the School for the Encouragement of the Fine Arts)的校長。一九〇七年，他開始把他的才智運用於舞台和服裝設計上，後來分別爲佳吉列夫的芭蕾舞團和史特拉汶斯基的《春之祭》設計過舞台和服裝。第二年，他當選爲帝國建築學會的委員，一九〇九年，又當選俄羅斯帝國美術學會的院士。

羅耶里奇過的是多產和傳奇性的生活，而且常常站在一些重大事件的最前沿。在布爾什維克革命爆發之初的一九一七年三月，高爾基曾呼籲所有從事藝術創作的國人，在聖彼得堡舉行一場集會。會上選出一個藝術事務委員會。這個委員會的聚會地點是在冬宮，羅耶里奇曾任主任委員兩個月。

新政府也希望他可以在政府裡面任職。但是，據一九二一年六月號的《美國藝術雜誌》(*American Magazine of Art*)在談到他的一批藏畫時指出：「由於羅耶里奇拒絕接受布爾什維克給他的職位，所以這批畫後來下落不明。」④因爲意識到大禍即將臨頭，他帶同家人出逃到芬蘭，而他在俄羅斯祖國的早年事業，也至此劃上句號。

應芝加哥藝術機構主任哈什(Robert Harshe)之邀，羅耶里奇在一九二〇年到了紐約。他當時已畫過超過兩千五百幅作品，是個國際知名的藝術家。

對於羅耶里奇的畫藝，畫評家當尼斯(Olin Downes)有這樣的評論：「羅耶里奇的畫作非常傑出，因爲在我們這個極其不安的時代裡，它們所呈現的確定感具有穩定人心的效果。……他像個先知式的榜樣一樣，向其他畫家揭示出繪畫所應致力的目標：把內心世界給呈現出來。」⑤

他畫作的主題包括自然風景和跟歷史、建築及宗教有關的題材。其中很多的風格都跟古代俄羅斯的教堂畫相似，而其餘的則帶有神祕性的、寓言性的、史詩性的，甚或——如「最後的天使」——預言性的色彩。影響過他的畫家（包括高更和梵谷）和畫派相當多，儘管如此，他的畫風卻是自成一格的。

要形容他的風格相當不容易，因爲誠如建築家布拉頓(Claude Bragdon)所說的：羅耶里奇和達文西、林布蘭、布萊克是同一類的畫家（音樂界的例子是貝多芬），他們的作品具有一種「獨一的、深邃的，乃至於神祕的素質，讓他們有別於與他們同時代的其他藝術家。這一點，讓人難於把他們歸入任何已知的範疇和學派。他們除了像自己或像彼此以外，誰都不像。」⑥

羅耶里奇的繪畫喜歡使用光亮的顏色，常常會給觀賞者一種強烈而具體的感受。像華萊士(Henry A. Wallace)就表示，羅耶里奇的畫讓他有「一種內在被潤滑過的感覺」。⑦有些人則宣稱，羅耶里奇的畫如假包換地把他們帶到了另外一個世界去，不然最少也是讓他們產生了靈視。像俄國大小說家安德列耶夫(Leonid Andreyev)就表示：「羅耶里奇的想像天分把我們帶到了神視的邊沿。」⑧

在〈羅耶里奇的藝術作品的內在意義〉(The Inner Meaning of Roerich's Art)一文中，納羅里(Ivan Narodny)宣稱：「當我在紐約的金戈爾畫廊看到羅耶里奇的畫作時，我感覺我的眼睛被誘到了一個未知的仙境，我耳際響起了排鐘、合唱、風琴、管絃樂隊和豎琴的聲音。看著羅耶里奇的畫作，我覺得自己就像一個跪在聖像前禱告的朝聖者那樣，進入了一個夢幻、迷離、會催人淚下的超凡入聖之境。」⑨

還有些人宣稱：「羅耶里奇的藝術不是在這個世界裡面的！」對於這些意見，第一個登上太空的太空人加加林(Yuri A. Gagarin)的話可以作為印證。當他坐著太空船，環繞地球軌道飛行時，加加林在日誌裡如此寫道：「地球的大氣層閃爍著射線。它們先是呈現為鮮橙色，然後慢慢幻化為彩虹的全色：從淺藍而至深藍，再慢慢轉為紫色，再轉為黑色。多麼不可思議的的色階啊！簡直就像是羅耶里奇的畫作。」⑩

在美國，羅耶里奇的足跡廣泛。他開畫展，跟菁英之士交往，甚至在最排斥男性的女校和菲爾德百貨公司講學，談論服裝與氣質的搭配關係。⑪

他在一九二一年建立了「燃燒的心」(Cor Ardens)（又名「國際藝術家學會」）和

聯合藝術大師機構(Master Institute of United Arts)，又在一九二三年建立了「世界之花冠」(Corona Mundi)（又稱「國際藝術中心」）。訂定好第一次到亞洲探險的計畫後，他就前赴印度，爲探險作準備。

聯合藝術大師機構的信託人在一九二三年建立了羅耶里奇博物館。博物館裡收藏了大量羅耶里奇的畫作，不過，爲了反映羅耶里奇的「聯合藝術」理念，它很快就成爲了——借歷史學家威廉斯(Robert C. Williams)的話來說——「一個眞正的文化事業。整個一九二〇年代和一九三〇年代的初期，它都在支助傑出的藝術家、音樂家和作家舉行展覽、演講和音樂會。」⑫

一九二八年，羅耶里奇在印度那加爾(Nagar)的庫魯河谷成立了「晨星之光喜馬拉雅山研究機構」(Urusvati Himalayan Research Institute)，以研究民族學和考古學爲宗旨。

羅耶里奇的一生極爲多產，他畫過爲數約七千幅的畫作和寫過一千兩百篇（本）各方面的書籍文章。由於他對鼓吹以藝術和文化來促進世界和平和推動戰時保護文化藝術品的運動不遺餘力，讓他在一九二九年和一九三五年兩度被提名爲諾貝爾和平獎的候選人。

早在一九〇四年，他就已經鼓吹過發起一份保護世界文化財產的公約，並把這個主意在一九一四年向沙皇尼古拉二世進陳。一九二九年，他甚至用國際法的語言，正式為這個公約起了草。

一九三三年的「第三屆國際羅耶里奇和平旗會議」，是這個後來被通稱為「羅耶里奇公約」得以落實的重要轉捩點。這份公約要求交戰的國家比照對待醫院的方式，對待博物館、大學、大教堂和圖書館。在戰時，凡插上紅十字旗的醫院都可免受攻擊，同樣地，公約也要求交戰國家不得攻擊插上「和平旗」的文化機構。「和平旗」的底色是白色，圖案由一個紅色圓圈所包圍的三個紅色球體所構成。

這個公約的一個重要推手是時任美國農業部長的華萊士，他是羅耶里奇的景仰者——有人甚至說他是羅耶里奇的精神弟子。「第三屆國際羅耶里奇和平旗會議」在華盛頓的菁英份子之間絕不是小事一宗，因為有十四個參議員、兩個衆議員、六個州長、美國軍事學院的院長和好些大學校長，都是這個會議的榮譽會員。⑬

一九三五年四月十五日，羅耶里奇終於得以親睹一份落實「羅耶里奇公約」精神的汎美條約，在白宮內簽訂。簽約的國家包括美國和十二個拉丁美洲國家的代表。⑭

現在坊間可以看到的各種羅耶里奇的傳記，對他生活的各階段和各面向都有極其詳盡的交代，卻獨漏了一個極重要面向：他的靈性生活。然而，那正是他一切努力的拱頂石，而他極多元化的投入與活動，也可以在此找到其統一性。

羅耶里奇對各種祕教的傳統和文獻都有很深入的研究，其中尤以佛教的密宗為然。毫無疑問，他對東方的透切了解，加上他的博學多聞，正是他在中亞旅行時到處備受禮遇的原因。中國人對他的淵博大表驚佩，稱他為「內行人」，而蒙古的報紙也這樣說：「像羅耶里奇這一類具有世界心靈、走在菩薩道上的人物，可說是世紀之光。……因此，我們國家把羅耶里奇教授的到訪……視為是一大榮耀與歡樂。」⑮

要追溯羅耶里奇的宗教向度的發展並不容易。其中一大難處就在於——根據其追隨者所指出——羅耶里奇一家人刻意對他們的私生活與靈性生活諱莫如深。

羅耶里奇的其中一個傳記作者佩利安(Garabed Paelian)相信，羅耶里奇的最早宗教悸動，是他幼年在夢裡看見一個穿白袍人物的經驗。⑯有一些羅耶里奇的追隨者聲稱，羅耶里奇的繪畫老師庫恩迪吉(Kuindjy)——一個有著聖方濟特質的人——一度是他的「古魯」（印度教對精神導師的尊稱）。在一篇紀念庫恩迪吉的文章中，羅耶里奇寫道：「我很高興我的第一個老師是個不平凡的人物。這位著名的大師不但是個傑出的藝術家，也是個偉大的生命導師。」⑰

有些人相信，庫恩迪吉有可能向羅耶里奇介紹過一些秘教的觀念和文獻。到底他有沒有教過羅耶里奇繪畫之外的其他東西，我們無從得知，至於他是不是當過羅耶里奇的古魯，也頗有爭議。在一篇名爲〈古魯：老師〉(Guru——The Teacher)的文章中，羅耶里奇表示：「對庫恩迪吉的學生來說，他是個最嚴格的印度教意義下的古魯。」但又說：「至於他（庫恩迪吉）的東方式的古魯觀念是從何而來，我就不得而知了。」⑱

不管怎樣說，羅耶里奇都曾經是神智學會⑲的短暫會員。他研究過它的文獻，並把伯拉瓦斯基(Helena P. Blavatsky)的《秘義學說》(*Secret Doctrine*)一書翻譯成俄文。也曾經在一九一九或一九二〇年，接觸過兩位東方的聖雄：莫雅(Morya)和賀米(Koot Hoomi)。

住在美國的時候，有一群追隨者把羅耶里奇奉爲古魯。而這些年來，羅耶里奇一家也寫過爲數衆多、有關各種靈性主題的書籍。它們大部分都沒有作者簡介，有些甚至沒有署上作者的名字，而有些——像羅耶里奇太太的其中一些作品——則以化名刊行。

基於對東方的喜愛和被它所包藏的衆多祕密所吸引，羅耶里奇一家在一九二三年出發，進行了一場爲期四年半的亞洲之旅。參加探險的包括羅耶里奇、他太太海倫娜、他兒子喬治和其他一些歐洲人。他的另一個兒子史汶埃托夫斯基和一位著名的西藏學者多吉爾，則在途中陪他們走了一程。他們的足跡涵蓋錫金、印度、克什米爾、拉達克、西藏、中國、蒙古和俄國。簡言之，他們是在中亞地區繞行。

「身爲一個藝術家，我來亞洲，最主要就是尋找藝術創作的靈感，」羅耶里奇在《亞洲的心臟》一書這樣寫道。「而我在這裡所獲得的靈感之多之快，甚至是難以估計的——好個慷慨的亞洲！除非一個人能親自在這裡用眼睛看過，和最少做過若干的筆記和素描，否則，再多來自書本或博物館的知識，都是無法讓他精確地描畫出亞洲的面貌的。我敢很肯定的說，這種魔術般和不可觸摸的創作能力，只有透過實地印象的不斷累積，才是可能的。沒有錯，不管哪裡的山都是山、不管哪裡的水都是水、不管哪裡的天空都是天空、不管哪裡的人都是人，但如果你是坐在阿爾卑斯山前面畫喜馬拉雅山的話，你畫出來的東西，就是會少了一種不可言喻和有說服力的成份。」

「除卻藝術的目的外，我們此行也旨在研究中亞地區重要古代遺跡的位置，觀察人們宗教生活的現況，以及追溯過去民族遷徙的路線。」⑳此行的結果，充分滿足了羅耶里奇所設定的這些目的。

有很長一段時間，羅耶里奇都沒有跟西方聯絡。然後，經過一段漫長的沈寂後，一通電文在一九二八年五月二十四日發到了紐約：

「羅耶里奇的美國探險隊在歷盡艱苦後，已抵達喜馬拉雅山。此行的藝術和科學成果豐碩。若干的畫作已在運回紐約途中。但願最後一批從蒙古寄出的畫作可以安全運抵。內中包含著許多對佛教的觀察。

探險在一九二四年展開，行蹤涵蓋旁遮普、克什米爾、拉達克、喀喇崑崙山、和闐、喀什、疏勒、烏魯木齊、額爾齊斯、阿爾泰山、衛拉特地區、蒙古、中戈壁沙漠、甘肅、柴達木盆地和西藏。

代表和平的美國旗幟在中亞地區繞行了一周。除和闐和拉薩二地外，探險隊所到之處，都受到親切歡迎。在駐喀什的英領事的協助下，我們才得以離開和闐，作進一步的探險。探險隊在西藏地區受到了武裝土匪的攻擊。我們優越的火器避免了流血的發生。雖然我們擁有西藏的通行證，但探險隊仍然在十月六日、離日喀則以北兩天路程的地方，被當局強行留置。我們的行動受到了限制，接下來五個月，都得在海拔一萬五千英尺的高處，忍受攝氏零下約四十度的嚴寒。

探險隊爲燃料與飼料的短缺所苦。留藏期間，我們死了五名人員和九十頭馱運物品的牲口。死亡的人員包括蒙古人、布里亞特人和西藏人。所有我們發給拉薩政府與加里各答英政府的信件和電文都被沒收。我們也被禁止與路過的商旅接觸和向民衆購買食物。金錢與食物都消耗到了接近盡頭。帶著巨大的困難，探險隊在三月四日出發南行。探險隊的九名歐洲成員一概平安。他們以無比的勇氣，撐過了凜冽得異乎尋常的寒冬。祝好。」㉑

此行雖然困難重重，但羅耶里奇仍然創作了五百幅上下的畫。羅耶里奇沿途都有記日記，這些日記，後來經整理出版成書，取名爲《阿爾泰山—喜馬拉雅山》。它的文體不拘一格，穿揷著羅耶里奇對科學、考古學和宗教問題的思考。這本羅耶里奇「在馬背上和帳篷裡的思考心得」的匯集，一度被喻爲「亞洲的交響樂」。㉒我們不知道還有任何一本相類似的書存在。這本作品，就像羅耶里奇那些動人心魄的畫作一樣，都是一座美的豐碑。

在考察沿途民族的宗教生活的過程中，羅耶里奇蒐集到了大量有關伊撒的傳說（有口傳的也有書面的），它們不但和諾托維奇的發現相吻合，而且還多了一些新的內容。

「探險隊在一九二三年五月離開紐約，在同一年的十二月抵達英屬錫金的大吉嶺。」喬治在他的旅行日誌《亞洲最深處的行蹤》中這樣記載。「我們在大吉嶺建立了一個基地，並在錫金境內進行了好幾次的旅行。整個一九二四年，我們都是在錫金度過，為接下來在亞洲更廣泛的探險作準備。」㉓

羅耶里奇一家在一九二五年三月六日離開大吉嶺，朝克什米爾的斯利那加進發。在斯利那加，他們訂造了大量的器材裝備，因為「想從克什米爾越過世界的最高山前往中國土耳其斯坦的行程，非有極周詳的事前盤算和準備，是難以達成的。」

「為了抵禦山口上的低溫和中國土耳其斯坦的冬天，我們準備了有羊毛絨鑲邊的毛皮大衣、皮毛靴子、皮毛帽、皮毛襪和皮毛睡袋。我們還訂造了好幾頂用威爾斯登帆布製造的防水帳篷。這些帳篷，都是經過特殊設計的。它們有兩層帆布外頂，外面的一層可以拉到地面上，以防來自高地的強風穿透篷底，把帳篷吹翻。帳篷竿子用的是粗竹子，有著強有力的金屬卡榫。用來固定帳篷的釘子都是鍍鋅的鐵釘。」

㉔

四月十五日，探險隊一行出發到克什米爾的政府驛站(hill station)古爾馬格(Gulmarg)，在那裡度過了四、五、六、七四個月。八月八日，他們沿著列城條約道路(Leh Treaty Route)向前進。整支隊伍共有八十二匹小馬，互相用繩子牽引著。

羅耶里奇在《阿爾泰山─喜馬拉雅山》裡這樣描述他們離開克什米爾時的情形：「蒼蠅，蚊子，跳蚤，蠼螋這全都是克什米爾會送給你的禮物。我們的離開，可不是不用流一滴血的。在唐格馬格(Tangmarg)，我們受到一幫惡棍的攻擊，他們用鐵棒攻擊我們的人員。我們有七個人受了傷，以致不得不使用來福槍和左輪手槍來恢復秩序。在古德(Ghund)，旅店老闆不小心餵我們的馬有毒的草。牠們先是渾身發抖，繼而躺了下來。一整個晚上，牠們都踱來踱去，很不安定。我的座騎馬士坦狀況特別嚴重，而喬治的座騎沙比薩也好不到那裡去。除此以外，我們還遇到其他狀況：驅馬伕們搞不清楚狀況，竟然在裝彈藥的箱子四周生火取暖；還有一隻野貓潛入了喬治的帳篷，爬到他的床底下面去。」㉕

在《亞洲的心臟》裡，羅耶里奇有如下的記載：「從斯利那加到列城的路，用行軍的速度的話，可以十七天的時間走完。不過，人們勸我們不妨走慢一點，多花幾天的時間。只有有要事的人，會馬不停蹄地一口氣走完全程。不管是從藝術的角度還是從歷史的角度來看，木比克、拉馬尤魯、巴士古、卡耳布、薩思普爾、史皮圖格這些地方，都會讓人看過後永難忘懷，深深烙印在記憶裡。」

「木比克雖然如今已是一間衰敗的喇嘛寺，但從它現在的頹桓敗瓦卻可以看出，它一度是一個輝煌的要塞，高據在山岩頂峰。在離木比克不遠，我們從大路上可以看得見一座山岩的壁上，刻有一個巨大彌勒佛像。你可以感覺得到，它應該不是西藏人的作品，而是出自佛教全盛時代的印度人之手。」

「只有一個具有美感和無畏心靈的人，會選擇在這麼高的高峰上建造要塞。很多這一類的古堡都闢有很長的地下道，通往一條河的河邊，讓馱著東西的驢子可以利用這通道上山。我們都知道，這一類童話般的地下道，爲很多最好的史詩提供了想像的素材。就像錫金的僧人一樣，拉達克的僧人都很慈祥、對其他信仰具有包容性，並殷勤接待路過的旅人，一如佛教徒應有的樣子……」

「在尼姆(Nimu)——一個位於海拔一萬一千英尺、離列城不遠的小村莊——我們碰到了一個很奇特、在任何情況下都不應予以忽視的經驗。我還沒有聽過有類似的事。那是一個清朗、靜謐的晚上。我們住在帳篷裡。晚上十點的時候，我正準備就寢，而羅耶里奇太太則走到她的床邊，要掀起羊毛毯子。但就在她掀起毯子的一剎那，毯子上突然竄起一團紅紫色的火焰，發出強力電流似的光芒。火焰大約有一英尺高，高大得就像一團篝火。羅耶里奇太太馬上大喊：「失火了！失火了！」我被驚醒，從床上一躍而起。我看見在她幽暗的側影後面有一團搖曳的火焰，把整個帳篷照得通明。羅耶里奇太太試著去用手把火撲熄，但火焰卻從她的指縫間竄出，形成好幾股小一點的火焰。那火焰的觸感暖暖的，但卻不會把任何東西給燃著，也沒有聲音或味道。後來，火焰就慢慢自行熄滅了，沒有在床罩上留下任何痕跡。先前，我們在旅途上也曾碰過幾次奇特的放電現象，但卻沒有一次的規模及得上這一次。

例如在大吉嶺的時候，有一次就有一團球狀的閃電，從離我頭頂僅僅兩英尺高掠過。在克什米爾的古爾馬格，我們遇到了一場連續三天不停歇的雷暴，砸下來的冰有鴿子蛋那麼大，期間，我們研究了不同的放電現象。在喜馬拉雅山區，我們也反覆經驗到各種奇特的放電現象。我還記得，有一次，在海拔一萬五千英尺的丘納爾(Chunargen)，我半夜在帳篷裡醒了過來。當我的手碰著床單的時候，我很驚訝地看見，有一些藍光在我手上流動，就像是把我的手包裹著似的。我原以爲，這現象只會在手接觸到羊毛的質料時方才發生，但當我用手觸碰到亞麻布的枕頭套時，同樣的情形卻再次出現。於是我進而去摸各種材質的東西，包括木頭、紙張和帆布。每次，我的手都會閃出無聲無味的藍光。

對科學研究來說，整個喜馬拉雅山地區都是一個稀罕的田野。世界上沒有任何一個地方的自然環境，有像喜馬拉雅山那麼多變和那麼集中：它有高達三萬英尺的山峰、海拔一萬五千英尺的湖、帶有噴泉的深谷、各種的冷泉和溫泉，還有最意想不到的植物——這一切，都可以觸發出前所未有的科學發現。如果我們能把喜馬拉雅山上的現象跟世界其他高地加以比較，將會得到多少驚人的異和同啊！對一個熱情的科學家來說，喜馬拉雅山簡直是個垂直的麥加。當我們憶及密立根教授(Professor Millikan)所著的《宇宙射線》(*The Cosmic Ray*)一書時，不禁好奇，如果這位偉大的科學家能到喜馬拉雅山上來進行研究的話，他會獲得多少神奇的發現。但願這些夢想能夠成眞！」㉖

羅耶里奇的隊伍只用了十八天就抵達列城。喬治這樣記載：「我們的探險隊在拉達克的首府從一九二五年八月二十六日一直停留到九月十九日。中間只有幾天是花在走訪著名的希米寺和城市四周的有趣地點。其餘的大部分時間，我們都是在爲下一段的艱鉅旅程——越過喀喇崑崙山前往中國土耳其斯坦——作準備。」㉗

希米寺的插曲並沒有想像中有趣。羅耶里奇對希米寺的印象並不好。然而，他卻找到了一些可以證明伊撒手稿確實存在的證據，雖然後來在他的書中，他並未特別說明，他抄錄下來的那些文字，是不是在希米寺裡找到的。雖然對希米寺感到失望，但他還是把這次走訪希米寺的經過，記載在《喜馬拉雅山》一書中。以下是其中的一些段落：

「我們也必須看一看佛教消極的一面——所以，讓我們到希米寺去吧。在接近這佛寺的時候，我們就已經感受到一股陰鬱的氣氛。佛塔上裝飾著一些奇怪而恐怖的神像，每張臉都很醜陋。黑烏鴉在盤旋，而黑狗則對著骨頭咆哮。峽谷非常窄，而很自然的，寺廟和周遭的房子都擠成了一塊。所有供奉品都在一個個黑暗的角落堆成一堆堆，就像是土匪搶劫而來的物品。寺裡的喇嘛都是半文盲。我們的嚮導取笑說：『希米是個大名字，卻是間小廟。』這個『小』，不是衡著它的規模說，而是衡著它的內涵說。這裡唯一的美事是在早上的時候，可以看到在附近一個尖削山崖上吃草的鹿隻轉頭觀看日出的模樣。」

「這間古老的佛寺，是一個大喇嘛建造的。他寫了一本有關仙巴拉的書，這本書，現在不知道被丟在哪個陰暗的角落，說不定正在餵老鼠。」

•

「對於存在著基督的手稿一事，人們原先的態度是完全的否定。這種否定最初來自傳教士的圈子。但漸漸地，一點一點地，一些片段性的細節開始浮上了水面。而最後，它終於整個露了出來——我們這才知道，有關這手稿的事，所有的老拉達克人全都聽過和知道。」

•

「這些有關基督的手稿文件和那本關於仙巴拉的書，被藏在寺院的『最漆黑』的地方。而編纂此書那位老喇嘛的塑像，則像個偶像般，戴著一頂奇形怪狀的帽子，豎立在一旁。在這些塵封的角落，到底已經有多少聖物朽壞掉呢？密宗的喇嘛對它

們全無關心。佛教的這另一個面向，我們絕不能予以忽視。」㉘

「要刷去這種塵垢，是多麼容易的一件事！要修復那些活潑的壁畫，應該會有多簡單！要擦拭乾淨那些造工精美的佛像，應該會有多輕鬆！要按照偉大佛陀的教誨去重整寺裡的僧團組織，讓它發揮眞正的功能，也一點不困難。」㉙

•

列城對羅耶里奇一行人相當禮遇。他們被招待到一棟可以俯視整個城市的十七世紀雄偉王宮裡。「整個拉達克對我們的氣氛似乎相當友善。」羅耶里奇回憶說。「列城是個典型的西藏市鎮。它過去是拉達克大君的宮廷所在，如今則是克什米爾大君的屬土。城裡有無數的土牆、寺廟和一長列一長列的聖骨塚，這些聖骨塚帶給這地方一片安靜肅穆的氣氛。克什米爾大君八層樓高的宮殿高據在列城的最高處。在大君的邀請下，我們住進了這棟宮殿的頂樓。只要突然一陣疾風，整座宮殿就會搖搖晃晃。我們停留期間，有一扇門和一面牆被吹垮了。但是，宮殿頂樓的美妙視野卻讓我們渾忘了它的不牢固。」

「在宮殿下方，整個城市一覽無遺：擠滿了篷車的市集、果園和城市四周大片大片的大麥田盡收眼底。每天農事結束後，從大麥田的方向，就會傳來美妙的歌聲。拉達克的婦女帶著耳罩翻起的高頂毛皮帽，走起路來優雅有致。一條束髮帶垂在她們背後，帶子上綴著大量的綠松石和小小的金屬飾物。她們肩上披著張犛牛皮，樣式很像古代拜占庭仕女所披的披肩。而用來把犛牛皮別在右肩上的別針，其樣式說不定也可以在斯堪的納維亞的古墓裡找到。」

「在離列城不遠的一個山岡上，有一些古代的墓穴，據信是史前時代的遺物，其形狀與德魯伊特人的有點類似。離此不遠，還有一位蒙古大汗住過的地方，他當初試圖征服拉達克，但沒有成功。在這個河谷裡，還可以看得到聶斯托利(Nestorianism)教派的十字架，[30]這讓人意識到，聶斯托利教派和摩尼教在亞洲的傳播範圍，有多麼的廣遠。」[31]

喧囂而色彩繽紛的市集、來來去去的篷車隊、令人屏息的喜馬拉雅山、環繞在列城四周的古代文物——這一切，共同構成了羅耶里奇與伊撒傳說相遇的場景。

「在列城，我們再一次聽到基督到過這一帶的傳說。列城印度籍的郵政局長和幾位拉達克的喇嘛告訴我們，在離市集不遠有一個池塘，而當日基督在要離開拉達克返回巴勒斯坦以前，曾在池塘邊的一棵樹下對群衆講過道。另一個傳說則說，基督在年輕時曾跟隨一隊商旅，到達印度，後來又到喜馬拉雅山研習更高的智慧。我們在拉達克、新疆和蒙古都聽過類似的傳說，雖然細節上略有出入，但有一點卻是一致的：基督在《聖經》沒有記載他行蹤的那段期間，人在印度和亞洲。這種傳說是怎樣興起的或它的來源爲何並不重要（說不定是聶斯托利教派散播的），重要的是，人們在向我們講述這些傳說的時候，都是帶著深信不疑的態度的。」㉜

羅耶里奇在《阿爾泰山—喜馬拉雅山》中對此有更多的補充：「一個善良而敏銳的印度人曾就伊撒的手稿一事對我發表了一番很有意思的意見。他說：『爲什麼人們總認爲伊撒不在巴勒斯坦那段期間，他應該是在埃及呢？他的年輕時代當然是在學習中度過的。而他年輕時學習過的東西，很自然會在他日後的講道裡反映出來。那麼，他所講述的道理都指向那個方向呢？裡面會有任何埃及的成份嗎？爲什麼人們看不出它們有佛教的痕跡呢？我眞不明白，爲什麼伊撒曾隨著商旅到過印度、後來又到過西藏之說，會受到人們那麼激烈的排斥。』」

「印度宗教思想的名氣極爲響亮，我們不應忘了，像提亞納的阿波羅尼奧斯(Apolonius of Tyana)，據說就走訪過印度的聖者。」

「另一個人則提醒我說，在叙利亞曾經出土一塊石板，上面刻著一道政府迫害耶穌信徒的詔令，把耶穌的信徒一概定位爲政府的敵人。對那些否認歷史上眞有耶穌其人的人來說，這塊石板一定奇怪不過。另外，人們又要怎樣解釋在地下墓穴裡所發現的那些早期基督徒所使用的小錢幣呢？這些地下墓穴，有一些至今還存在著。總是有一些人喜歡對他們不願相信的事情嗤之以鼻，於是，知識就被肢解成了經院主義，而中傷則被開發成一門藝術。如果伊撒的傳說是僞造的話，又有那一個近代的騙子，有那樣的能耐，可以讓它在整個東方深入人心呢？又有那一個西方的學者，有本領用巴利文和西藏文杜撰出這樣的長篇手稿來呢？我們不知道有這樣本領的人。……」

「列城是個很特別的城市。在這裡，伊撒的傳說把佛教和基督教的道路連接在一起。佛教是透過列城而往北傳播的。伊撒在前往西藏的途中，曾在這裡和人們交通過。伊撒的傳說被謹愼而祕密地保存著。你很難指望可以輕易發現它們，因爲喇嘛比任何人都更能守口如瓶。只有透過一種共同的語言——不只是一種有聲的語言，還是一種無聲的內心語言——你才可望接近他們的重大祕密。你慢慢會發現，每個受過教育的喇嘛，對此都知道得不少。即使透過他們的眼睛，你也無法斷定，他們是在同意你所說的事情，還是在暗中笑你，笑你知道的比他們少。有多少從這裡經過的『博學之士』是處於這種可笑的處境中，又有多少祕而不宣的故事，是他們沒有聽到過的！不過，讓亞洲的祕密揭開的時刻已經來到了。」[33]

住在拉達克的王宮裡，讓羅耶里奇獲得不少繪畫的靈感。「從這個伊撒曾經講過道的地點，從這個位於高處的露天平台，一個人很難抑制作畫的衝動。站在這些被風所淨化過的高處，你會感到有某種重大的訊息正在傳遞給你。當然，這個地方的面貌已經和往昔大有不同。它歷經反覆的破壞與建設，而每個征服者都爲它帶來一些新的增飾。儘管如此，它的基本格局還是沒有改變。同一個天穹一如往昔地冠於大地之上，星星還是同樣的星星，沙漠還是同樣的沙漠。而震耳欲聾的疾風，也照樣在大地上橫掃……」

接下來，羅耶里奇再一次獲得了有關手稿的信息。

「那位老活佛來找我。雖然他很窮，但還是帶著十個隨從的喇嘛和親戚一起前來。從談話中顯示，老活佛的家人知道有關伊撒的手稿的事。他們還告訴我，很多伊斯蘭教徒都想得到這份手稿。他們又談到了有關仙巴拉的預言。老活佛離開的時候，穿著白色土耳其長袍的群衆都向他鞠躬，姿態尊敬、單純而美。」

•

「喬治懂得說所有必要的西藏方言，眞是太棒了。只有在沒有翻譯在場的情況下，人們才會願意談論屬靈方面的事情。只有好奇心是不夠的，還得有對知識堅持不懈的愛！」

•

「一九二五年九月八日。我們收到一些來自美國的信，帶來對我們的許多懷念。這些信件旅行了六個星期之後，終於隨著蒸汽輪船而安然抵達。」

「在被用作飯廳的房間的四壁上，繪著多色彩的盆栽植物，而在睡房的牆壁上，則畫滿金達默尼圖案(Chintamani)。㉞而那些因爲年深日久而發黑的雕樑，則用它們像貝倫迪(Berendey)如椽五指般的大托竿，支撐著塵兮兮的天花板。門都是小小扇的，裝著很高的門檻；窗都很窄，而且是沒有玻璃的。每到晚上，風就會肆無忌憚地吹過走廊。地板上鋪著來自亞肯特的鮮亮氈子。」

「我在屋頂上的一間小房間裡作畫——這裡的每個屋頂上，都有這樣的小房間。房間的門上開有寬闊的雕花窗戶，而柱子上頭都有畫著精緻壁畫的柱頭。階梯和黑色的天花板都是仿古的樣式。我以前在哪裡看過這樣的房間呢？我以前在哪裡看過這種鮮亮的顏色呢？當然是在芝加哥上演《雪孃》(*Snowmaiden*)的劇院的舞台上。㉟我太太走進房間來的時候對我說：『哈，這裡不是活脫脫有個在他房間裡的貝倫迪嗎？』」㊱

「我的貝倫迪生涯結束得比我想像的要早——秋天的腳步一點都沒有放慢。想通過喀喇崑崙山的人，必須趕在秋天來到、東北風刮起以前行動。通往謝約卡(Shayok)的路，只有一星期長的時間是可以通行的。此外，人們早已把橋樑支解，把木頭搬回家當燃料，而溪水也已漲到人一樣高。接下來還有克爾唐山口(Khardong Pass)和薩瑟耳山口(Sasser Pass)的路要走。另外，還有很多其他重要的考量催促著我們早早上路。帶著一大支篷車隊，一個人就跟奴僕無異。」

•

「喀喇崑崙山——黑色的冠冕。在它後面躺著中國——另一個佛陀的繼承者。」

•

「他們在院子裡把該給犛牛馱的東西都裝載完畢。我們要再次出發了！天色晶瑩燦爛。一九二五年九月十八日。」㊲

羅耶里奇把上述的日記片段連同已畫好的畫，一起寄回美國去。不過，他們的篷車隊，卻要到第二天才出發，而羅耶里奇也記下了更多他對伊撒傳說的感想：

「我們得知，伊撒的傳說流傳的範圍極廣。這些傳說最重要的就是它的實質部分。喇嘛都明白這些傳說的重要性。在伊撒的講道詞裡，有關世界大同的部分、有關女性的重要性的部分，和所有與佛陀教誨相合的部分，對我們的時代而言，都是切要不過的。那麼，爲什麼有些人會仇視和中傷這些傳說呢？每個人都懂得怎樣去中傷所謂的『僞經』(Apocrypha)，因爲中傷並不是一件需要多高智商的事。但誰又看不出，所謂的『僞經』，其所包含的眞理，要比很多被官方認可的文件要來得更基本呢？凱連迪沃斯基(Kraledvorsky)的手稿，固然是僞造的，但是，又有多少具有眞實性的文件，是不翼而飛的呢？就拿所謂的《伊便尼派的福音書》(*Evangel of the Ebionites*)來說吧，就連奧利金、哲羅姆(Jerome)和伊皮凡尼烏(Epiphany)這些權威，都提到過這本傳記，而在公元兩世紀的時候，伊里奈烏斯也還見過這本書——但現在它在哪裡呢？與其把精力花在無用的口舌之爭上，倒不如用心去思考一下包含在伊撒這最優秀的一位人子的傳說裡的事實與思想。値得我們深思的，是這些傳說的實質內容和當代意識有多契合、它們在東方的流傳有多廣泛和亞洲人是多麼喜歡反覆去談論它們。」

「我們花了很長的時間才把犛牛、馬、驢子、騾、羊和狗該馱的東西裝好——簡直就跟一支聖經裡的隊伍無異。而我們的隊員各式人種都有，盡夠開一間民族學博物館。出發時，我們途經據稱伊撒曾經講過道的那個湖。在它左邊，是一些史前墳墓的遺跡。在墓穴的後面，是佛陀曾經歇過腳的地方——他就是取道這裡，向北前往和闐去的。更遠處的建築與花園的廢墟，似在對我們訴說著些什麼。我們又經過一些彌勒佛的石頭浮雕，它們似乎是在對要遠行的旅人道別，並用美好的希望鼓勵他們。我們住過的王宮以及吉祥女神廟此時都已隱沒到了山岩的後面（吉祥女神是千手的世界之母）。我們最後看到的列城事物是一群列城的婦女，她們是來爲我們送行的。她們帶著受祝福過的犛牛奶，在路後面追趕我們。追上之後，就把奶撒在馬和人員的前額上，用意是把犛牛的力量，加諸在人和馬的身上。對於將要途經陡坡和滑溜的冰脊上的我們來說，眞的很需要這種力量。」㊳

就這樣，羅耶里奇一行人離開了列城，登上了克爾唐山口(Khardong La)。接下來三年，他們都在亞洲的心臟地帶裡打轉。

他們在九月二十三日走出克爾唐山口之後，就立刻碰上一個關於伊撒的傳說。

「那天傍晚，我們出乎意料地碰到了一個伊斯蘭教徒。我們就在沙漠的最前沿和他談了一席話。他談到了穆罕默德，談到了這位先知的家庭生活，談到了他對女性的尊敬。他後來又談到了耶穌的墓穴位於斯利那加的傳說和聖母的墓穴位於喀什的傳說。哈，又是關於伊撒的傳說！伊斯蘭教徒對這一類的傳說特別感興趣。……」

「年輕的朋友們，你們在前往沙漠探險以前，務必要先了解那裡的各種情況。要不然，你們將不會懂得怎樣跟自然環境搏鬥。稍有不慎，死神就會大駕光臨。在沙漠裡，你會忘記日子和鐘數，而星星會像具有魔力的符號一樣向你閃爍。你們最需要銘記於心的原則就是無懼。會讓你們學得思想上的敏銳和行動上的隨機應變的，是嚴酷的高山地區而不是夏令營。會讓你們明白到物質運作的力量的，是寒冷的冰原而不是暖融融的教室。它們會讓你們明白到，每一個結束，只是另一個更美更重大的事物的開始。」

「又刮起了利刃般的狂風。火堆被吹得奄奄一息。帳篷的篷翼拍打得噗噗響——它們想要飛起來。」㊴

記載基督在印度、尼泊爾、拉達克和西藏行蹤的古卷

羅耶里奇教授從一部有一千五百年歷史的古卷所抄錄翻譯下來的內容，和諾托維奇的《聖人伊撒之生平》有著驚人的相似性。這些他記錄於一九二五年的詩句，後來被收錄在《阿爾泰山—喜馬拉雅山》一書中，與羅耶里奇對東方宗教的其他觀察思考，彙編爲一章。其前一章和後一章，則是羅耶里奇旅行於錫金、克什米爾和拉達克沿途的見聞感想。他並沒有交代發現手稿的地點，看來有可能是在希米寺，但也有可能是拉達克的其他佛寺，甚至有可能是在錫金。儘管如此，羅耶里奇所發現的手稿，其內容與他俄國同胞諾托維奇——兩人的名字都是尼古拉斯——三十一年前發表於巴黎的那些珍貴詩句的高度相似性，仍然引人深思。

以下的段落，摘引自《喜馬拉雅山》和《阿爾泰山—喜馬拉雅山》兩書，其中

包括有關伊撒的傳說、古卷的內容和羅耶里奇的個人思索。它們的寫成時間都是一九二五年。

•

「如果說從現在的佛像身上，難以讓人看出偉大導師佛陀當初的崇高面貌的話，那麼，會在西藏的山脈裡找到有關基督的美麗記載，就可說更不可思議了。然而，在這裡卻確實有一間喇嘛寺，保存著基督的教誨，記載著他曾經經過這裡和教化過這裡的人。這裡的喇嘛都對他心存敬重。」

•

「喇嘛都認識基督，說他曾經到過印度和西藏，說他並沒有傾向婆羅門和剎帝利，而是傾向了首陀羅種姓——最卑下的一個種姓。喇嘛們的作品記錄了基督怎樣稱頌婦女——他稱她們爲世界之母。喇嘛們也指出基督很看重所謂的法術。」㊵

「有很多關於基督再去過埃及一次的傳說。但爲什麼基督在去過埃及以後，再去了印度，會是那麼不可想像的呢？那些完全否定亞洲有這一類有關基督的傳說的人，大概不了解諾斯底教派在亞洲所有地方的影響力有多巨大，也不了解在極古的時代，他們在亞洲散播的這一類所謂僞經式的傳說，數量有多龐大。然而，又有多少的眞理，是隱藏在這些所謂僞經式的傳說之中的呢？」

•

「很多人都會記得諾托維奇所寫的那本書，但讓人驚異的是，在這個地方，你可以發現有關伊撒傳說的很多不同版本。本地人並不曉得諾托維奇所寫過的書，但他們卻知道伊撒的傳說，而且在提到伊撒的名字時，表現出深深的尊敬。這不禁讓人感到好奇，到底伊撒跟伊斯蘭教徒、印度教徒和佛教徒之間，有什麼關係。但更值得注意的是，是偉大的觀念是多麼的有活力，而它們又是如何地能滲透到最遙遠的地方。也許我們永遠都不會有辦法得知這一類傳說的源頭。不過，就算它們眞的是源出諾斯底教派的僞經，但從它們目前的普及程度和深入人心的程度觀之，這些傳說絕對包含著重要的意義。有一個本地人——一個印度人——告訴過我，伊撒曾經在市集附近一個小池塘邊的一棵大樹下講過道（這樹今已不存）。這是不是事實並不重要，但從他的口氣神情，你就可以感覺得到，這裡的人對這些傳說有多嚴肅以待。」㊶

•

「喇嘛所寫的作品裡指出，基督不是被猶太人害死的，而是被政府的代表所害死的。帝國的官員和有錢人要把這位偉大的導師置諸死地，因爲他爲那些勞動和貧窮的階層帶來了光。」㊷

讓我們來諦聽，在西藏的山脈裡，人們是怎樣談論基督的。在一份有大約一千五百年歷史的古代文件裡，有如下的記載：

四章十二、十三節：

伊撒悄悄地離開了父母，跟著一隊耶路撒冷的商旅，前往印度。他希望可以在「聖言」的薰迪下趨於至善，並研究諸佛所宣示的佛法。

五章五節：

他在札格納特、王舍城、貝拿勒斯住了一段時間。每個人都喜愛他，因為他跟吠舍和首陀羅相處融洽，並教育他們。

五章六至八節：

但婆羅門及剎帝利卻告訴伊撒，大梵禁止人們接近這兩個從祂子宮與腳所創造出來的種姓。吠舍只有在節日才容許聽別人唸誦《吠陀》，而首陀羅不但不被允許聽別人唸誦《吠陀》，甚至連看《吠陀》的書頁一眼也不容許。首陀羅註定只能一輩子當婆羅門及剎帝利的奴隸。

五章十至十一節、二十至二十三節：

但伊撒不理會婆羅門的勸阻，反而跑到首陀羅的中間，發表不利婆羅門及剎帝利的言論。他否定任何人有權力剝奪他們同胞的權利。他指出，人們已經用可憎的東西，污染了上帝的殿；他指出，人們不應該膜拜金屬或石頭造出來的偶像，也不應該以他的同胞獻祭，因為每個人的內裡，都居住著至高聖靈(Supreme Spirit)的一部分。他譴責那些為取悅富人而羞辱那些帶著額上汗水討生活的人。他說：凡剝奪自己兄弟幸福的人，就是在剝奪自己的幸福。婆羅門及剎帝利有朝一日將會淪為首陀羅的奴隸，而首陀羅則會與至高的聖靈一道，居住在永恆裡。

五章二十五至二十七節：

吠舍和首陀羅對伊撒之言大表驚訝，問他他們應該做些什麼。伊撒吩咐他們：「不要敬拜偶像。凡事不要先為自己打算。幫助窮人，支持衰弱的人，不要對任何人行惡。不要貪圖你自己沒有、而別人擁有的東西。」

六章一、二節：

婆羅門和剎帝利得知伊撒對首陀羅說過的話，決意要置他於死地。但伊撒得到首陀羅的通風報信，在夜間逃走了。

之後，為了研習佛教的經卷，他前往尼泊爾和喜馬拉雅山區去。

七章四、五、九節：

「那好，你施展法術給我們看看。」祭司們要求他說。伊撒回答說：「從開天闢地那一天開始，神蹟就無日無之。那些不能看到這些神蹟的人，不啻是被剝奪了生命的最大恩賜。如果你們膽敢要求上帝行法術去證明祂的力量，你們就有禍了。」

七章十三節：

伊撒教導人們，不應該妄想用眼睛去看到永恆的聖靈，而應該用心去感受祂，並把自己的靈魂純化。

七章十四至十六節：

「你們不只不應該以活人獻祭，也不應該宰殺動物為祭。因為世上所有的一切，都是上帝為人預備的。不要偷盜他人的財物，因為那樣的話，你的財物，也有可能會被你親近的人偷竊。不要欺騙，這樣，你就不會反過來被騙。」

八章九節：

「不要膜拜太陽，它不過是宇宙的一小部分。」

八章十三節：

「只要萬國沒有祭司，它們就會依照自然的律法而行事，並能保有靈魂的純潔。」

八章二十、二十一節：

「而我說：『當小心那些會把你們引離正道的人，小心那些會用偏見和迷信充塞你們的人，小心那些會把你們眼睛蒙蔽的人，小心那些叫你們向死物下跪的人。』」

九章一節：

伊撒回到以色列的時候，已年滿二十九歲。

九章五節、七至九節：

伊撒向群衆講道說：「不要屈服於失望，不要荒廢家園，不要污損你們那些高貴的情操，不要拜偶像，而應該心存盼望。扶起跌倒的人，照顧飢餓的人，救助生病的人，這樣，你們就能在我為你們預備的最後審判的來臨前，變得完全純潔和正直。」

九章十六至十七節：

「如果你們想行仁慈與愛的行為，就應該帶著一顆慷慨的心去行它。不要有計較利害得失的心理，因為這樣的行為不會讓你們更接近上帝。」

十章三節：

之後，耶路撒冷的統治者彼拉多下令逮捕伊撒，把他送交法官審訊。但他又交代執行任務的人，這樣做的時候，不要引起百姓的憤怒。

十章八、九節：

但伊撒教導群衆說：「不要在黑暗中找直路和被恐懼所攫住。當匯集力量和互相扶持。凡扶持鄰人的人，就是在扶持自己。」

十章十四節：

「難道你們沒有看見，那些有財有勢的人正在煽動以色列的子民，要他們去反抗那永恆的天國的權勢嗎？」

十章二十一節：

「看哪，我努力在人們的心中復興摩西的律法。我要告訴你們，你們並不懂它們的真正意義，因為它們所要教導的是寬恕，不是仇恨。但這些律法的意義如今卻被扭曲了。」

十一章四節：

但滿懷憤怒的彼拉多卻差遣他的僕人，偽裝成普通人的模樣，前去監視伊撒的行動，並把他對人群說過的一切話記錄下來，加以回報。

十二章一節：

彼拉多的僕人趨前向伊撒說：「義人啊，請告訴我們，我們是該遵循凱撒的命令，還是等待即將到來的解放呢？」

十二章二節：

伊撒認出了對方是個偽裝的試探者，對他說：「我沒有說過你們會自凱撒處獲得解放，而只是說過，你們那深陷於罪中的靈魂，將會從罪中獲得解放。」

十二章八節、十至十六節：

此時，一個老婦人走近伊撒，卻被其中一個探子一把推開。伊撒說：「當敬畏女性，因為她們是世界之母。在她之中，寄託著創造的真理。她是所有善與美之物的基礎。她是生與死的根源。她在分娩的痛苦中予你以生，她看著你成長。當祝福她，榮耀她。她是你地上唯一的朋友與支柱。當尊敬她，保護她。愛你的妻子並榮耀她，因為明天她們將會是母親，並在以後成為人類的母親。她們的愛可以讓男人變得尊貴、柔化他們的鐵石心腸和馴化他們的獸性。妻子與母親都是無價的寶藏。她們是宇宙的粧點。從她們，流淌出宇宙的全人類。」

十二章十七至二十一節：

「一如光能把自己與黑暗分離，女性也具有把男性內心的善念從惡念中分離開的能力。不要羞辱她們，因為這樣做，你只是在羞辱你自己。你最高貴的思想將是來自女性。從她們那裡結集你的道德勇氣，只有擁有這種勇氣，你才能扶持你親近的人。不要羞辱她們，否則你等於是羞辱自己。這樣做的話，你也將會失去感受愛的能力，沒有愛，這個世界不可能有任何東西存在。尊敬你的太太，那樣，她將會保護你。你為母親、太太、寡婦或任何憂傷的婦女所做的事，都是在為上帝而做。」

十三章三節：

伊撒就這樣教導百姓。但彼拉多卻畏懼百姓對伊撒的愛戴，於是命令一個他派出的探子誣告伊撒。

十三章五節、十八節：

受盡折磨的伊撒說：「百姓在『最高意志』(the Highest Will)的意願下獲得淨化的日子已為時不遠，很快，那宣布全地的人都獲得解放的詔令就要來臨，**而他們也將結合成爲一個家庭**。」（粗體字出於羅耶里奇）

十三章二十二節：

然後，他轉向彼拉多說：「為什麼你要貶低自己的尊嚴，並教導你的臣民生活在欺騙之中呢？難道不使用這種手段，你就無法入一個無辜的人以罪嗎？」㊸

徵引過上述的手稿片段以後，羅耶里奇在《阿爾泰山—喜馬拉雅山》一書中表示：「出現在這些亞洲傳說中的耶穌，形象都極其高貴而與萬國親近。至今，這些傳說仍被住在亞洲的山脈地區裡的人們所珍存著。而並不讓人驚訝的是，不管是耶穌還是佛陀的教誨，都是以把萬國結合爲一個家庭爲依歸的。而用『爲人們帶來光』這樣的比喻來表達這一點，則是既美麗又淸楚。誰又會反對這個觀念呢？誰又會輕視這個生命中最單純和最美的決定呢？隨著全地的結合的達成，所有世界的結合就能輕易落實。耶穌和佛陀的教誨都是如出一轍的。而古代梵文和巴利文的典籍，可以把所有的偉人的靈感連結起來。」㊹

在《喜馬拉雅山》一書中，羅耶里奇又說：

「我又從另一個來源——一個可信度較低的來源——聽到了有關耶穌在西藏的事蹟的傳說：

在拉薩附近有一家佛寺，收藏著豐富的經卷手稿。耶穌想要讀一讀這些經卷。佛寺裡住著一位偉大的聖者，名叫明錫。耶穌在一個嚮導的帶領下，經過了長途跋涉、歷盡艱辛，終於到達了佛寺。明錫和所有的導師把寺門打得大開，歡迎這位猶太聖人的到來。

明錫和耶穌經常在一起談論有關下一世紀的事情，又談論這個世紀的人有什麼應該擔負的神聖義務。

最後，耶穌到達一個山口，並在拉達克的首府列城，受到僧侶與低下階層熱烈的接待。

離此不遠的地方，住著一個婦人，她的兒子死了。她把兒子的屍體帶到耶穌前面。在衆人的注視下，耶穌把一隻手放在小孩的身上，小孩馬上被治好了，活了過來。於是，更多的人把小孩帶到耶穌面前，而耶穌也一一把他們治好。

在拉達克的僧侶中間，耶穌度過了很多天，他教他們治病和怎樣把人間變成一個天堂般的樂土。僧侶們都愛他，而當他要離開時，大家都難過得像小孩子。大群的人在早上前來跟耶穌道別。

耶穌對他們說：「我來，是要為你們顯示人的潛力。我曾經成就過的事，所有的人都可以成就。我是誰，那所有人就是誰。這些恩賜，屬於萬國與萬地——它們是生命的糧和水。」

•

耶穌這樣談論高明的歌者：「他們高明的唱歌本領是從哪裡來的呢？不可能是此生學得的，因為以這麼短暫的一生，他們根本無法累積出有關音色、和聲和調子的知識。這是神蹟嗎？不是。因為所有事物都是自然律的結果。在好幾千年前，這些人就早已經在鍛鍊他們的音樂本領了。而他們再來，是為了從不同的方面，學取更多。」㊺

再次翻開《阿爾泰山—喜馬拉雅山》，我們可以讀到這樣的話：

「在讀到這個爲耶穌所指出並爲佛教徒所珍而重之的觀念時，我們無可避免會聯想起恩彪(Eusebius)在《君士坦丁堡的生活》(*Life of Constantine*)一書中所說的一段話：『爲了讓基督教在貴族眼中顯得更有吸引力，教士們在衣著和裝飾上借用了一些見於異教徒教派的樣式。』任何曉得密特拉教派(Mithra)的衣服樣式的人，都會知道恩彪此言不假。教基督教教士這樣做的人，是亞歷山大的克萊門特(Clement of Alexandria)——一位熱衷的新柏拉圖主義者和古代哲學的景仰者。」

•

「無知！俄國的王子，因爲不願在蒙古大汗的帳篷裡禮拜佛陀的聖像而被殺頭，反觀在同一時間，西藏的佛寺裡卻已保存著耶穌的美好教誨。亞歷山大的西里爾(Cyril of Alexandria)雖然是害死女苦行者希帕蒂婭(Hypatia)的罪魁禍首，然而她的弟子基尼修(Cinesius)還不是照樣把托勒密的主教職權交予給他——當時他甚至還沒有受洗呢！

迷信！聖哲羅姆勸那些新皈依的基督徒搗毀他們的偶像。

犬儒！教皇李奧十世嘆道：『這個基督的寓言對我們多有用。』」

●

「不應該忘記的是，即使是奧利金這個通曉古代神話深意和深明耶穌教誨義蘊的人，也對《使徒行傳》裡的一段話津津樂道：『信的人都在一處，凡物公用，並且賣了田產、家業，照各人所需用的分給各人。他們天天同心合意恆切地在殿裡，且在家中掰餅，存著歡喜、誠實的心用飯，……』[46]

奧利金明白這種一體性的重要性，知道它包含著深邃的眞理。但就因爲這個緣故，經常輕易許人以聖徒封號的教會，才會一直不肯追封他爲聖徒。但是，就連奧利金的敵人，都尊稱他爲老師。他會受到包括敵人在內的人的尊重，是因爲他敢於用科學的態度去了解聖經的教誨，而不懼於把他認爲顯而易見的事情說出來。

《聖徒們的生平》(*Lives of the Saints*)一書這樣說：『那奧利金被指控的罪名是什麼呢？他的聰敏、淵博和深邃，在同時代的人裡可說是個異數。但他卻被前後兩次的亞歷山大主教會議斥為異端，而在他死後，君士坦丁堡主教會議也是一樣的裁決。為什麼會這樣呢？那是因為，教會認為他對很多基督教眞理所持的觀點並不正確。例如，在鼓吹人的靈魂在出生前就存在這一點，就反映出他對基督本性的思索並不眞切，他以為，上帝早就創造了一批價值相當的精神性存有，而他們的其中一個，只因為懷有烈焰般的愛，勇猛精進，才得以與『道』(the Highest Word)結合為一，並成為『道』在世間的代言人。……另外，他也太強調自然力對我們的本性所起的作用……』這些主教會議竟然膽敢藐視物質的無限宇宙意義，眞讓人甘拜下風！」

•

「在眞理的漸次顯現過程中，在時間的二輪戰車的推進中，一些為人類福祉綢繆的立法者從擾攘中升起：摩西，不知疲倦的領導者；阿摩司，嚴峻不苟的先知；佛陀，降獅者；孔子，正義的化身；瑣羅亞德斯，太陽的火焰詩人；柏拉圖，在「陰影」中反省和轉形的人；蒙福的伊撒，以犧牲自我而名揚不朽的人；孤獨的奧利金，聰慧的註經者；塞爾吉烏斯，偉大的導師與苦行者。他們都不知怠倦地向前邁進，都成爲了他們當日迫害活動的犧牲者。他們全都知道，有關『人類一體』的教誨將會有朝一日落實，都知道，自己的犧牲，是朝這個目標的落實邁進了一步。」

•

「在崇山峻嶺上，這些教誨被傳講和聆聽著；而在沙漠和大草原上，人們在日常生活中用歌聲傳唱永恆的眞理和謳歌『人類一體』的福樂。西藏人、蒙古人、布里亞特人，他們全都記得這種福份。」㊼

註釋

① Walker, *Henry A. Wallace and American Foreign Policy,* p. 62, n. 25.

② Grant et al., *Himalaya,* p. 48.

③ Chetwode, *Kulu,* p.151.

④ "Nicholas K. Roerich, " *American Magazine of Art* 12, no. 6 (June 1921):200.

⑤ *Nicholas Roerich* (New York: Nicholas Roerich Museum Press, 1974), pp. 7, 8.

⑥ Roerich, *Altai-Himalaya,* p. xv.

⑦ Walker, *Henry A. Wallace and American Foreign Policy,* p. 54.

⑧ Leonid Andreyev, " The Realm of Roerich," *New Republic* 29, no. 368(21 December 1921):97.

⑨ Grant et al., *Himalaya,* pp. 66, 68.

⑩ Nikolai Rerikh, *Zazhigaite serdtsa.* Comp. I. M. Bogdanova-Rerikh (Moscow: Izdatel'stvo "Molodaia gvardia," 1978), p. 22,

⑪ Paelian, *Nicholas Roerich,* p. 36; *Robert C. Williams, Russian Art and American Money* (Cambridge, Mass. And London: Havard University Press, 1980), p. 117.

⑫ Williams, *Russian Art and American Money,* p. 119.

⑬ 參見 *The Roerich Pact and The Banner of Peace* (New York: The Roerich Pact and The Banner of Peace Committee, 1947).

⑭ Walker, *Henry A. Wallace and American Foreign Policy,* pp. 53-57.

⑮ Paelian, *Nicholas Roerich,* pp. 39-40.

⑯ 同上書，p. 28.

⑰ 同上書，p. 29.

⑱ Nicholas Roerich, *Shambhala* (New York: Roerich Museum Press, 1978), pp. 304, 307.

⑲ 一種糅合西方神祕主義、印度婆羅門教和佛教學說。〔中譯者註〕

⑳ Roerich, *Heart of Asia,* pp. 7-8.

㉑ Roerich, *Altai-Himalaya,* pp. vii-viii.

㉒ 同上書，pp. vi, vii.

㉓ Roerich, *Trials to Inmost Asia,* p. xii.

㉔ 同上書，p. 5.

㉕ Roerich, *Altai-Himalaya,* p. 100.

㉖ Roerich, *Heart of Asia,* pp. 23, 24, 26-28.

㉗ Roerich, *Trials to Inmost Asia,* p.20.

㉘ Grant et al., *Himalaya,* pp. 170-72.

㉙ Roerich, *Altai-Himalaya,* p. 114.

㉚ 參見③。

㉛ Roerich, *Heart of Asia*, pp. 30, 28-29.

㉜ 同上書，pp. 29-30.

㉝ Roerich, *Altai-Himalaya*, pp. 118-19, 120.

㉞ 一種有宗教意含的圖案，由一系列的波浪紋和三個一組的球體所構成。〔中譯者註〕

㉟ 羅耶里奇曾爲一九二一年在芝加哥劇院上演的（林姆斯基—高薩可夫的作品）設計舞台。

㊱ 貝倫迪，《雪孃》一劇中的男主角。〔中譯者註〕

㊲ Roerich, *Altai-Himalaya*, pp. 120-21, 122-23, 124.

㊳ 同上書，pp.125-266.

㊴ 同上書，pp. 131, 134.

㊵ Grant et al., *Himalaya*, pp. 170-172.

㊶ Roerich, *Altai-Himalaya*, pp. 89-90.

㊷ Roerich, *Altai-Himalaya*, p. 90; Grant et al., *Himalaya*, p. 148

㊸ Grant et al., *Himalaya*, pp. 148-153.

㊹ Roerich, *Altai-Himalaya*, p. 93.

㊺ Grant et al., *Himalaya*, pp. 153-156.

㊻ 《使徒行傳》三章四十四至四十六節。

㊼ Roerich, *Altai-Himalaya*, pp. 94-96, 97-98.

5

The Lost Years of Jesus

「這些書說你們的耶穌來過這裡！」

卡斯帕里夫人有關希米寺手稿的證詞

卡斯帕里夫人

手中的羊皮紙

世界上很多重大的科學和歷史突破，都是由那些原來在尋找別的東西的人所達成的。哥倫布原來要找的是印度，但卻發現了巴哈馬；倫琴實驗的是陰極射線，卻找到了X光；弗萊明研究的本來是細菌，卻在無意中碰上青黴素。

一個人很少知道在一個路彎之外或在一個山口後面有什麼在等著他。導致發現的必要因素似乎就只是三項：「探索的心靈」、「堅持不懈」和「依著自己的靈感走」。有了這些，你就可以完全信賴一句格言的承諾：「只要追尋，你就會找得到。」這確實是句至理名言，只不過，它可沒有保證，你會找到的是**什麼**。

就以伊麗莎白・卡斯帕里爲例吧。她最初的計畫，可不包括千里迢迢跑到拉達克，去找諾托維奇、阿毗達難陀和羅耶里奇都宣稱看到過的手稿。她沒有這種計畫，最少是因爲一個原因：她兒時一條腿患有骨病，令她不良於行。她小時候最嚮往的，是能夠自己下床，而不是在崇山峻嶺上上下下，到遙遠的喜馬拉雅山區走訪一間佛寺。而對伊麗莎白來說，她最想走出的第一步就是踏出一步。

但事情似乎並不樂觀。她進行了一連串的手術，但都沒有成功，於是她的牧師宣稱，讓她恢復健康，可以像其他小孩一樣蹦蹦跳，並不在上帝的計畫之內。然而，即使機會渺茫，她仍然不願意放棄。

最後，她家人終於找到一個可以幫助她的醫生。他的療法很新穎。在當時，這是唯一的一線希望。醫生推薦的是日光療法，而這方法竟生效了！接受治療不到四年，伊麗莎白就可以走路了。

在康復的過程中，伊麗莎白開始學琴。她學得非常好，好得甚至幾乎可以用腳來彈。她愛上了鋼琴，最後成爲了一名鋼琴家。在她的家鄉瑞士的德奧克斯堡(Château d'Oex)，她成爲炙手可熱的音樂家教老師。

毫不稀奇地，伊麗莎白決定以教導小孩鋼琴，作爲自己的志業。她很用功，從蒙特勒(Montreux)的里博皮爾學院(Institut de Ribaupierre)獲得了一級文憑。然後她前往洛桑音樂師範學院進修，獲得兩個在音樂教育方面的高級學位。畢業後，她在德奧克斯堡開了一家音樂學校，而且開發出一種省去枯燥練習程序的教學法。這讓她的學校大獲成功。整個歐洲，都有想學鋼琴的學生和想開開眼界的音樂老師，慕名來到她位於阿爾卑斯山上的音樂學校。

一九二九年，查理•卡斯帕里爲了養病而來到空氣清新、陽光普照的德奧克斯堡。結果，他不但恢復了健康，並且邂逅了伊麗莎白，兩人結爲連理。婚後，卡斯帕里照管了音樂學校的大部分行政管理事務，讓伊麗莎白有更多時間浸淫在她的最愛：音樂。他們一起在德奧克斯堡工作了八年。

但命運之神卻不願讓卡斯帕里夫人一輩子待在阿爾卑斯山上。一九三九年春天，一件偶然的事件觸動了一系列連鎖反應，讓卡斯帕里夫人踏上了前往印度的旅途，最後還站到了位於喜馬拉雅山上的希米寺的屋頂上。有一天，一個朋友對她說：「有一個很棒的老師從法國來了，他要講演有關科學與宗教方面的課題。妳應該跟我一起去聽聽。」

「有何不可。」卡斯帕里夫人在心裡想。於是，她就跟朋友一道越過了日內瓦湖，到達講演進行的地點埃維昂(Evian)。這個講演，是由瑞士的胡臘瑪達教(Mazdaznan)

①——西方瑣羅亞德斯教的一支——的成員所贊助的。卡斯帕里夫人深深被講演的內容所吸引，未幾即加入了該組織。在聽講演的過程中，她有機會認識了一些胡臘瑪達教的領導人。當他們得知她即將要去倫敦一趟時，便提出一個看來自然不過的請求：「夫人，屆時可否勞煩您向我們摯愛的教母致上問候？」卡斯帕里夫人欣然答應了。

當卡斯帕里夫人坐著計程車，在倫敦的街道上穿梭時，她在腦海裡想像，胡臘瑪達教的女領袖，一定是個古板的英國婦人。但當計程車停下來的時候，她卻很驚訝地發現，她來到的，是一棟可以媲美白金漢宮的華美建築。接下來，她發現自己彷彿置身在一個路易十四時代的沙龍裡，而出現在她面前的，則是個有帝后氣象的女士——但不是英國人，而是美國人。她名叫蓋茨克太太，胡臘瑪達教的信徒都稱她爲榮光教母(Mother Gloria)。

在接下來的談話中，卡斯帕里夫人得知，原來蓋茨克太太也是世界信仰協會(World Fellowship of Faith)的主持人。而當蓋茨克太太在聽說卡斯帕里夫人是鋼琴家之後，也喜出望外。她對卡斯帕里夫人表示，她即將要到英國北部的城市去進行一趟講學之旅。接下來，她用直接而迷人的態度對卡斯帕里夫人說：「我需要一個鋼琴家隨行。」

請妳務必跟我一道去。」

「但我不能丟下我丈夫和音樂學校不管啊，」卡斯帕里夫人回答說：「我不能就這樣跟妳跑掉，我必須回家去。」

蓋茨克太太拿起電話給她，說：「跟妳的先生談談吧。」電話中，查理對太太表示自己完全支持她的決定。於是卡斯帕里夫人接受了邀請，而她跟蓋茨克太太的長期友誼，也於焉展開。

在講學之旅結束後，卡斯帕里夫人回到了她的音樂學校——但並沒有能安定下來太久。

一九三七年十二月的一個早上，她接到一封蓋茨克太太的來信。信中蓋茨克太太表示，她計畫進行一趟西藏之旅，途中會停留在錫蘭、印度和克什米爾。此行的目的，除了研究佛教以外，還要到吉羅峯山——一座西藏的聖山——朝聖。她在信中的末尾說：「妳和先生一道來吧……」

這個提議太具誘惑力了。卡斯帕里夫婦本來就對東方宗教感興趣，而現在這個邀約，又是出自他們的至交好友，更是讓他們無法抗拒。他們只有短短三星期的時間打點一切、收拾行李。之後，他們就坐上一艘前往錫蘭的蒸汽輪船「奧龍特斯號」。

在每一個國家，蓋茨克太太等一行九人，都受到極禮重的接待，有些宗教領袖甚至會用宗教儀式歡迎他們。有一天，當他們乘坐的火車在早上六點抵達馬德拉斯的時候，卡斯帕里夫人醒來向外張望，竟看見的比塔普崙(Pithapuram)的大君——他是世界信仰協會印度分會的會長——和他的隨員已經在外面等候著，地上還鋪著紅地毯。大君堅持要蓋茨克太太一行人住在他的玫瑰宮裡。

他們被安置在一間優美的客舍中，四周被東方傳奇的瑰麗景色所圍繞。沿途上的大多數時候，他們都受到像這樣的精緻接待。

過了馬德拉斯、孟買和新德里之後，他們就朝北向克什米爾進發。一九三八年春天，蓋茨克太太在克什米爾的首府斯利那加租了一棟平房，暫住下來，以便準備前往西藏所需的裝備。他們花了大半年做準備。每一件事情都需要在事前考慮周到：食物、器材、僕人，更不要說藥物、電池和防曬軟膏了。喜馬拉雅山可不是個你可以掉以輕心的去處。

他們在一九三九年的春天出發。他們首先乘坐巴士，到達汽車能去到的最遠處。

接下來，除了經輪以外，就再也沒有任何輪子，可以進得了喜馬拉雅山的巉嶮絕壁。②他們的隊伍現在增加了十二個僕從、一個翻譯和一百一十二頭小馬，另外還有嚮導和驅馬夫。

他們此行的目的很廣泛，但並沒有什麼不尋常的地方。他們計畫在通往吉羅峯山的沿路走訪各喇嘛寺，看看佛教的和一般人的日常生活和習俗。他們也極期望能在希米寺舉行「神舞」表演以前，趕到那兒；這種舞蹈，素以漂亮的錦緞服裝而馳名。但他們有所不知的是，他們此行的收穫，將遠超過他們所能想像，而他們的遭遇，將截然有別於其他的朝聖者。由於騎馬騎得太累，等不及搭帳篷，所以他們的第一個晚上，是在露天度過的。

由於有能幹的僕從幫忙（他們都是克什米爾的首選），加上事前準備充分，讓蓋茨克太太一行人在沿途所吃的苦頭，要比近二十五年前的諾托維奇少許多。一等蓋茨克太太他們熟習了騎馬之後，僕從們就快馬加鞭，先行趕到辛納馬格村，爲他們在一片綠茵地上建立第一個營地，然後就動手煮一頓熱餐，等待饑腸轆轆的旅人的到達。這些僕從都是山間煮食的高手，三兩下工夫就搭好一個臨時的爐灶，烤好新鮮的麵包。

當朝聖隊伍攀登第一個山口的時候——盤旋於海拔一萬一千五百八十英尺的佐吉山口，他們發現，當時雖然是七月，但沿途都積滿雪。嚮導們吩咐大家以一單列隊形前進，而且不要發出任何聲音。「不要說話，」他們說：「否則有可能會引發雪崩。」

當路轉為下坡之後，雪就不見了——消失得就像它的出現一樣突然。陣陣芳香從野薔薇的花叢向他們襲捲過來。接下來的道路，時而是險峻的隘路，時而是峽谷的邊緣，時而是枯黃的沙漠，時而是一些跨過萬丈深淵、窄得無可再窄的橋樑。

雖然他們是一支人數衆多的隊伍，但還是不時會有一些猛獸，潛行到帳篷的附近來。碰到較幸運的日子，蓋茨克太太和卡斯帕里夫人晚上就會有驛站的平房可睡。

在向列城前進的路途上，他們不時都會遇到本地的居民。這些友善、開放而聰敏的拉達克人看到蓋茨克太太的時候，總是會馬上露出一個大笑容，向她大喊一聲：「jooley, jooley（哈囉，哈囉）。」

在每一個停留點，蓋茨克太太一行都會受到大喇嘛或村長的接待。在舉行過盛大的歡迎儀式後，主人就會給客人奉上酥油茶。這種像湯的飲料要配著一塊膻味的犛牛油一起喝。愈是尊貴的客人，被奉以的犛牛油就愈膻。而很自然，蓋茨克太太每一次所拿的犛牛油，總是最臊的一塊！

他們沿著古代的商旅路線前進，途中走訪了木比克、拉馬尤魯和其他的喇嘛寺。沿途風光最讓人印象深刻的，就是強烈的對比性：才幾百英尺的距離，原本會把人冷僵的疾風，就會一變而為輕柔的微風；在一片荒涼的地貌，會突兀地跑出一座攝人心魄的喇嘛寺；而看來無邊無際、一片荒蕪的高原，卻會不時出現一些圍繞著小樹林的蒼翠綠州。

在無所不在的佛教氣氛中，他們和僧人聊天和參觀佛寺。大部分的喇嘛都很年輕，臉上流露著孩子似的好奇和快活。不過，在蓋茨克太太一行朝聖者的印象中，雖然古老的傳統被維持了下來，但其中相當一部分的眞正智慧，已經隨著發黃的經卷而湮滅。羊皮卷、特安克（佛畫）、雕刻和塑像都受到悉心保存，但是一些一度光采奕奕的壁畫，已因年深日久而褪色。

儘管人們極為尊崇喬達摩佛，但看起來，他們的宗教，剩下以儀式的成份居多。而他們的宗教意識，得自於四周雄偉莊嚴的山脈和集體潛意識的記憶的，只怕也要比得自於古代佛典的來得多。不過，傳統仍然被小心翼翼地遵循著。經幡招展在每一個人到得了的角落。經輪也隨處可見，尤以佛寺裡為然。經輪的形狀呈圓柱體，它們不是表面銘刻經文咒語，就是輪腹內放著寫著經文咒語的紙頁。它們有嵌在牆上的，有拿在手上的，也有裝在河邊的。裝在河邊的經輪會因爲水流的推力而轉個不停。

本地人相信，經輪的旋轉或經幡的招展，其效力等同於念經。也許，這樣的設計，是人們爲了謹守「當念經不輟」的教誨而想出來的吧！

第二天早上，他們就到達了列城。列城座落在海拔一萬一千五百英尺的高處，是世界上海拔最高的城市之一。在列城的入口處，他們看到一個聖骨塚像個沈默的哨兵一樣佇立著。歡迎他們到來的，還有一列長四分之一英里的嘛呢堆，上面疊著的每一塊石頭——它們是歷經很多個世紀堆積而成的——都刻有「唵嘛呢叭咪吽」的字樣。

街道都很狹窄，表明這是一個不知道汽車爲何物的城市。它擁擠的市集是中國人、印度人、克什米爾人、阿拉伯人和西藏人碰頭的場所。那座羅耶里奇住過的王宮居高臨下，俯視著一切。蓋茨克太太一行在參觀過列城城內的喇嘛寺以後，就匆匆出發到希米寺去，希望趕得上該寺的節慶活動。

列城與希米寺之間相隔著一片沙漠台地。他們在這片酷熱的沙漠裡走了一整天，一直走到夜幕低垂，仍然未能看到希米寺。但是，突然間，出其不意地，在一個陡峭峽谷的下方，出現了一片涼快、芬芳的綠洲。而在綠洲上方山岩的高處，則聳峙著千呼萬喚始出來的希米寺。

他們在綠洲過了一夜。第二天早上，希米寺的住持帶著兩個主要助手，親自下來為蓋莰克太太們引路。

蓋莰克太太和卡斯帕里夫人被招待到一間漂亮的客舍去，而其餘的成員，則被安排在一條小溪邊紮營。不過，接下來，朝聖隊卻發現——呃噢——希米寺的節慶活動已經結束了。

但他們還來不及失望，住持就表示，由於表演的服裝和道具都還沒有收起來，所以可以把三天份的表演，再為他們表演一次！

第二天，在一些穿著華麗服裝的喇嘛演員的賣力演出下，一部刻劃善與惡的大戰的戲劇就在他們面前展開了。代表善的力量的是佛陀，他以獅子的形象出現（獅子是象徵驅逐邪惡勢力所必需的力量與勇氣）。有一些戴著古怪面具、裝扮成魔鬼、骷髏和野獸模樣的舞者（都是由年輕的喇嘛扮演）環繞在佛陀的四周，作出攻擊的姿態。負責伴奏的是一支東方「交響樂團」，其使用的樂器包括了十英尺長的喇叭、鐃鈸和各種大小的鑼鼓。在震耳欲聾的音樂聲中，這些角色繞著佛陀，團團轉地跳個不停。音樂聲愈來愈沸騰，並在全劇最高潮的時候——佛陀打敗邪惡的時刻——臻於頂點。

蓋茨克太太一行在希米寺停留了四天，期間，他們要不是到處參觀或跟喇嘛們聊天，就是坐在希米寺的屋頂欣賞四周的廣闊視野。

第三天，蓋茨克太太和卡斯帕里夫人又一如往常，坐在屋頂上眺望四周的景致。在她們附近，一個喇嘛正盤腿坐在一張矮几的前面，用細緻的毛筆，在抄寫藏文的經卷。

這時，寺中負責管理圖書的喇嘛和另外兩個喇嘛向她們走過來，手上拿著三件東西。卡斯帕里夫人看得出來，那是三本佛書。它們由羊皮紙所寫成，每本上下各夾著一片木板，分別以紅、綠、藍三種顏色的錦緞包裹，每塊錦緞上都有金色的斑點。

圖書管理員以極敬謹的態度把其中一本書的錦緞解開，然後把裡面的羊皮紙頁遞給蓋茨克太太。

「這些書說你們的耶穌來過這裡！」

他只說了這一句話。

蓋茨克太太和卡斯帕里夫人都愣住了。卡斯帕里夫人以敬畏的心情看著喇嘛手上的書。有幾秒鐘的時間，《約翰福音》的最後幾句話像河水般在她腦海裡反覆流過：「耶穌所行的事還有許多，若是一一地都寫出來，我想，所寫的書就是世界也容不下了。」

約翰，這位爲基督所深愛的門徒，是不是知道他老師曾到過這裡呢？基督既然願意跟約翰分享自己王國的祕密，難道會不願意讓他知道自己年輕時代到過西藏的事實嗎？然而，這個對所有基督徒來說如此重大的訊息，又爲什麼會一直隱而不彰呢？是因爲有人刻意隱瞞嗎？難道耶穌會不希望我們知道他人生中最重要的十七年——爲日後他宣講的得勝信息作準備的十七年——是在哪裡度過的嗎？

「你們的耶穌來過這裡！」

這樣震撼天地的事件竟然對基督教世界保密了那麼多個世紀，眞是不可思議。爲什麼整個世界會不知道耶穌來過拉達克呢？

卡斯帕里夫人和蓋茨克太太四目相視，眼神中充滿雀躍與驚異。她們一起拿起那些寫滿優雅西藏文字的手稿來檢視。

在用力搜索過自己的記憶後，卡斯帕里夫人記起，她曾經聽過一些有關耶穌去過印度和亞歷山大城的傳說，但她做夢也沒有想到過，「她的耶穌」竟然會來過這麼遠、這麼高的地方——喜馬拉雅山。她全然不知道二十五年前諾托維奇所引發的那場辯論，而她當時也全然意識不到，自己已成爲了這場持續中的辯論的目擊證人之一。

她觀察到，對她說話的那個管理圖書的喇嘛的態度，充滿了自信。他說話的口氣斬釘截鐵，那是因爲，他明確知道，手稿是一代代的大喇嘛相傳下來的，絕對可信無疑。這不是個道聽途說，也不只是個口耳相傳的傳說，因爲記載著這件事情的文件，實實在在就在眼前——**就在她的手上**。它們被一個教團完好無缺地連續保存了十多個世紀。證據就在眼前，羊皮紙就在眼前，經文就在眼前，耶穌到過印度傳教的珍貴紀錄就在眼前，而對「她的耶穌」高度尊敬的喇嘛也就在眼前（他們尊耶穌爲有史以來最偉大的精神導師之一）。

蓋茨克太太看著手上那包含著祕密中的祕密的書頁，滿腹驚訝：基督兩千年前來過西藏！她跟卡斯帕里夫人一樣，看得出來幾個喇嘛手捧著手稿的態度，極爲恭謹。顯然，幾個喇嘛是因爲佩服兩位女士有那樣的熱忱，千里迢迢前來東方朝聖，才會把他們的祕密透露給她們知道，此外別無其他目的。而他們這樣做，顯然事先又是得到住持的同意的。他們都相信，當這兩位對佛陀深爲尊敬的客人在得知佛陀的教誨曾經透過伊撒的口傳揚於世的時候，一定會感到無比的快樂。

「我的耶穌來過這裡！來過希米寺！」卡斯帕里夫人在心裡想。說不定，耶穌也曾在這裡或列城的某個屋頂上坐過，又或在某個古代的圖書館裡鑽研過。她沈思她的發現所蘊含的意義。當她想到耶穌的遊歷時——說不定遊歷過全世界——她的頭也開始旋轉了起來。她知道，直到一個小時以前，對於她和大多數的基督徒而言，耶穌都是徹頭徹尾的巴勒斯坦產物。他生於那裡，活於那裡，也死於那裡；他所接受過的任何宗教教育，都是來自猶太教的傳統。但如果承認耶穌到過西藏或印度的話，那就意味著，他研究過他們的習俗、他們的語言，更重要的是，**研究過他們的宗教！**

爲什麼耶穌會覺得他有必要來一趟東方呢？天父差遣他東來，又是有著什麼樣的旨意呢？毫無疑問，這個在世界屋脊上的偶然邂逅，充滿著深遠的意含：說不定，耶穌告訴約翰的那些教誨，究其源頭，乃是來自佛陀或《吠陀》。

卡斯帕里夫人沈思的這些問題，同樣讓我們沈思。但除此以外，另有一個我們好奇的問題：爲什麼喇嘛們會選中卡斯帕里夫人和蓋茨克太太，讓她們成爲手稿的見證人呢？在她們之前，有不少歐洲人到過希米寺——有些動機可疑，有些心胸坦蕩——但卻只有其中極少數，被僧侶們告知有關耶穌的手稿存在這件事。是什麼因素讓卡斯帕里夫人他們獨受青睞的呢？

理由說不定是在於，在喇嘛眼中，她們是不同的人：她們對佛教思想充滿熱忱，而遠道而來，是爲了親近佛教的精神遺產。她們並沒有把佛陀視爲是異教的偶像或是一種東方藝術。很顯然，喇嘛們知道這兩個訪客是沒有威脅性的，也不會有把手稿據爲己有的企圖。不管是出於什麼理由，反正在一九三九年夏天，卡斯帕里夫人和蓋茨克太太就是被天意選中，成爲那耶穌被保存得好好的祕密的見證人。

在她們之前每一個被選中的見證人，都是懷有目的的：諾托維奇聽過有關耶穌手稿的謠言，所以想到希米寺把手稿找出來；阿毗達難陀上師則是想來查證諾托維奇說法的眞僞；羅耶里奇在整個拉達克都聽到有關伊撒的傳說，所以想到希米寺尋找更有力的證據。但卡斯帕里夫人和蓋茨克太太跟他們都不同：她們既沒有聽過伊撒的傳說，也沒有聽過諾托維奇、阿毗達難陀和羅耶里奇的發現。

事後，卡斯帕里夫人到山坡下面的平原去跟其他隊員會合後，便繼續上路。晚上，他們在一片綠洲上紮營。當她跟丈夫一起收聽短波收音機的時候，一個驚人的消息傳到他們耳裡：第二次世界大戰爆發了。他們必須盡快趕回瑞士去。於是，他們決定取消前往吉羅峯山的行程。

雖然回程的時候不斷趕路，但他們回斯利那加還是回得遲了。最後一艘撤僑的輪船已經開走了。他們被困在了印度——一待就是九年！這期間，他們對什麼事情發生在他們的家園、發生在這個世界，俱一無所知。

自此以後，卡斯帕里夫人把她的珍貴發現收捲到記憶之中，直到很多年後，他參加一個高峰大學出版社舉辦的座談會時，聽到席上有人朗誦諾托維奇手稿中的美麗詩句時，才把這個記憶公諸於世。

•

離開斯利那加後，卡斯帕里夫婦前往新德里去看一個朋友。而在新德里，卡斯帕里夫人又決定回到馬德拉斯，去參加一個著名教育家瑪利亞・蒙特梭利(Maria Montessori)所舉辦的課程。這樣做，既可以在戰時打發時間，又可以增進自己的能力，可說是個再好不過的選擇。早在出發朝聖之前，卡斯帕里夫人就在印度和蒙特梭利博士碰過面。當時，蒙特梭利博士聽卡斯帕里夫人說了她自創的音樂教學法以後，非常高興，對她說：「妳在認識我之前，就已經在實行著蒙特梭利教學法了。」自此以後，兩人建立了一生的友誼。

大戰結束後，卡斯帕里夫婦前往美國，原只打算作短暫停留。不過，他們卻結識了里奇特(Richert)和洛威爾(Lowell)兄弟——他們是合一運動(Unity)③的奠基者查理・菲爾莫爾(Charles Fillmore)的兒子。里奇特對蒙特梭利教學法很感興趣，於是鼓勵卡斯帕里夫人繼續朝這個方向發展，並在一九四九年協助她在密蘇里州的李氏峰創辦了一所蒙特梭利學校。那是自蒙特梭利博士在一九〇〇年代初年離開美國之後，在美國出現的第一所蒙特梭利學校。

卡斯帕里夫人此後又分別在加州、密蘇里州、堪薩斯州、佛羅里達州、南加州和墨西哥建立了蒙特梭利學校。後來，她跟米道斯博士(Dr. Feland Meadows)一道創設了汎美蒙特梭利學會，而在這個學會的協助下，先後有數百家蒙特梭利學前學校在美洲各地成立。過去五年來，卡斯帕里夫人——現已八十五高齡——先後在丹佛、薩凡納和洛杉磯爲對蒙特梭利教學法有興趣的老師、專家和父母進行訓練課程。最近，她還應邀到印度、澳洲、菲律賓、瑞士和塞內加爾教導這方面的課程。。

目前，她是國際蒙特梭利協會的顧問，並於蒙大拿州帕克郡美麗的皇家特頓牧場訓練蒙特梭利老師。在這所包含從幼稚園到十二年級的私立學校裡，來自全世界各地的學生與老師，都深受魔術般的蒙特梭利教學法之惠。而在這裡，卡斯帕里夫人也發現到，把基督和佛陀的教義結合爲一，可以爲一個共同體的生活打造良好基礎——這個耶穌「未爲人知」的教誨，在經過學者在全世界孜孜以尋之後，終於回到家了。

註釋

① 瑣羅亞德斯教的別稱。〔中譯者註〕

② 當中國共產黨在一九六二年入侵拉達克的時候，印度政府爲了還擊，匆匆忙忙在斯利那加與列城之間建造了一條三百三十四公里長的道路。如今，吉普車、旅遊巴士和貨車，只要兩天的時間，就可以從斯利

那加開到列城。

③ 二十世紀初美國的一個宗教運動。〔中譯者註〕

6

The Lost Years of Jesus

今日拉達克：一個文化人類學家的印象

拉維契博士對拉達克日常與宗教生活的觀察

村莊或森林，湖沼或陸地，
但凡聖人之所居，就是聖地。
聖哉森林。
聖哉那耳目可得安詳之地，
那聖人可得蔭庇和單純愉悅之地。
——《法句經》

一個多采的古文化十字路口

時間、歷史和文化在拉達克以它們獨特的方式整合在一起。時間在這裡有相當不一樣的組合模式：它看來是垮了下來的。「現在」與「過去」的緊密程度，要比我們已知的每個地方都來得大。

當我們徒步或乘坐吉普、巴士、篷車經過時（私人轎車在這裡是不存在的），那些從高處俯視著我們的佛寺和村莊頹敗的城牆，都是引人好奇的歷史線索。馱著穀物、羊毛、商品、工廠產品和家庭手工藝品的駱駝和騾，在大路上緩慢往來。

駱駝的存在，見證著千百年來人與文化、觀念與物品在地中海沿岸與中亞和中國之間的交流移動。當我們站在有高山屏障的希米寺的屋頂上眺望時，人們告訴我們，當年蒙古人縱兵橫掃下方的印度河谷和列城河谷時，根本不知道希米寺的存在，就是知道，也找不到它在哪裡。

在這個離西藏西邊不遠、以佛教徒居大多數的所在，我們目睹了一場歷時兩天的婚禮，男方是伊斯蘭教徒，女方是基督徒。婚禮的過程讓人目爲之眩，值得我們在這裡介紹其中一些細節。

在女性親屬和嫁妝物品的圍繞下，新娘會接連哭泣幾小時，直至新郎的出現爲止。她哭，是爲了表現她對將要離家的不捨。而她父親，則在他們三層式房子（位於列城）三樓的一個大房間裡，接受禮物和道賀或同情——同情他失去一個女兒。

當門外出現吶喊聲的時候，就表示新郎和他的親屬到達了。在他們走向房子時，站在通道兩旁的女方親屬與僕人，會揮舞棍棒，裝出要打新郎一行人的模樣。這雖然只是象徵性的儀式，但卻相當吵鬧。

婚宴會在兩天內連續舉行兩場，分別由男女雙方的父親主辦。婚宴的地點設在一個巨大的帳篷裡，地上會鋪著三到四層的東方式地毯。地毯的色彩和紋理豐富，有來自中國，有來自阿富汗的，有來自西藏的，也有來自中亞的。

在第一場婚宴中，新娘的父親會爲賓客提供食物和酒。基督徒的賓客會坐在桌子前，使用刀和調羹進食，而伊斯蘭教的賓客則坐在地毯上，用右手拿東西吃，他們也不喝酒，只喝茶。第二天的婚宴由新郎的父親主辦，席上並不提供任何酒精類的飲料。上菜前，會有五六個女子隨著管樂器的樂聲跳一場不那麼正式的舞。婚禮的場合，就像其他的社交或儀式場合一樣，提供了婦女們展示她們最好的服飾的機會。最觸目的是條紋的絲披肩、綴著綠松石的頭飾和珊瑚珍珠項鍊，以及懸在項鍊下方的寶石經文盒子。

在這個爲數一萬人的城市中，除了一間在城東的摩拉維亞教堂外，在市中心近商業區的地方，還有一間很大的清眞寺。這裡有可能是從前絲路的一個樞紐：向北可通到中亞和中國，向南可跟起自西藏的「羊毛路」相接，向西可通往克什米爾、印度以至於西方世界。透過這條道路，英國可以買得到最上乘的西藏羊毛。列城方圓大約數百平方英里，到處都是聖骨塚和喇嘛寺，它們在過去幾百年來吸引了無數的佛教徒前來朝拜。

但現在最常來此的人已不再是朝聖者或商人，而變成了是遊客。他們想獲得的，是一種全新樣態的財貨和勞務，而他們觀賞佛教儀式的目的，也變成是爲了娛樂，而不是抱著任何宗教動機。他們帶著影音器材重現這個東西方混雜的社會。而代之以騎乘雙峰駱駝和馬匹，現在夏天月份來此一遊的旅客，更常採用的交通工具是不費吹灰之力的飛機。

在任何地方走上幾星期或進行過幾趟旅行後，你就會很自然地感覺到它的氣質。拉達克的色調有點暗沈，但卻不失歡愉。灰色、白色和褐色的是山脈的顏色，外加淡紫色和紫色的調子。白色則是聖骨塚、喇嘛寺和一般房屋的顏色，而它們的窗框，則漆成藍色或微紅色。

拉達克婦女最喜歡是綴在頭飾上的紅珊瑚和綠松石，以及珍珠項鍊——一種把裝飾與財富結合爲一的美學。她們幾乎每一個的雙頰，都是塗得嫣紅。這裡的野花都很小朶，以粉紅色和黃色的佔大多數。拉達克的藍色天空，是任何藍色和任何天空都無法比擬的，只有最精美的綠松石可以與它互相輝映。

這裡既寬廣，又限制重重：天空向著上方無限延伸，但高聳入雲的山峰，卻讓人難得有寬闊的視野。河谷的面積都很小，限制了人口的數量與密度。至於這裡居民的幽默感、刻苦耐勞和坦率，則似乎是無邊無際的。

這裡的空間是層次分明的。靠近河邊的綠油油地帶是梯田區，它們種植著大麥、小麥、包心菜、蘿蔔和洋蔥，全都是大大棵的，而且產量豐富。

梯田對上的是居住區，更高位置上的是佛寺，再高，就是不毛之地，偶爾會有兩三片綠茵地，可供犛牛和山羊用餐。這裡是高海拔的沙漠地帶，一切都受聳峙的喜馬拉雅山——由南亞大陸板塊的運動和擠壓而成——的形塑。

高山阻礙了中亞冬天的冷風向南流動，讓南亞地區——即使是位於南回歸線以北的部分——得以享有亞熱帶的氣候。河谷裡的村莊難得會碰到降雨，那是因爲它們上頭的高山讓最稀薄的水氣也難以越雷池半步。在冬天，由於有北極風會吹過，所以天氣極爲寒冷，氣溫在零下二十度至四十度之間，但卻幾乎不會下雪或下雨，換言之是冷而乾。有些水道會凍結，讓人可以通行（冬天的山口大都因爲積雪而無法通行）。

冬天的時候，人們大部分時間都是在火爐旁邊度過。由於這地區木材稀少，所以燃料是以動物的糞便爲主。爲抵禦寒冷的天氣，房屋和佛寺都盡可能抵著山坡而建。牲口會被養在房屋的一樓，天花板上設有開口，讓牠們的體熱可以升到二三樓，供人取暖。

生態環境和生計方式形塑了社會模式。由於可耕地很少，因此，人們盡力讓田地的所有權和使用權，保持在家庭之內。排行較小的兒子有時會被送到佛寺去出家。但如果他們留在家裡或還俗返家的話，他們有可能會成爲一個一妻多夫家戶的成員。

佛寺與村莊之間存在著財貨與勞務的交換關係：喇嘛負責照顧好人們精神上的生活，並擁有大約半數的土地。而人們則對佛寺捐獻食物和勞力。

在旅遊的過程中，你也可以體會到自然環境對人們日常生活的制約。例如，如果想度過一條河流的話，你必須趁早上，因爲到了下午，融化的積雪就會把它變成一條滔滔的激流。正是這種自然過程的韻律，造就了南亞的大河水系，讓數以百萬計的人口得以被養活。

拉達克段的印度河時而平靜，時而狂野，它在跟喜馬拉雅山的其他水系會合後，滋養位於南方和西方的文化。也是同一條河流，支撐著五千年前的哈拉巴(Harappa)和莫亨焦—達羅(Mohenjo-daro)的印度古文化的發展。

拉達克人使用的馬匹小頭而耐勞，樣子很像小馬。經過幾千年時間，牠們已適應了山區的嚴峻地形和牧民的各種需要。除了能提供奶和油以外，牠們也能像犛牛一樣，在巉巖的峭壁上履險如夷。

如果一場婚禮中的男女雙方是不同村莊的人，那新郎和他的家人，就會帶著喇嘛到新娘所居住的村莊，用隆重的儀式把她迎娶回來。中途，迎娶的隊伍會在一片綠茵地上暫停下來，這時候所有人都會下馬，觀看喇嘛們所跳的舞蹈。回程途中，新郎和新娘會被綁在同一匹馬上，以象徵他們此後的共同生活。
不管是在山口、山道或河谷裡，你都有可能會突然聽到一陣悅耳的鈴聲。那是掛在馬脖子上，用不同金屬鑄成的鈴璫所發出的。它會讓你突然意識到，能在這片壯觀地貌上聽到的聲音，寥寥無幾。

耶穌往返東西方所採取的可能路線（圖①②）

我們並不確定，耶穌前往東方的時候，採取的是什麼路線。以下所提出來的，是根據諾托維奇、阿毗達難陀和羅耶里奇所發現的手稿和傳說的內容加以重構出來的。去程（實線顯示）：耶穌在離開**耶路撒冷**以後，就取道絲路前往**巴克特拉**，再南至**喀布爾**，穿過**旁遮普**，接著在卡提阿瓦半島上一個耆那人的地區前進（稍後，會有一座耆那教的寺廟，建立在**波利塔納**）。之後他橫越印度，去到**札格納特**，然後又先後到過**王舍城**、**貝拿勒斯**和其他聖城。為了逃避敵人，他後來離開札格納特，前往**劫比羅伐窣堵**，也就是喬達摩佛的出生地。繼而，他取道一條位於喜馬拉雅山的路徑，前往**拉薩**。回程（以虛線顯示）：他沿著一條蓬車隊的路線到達**列城**，然後向南去到**拉杰普塔納**，再折而向北，前往**喀布爾**。他繼續向南走，途經波斯。在波斯，瑣羅亞德斯教的教士把他丟棄在荒野，想讓他成為野獸的食物，但他卻毫髮無傷，安抵**耶路撒冷**。

據信耶穌從拉薩返回耶路撒冷的時候，曾途經拉達克

圖①

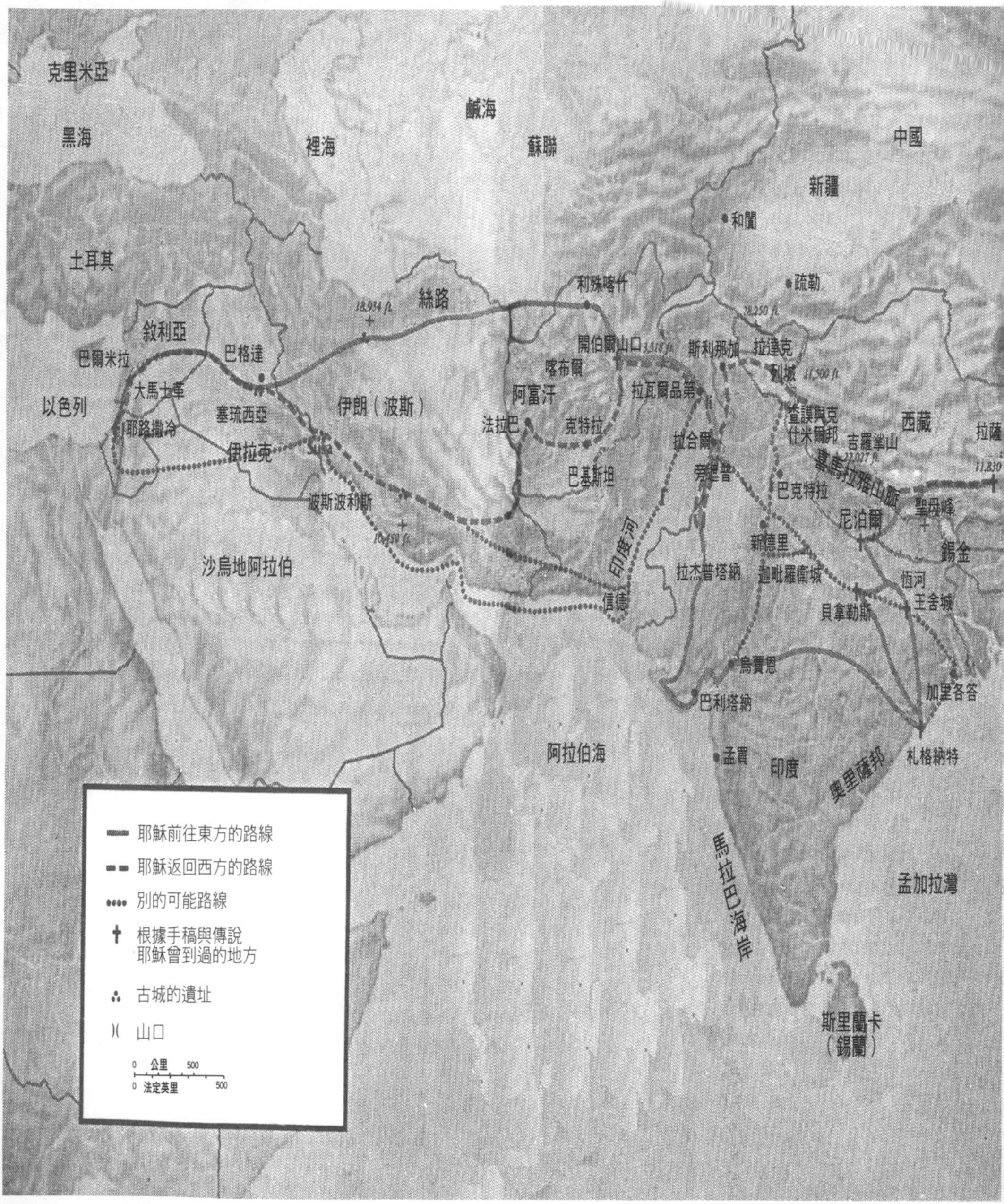
克里米亞
鹹海
黑海
裡海
蘇聯
中國
新疆
和闐
土耳其
疏勒
利殊喀什
絲路
18,934 ft.
18,250 ft.
敘利亞
巴爾米拉
巴格達
開伯爾山口
3,518 ft.
斯利那加
拉達克
列城
11,500 ft.
喀布爾
以色列
大馬士革
伊朗（波斯）
阿富汗
拉瓦爾品第
塞琉西亞
法拉巴
克特拉
查謨與克什米爾邦
西藏
耶路撒冷
伊拉克
拉合爾
吉羅峯山
拉薩
旁遮普
喜馬拉雅山脈
22,027 ft.
11,830
巴基斯坦
巴克特拉
波斯波利斯
10,450 ft.
尼泊爾
聖母峰
印度河
新德里
錫金
沙烏地阿拉伯
拉杰普塔納
迦毗羅衛城
恆河
信德
貝拿勒斯
王舍城
烏賈恩
巴利塔納
加里各答
阿拉伯海
孟買
印度
奧里薩邦
札格納特
馬拉巴海岸
孟加拉灣
斯里蘭卡（錫蘭）
耶穌前往東方的路線
耶穌返回西方的路線
別的可能路線
根據手稿與傳說耶穌曾到過的地方
古城的遺址
山口
0 公里 500
0 法定英里 500

圖②

7

The Lost Years of Jesus

尾聲

兩個世界的故事

幾個最後的問題

讓我們把整件事情的來龍去脈重溫一遍：諾托維奇聲稱，在一八八七年的時候，一個木比克的喇嘛告訴他，在拉薩的喇嘛寺和其他大喇嘛寺裡，收藏著記載聖人伊撒生平的文件。之後，他在希米寺看到了這樣的文件。在翻譯人員的幫助下，他把文件的內容記錄了下來，並在一八九四年出版成書。是書隨即引起了一場爭論，並導致了道格拉斯醫生親赴希米寺，查證事情的眞僞，而他得到的結論是：諾托維奇故事中的每一個主要情節都是假的。

一九二二年，阿毗達難陀上師也爲了查證諾托維奇的話，走訪了希米寺一趟，但他得出的結論卻跟道格拉斯完全相反。大喇嘛不但證實了諾托維奇的說法，還幫助阿毗達難陀把手稿中的詩句翻譯了出來。稍後，阿毗達難陀把這些詩句又譯成孟加拉文，連同諾托維奇所英譯的詩句的一部分，收錄於《在克什米爾與西藏》一書中。

一九二五年，羅耶里奇在中亞探險途中，走訪了希米寺。此行，他找到了一份內容與諾托維奇的《聖人伊撒之生平》相當接近的手稿。羅耶里奇還指出，在他探險沿途，還碰到很多其他有關伊撒的傳說，它們有些是口耳相傳的，有些則寫成了文字。羅耶里奇雖然對諾托維奇的書很熟悉，但他的書中有關伊撒的材料，卻不是來自後者的。另外，他兒子喬治是一位著名的東方學家，而且能說藏語，因此如果他們所看到的文件是僞造的話，喬治不可能會看不出來。

最後，看過記錄伊撒生平的手稿的人還有卡斯帕里夫人。之前，她並沒有聽過有關伊撒的傳說，也不知道諾托維奇寫過一本有關伊撒的書。一九三九年，當她坐在希米寺屋頂的時候，希米寺的圖書管理員突然拿三本書給她看，並說：「這些書說你們的耶穌來過這裡！」

通常，一個偵探故事進行到這裡，負責探案的那位偵探，照例都是在他那個佈滿桃花心木裝潢的大書房裡，來回踱步沈思。火焰在巨大的壁爐裡躍動著。儘管他每一次面對的案情都會有所不同，但他思考的，卻總是同一個問題：爲什麼？這一切意味著什麼？

有可能諾托維奇、阿毗達難陀和羅耶里奇三個人說的話，都是虛構的嗎？或他們都不約而同被喇嘛耍了嗎？非常不可能。卡斯帕里夫人又怎樣？大法官比爾‧道格拉斯、旅行家諾雅克和人類學家拉維契的話又該怎樣看待？有可能這些人不約而同都想跟西方世界開一個玩笑嗎？看來也不太可能。而且誠如羅耶里奇教授所說的：「如果伊撒的傳說是僞造的話，又有那一個近代的騙子，可以讓它在整個東方深入人心呢？」

嗯，耶穌到過印度之說，雖然很多西方人都不願意相信，但卻仍然活躍在亞洲人的心中。這時，我們的偵探又想起了波特博士(Dr. Charles Francis Potter)所著的《耶穌行蹤成謎的歲月揭祕》(*The Lost Years of Jesus Revealed*)一書。波特博士在書中指出，有關耶穌的傳說，在印度非常流行：「看起來，很多印度人都相信，耶穌在『行蹤成謎』的那段時間裡，人是在印度，最少其中一部分時間是在印度，而且他的好些教誨，是從《吠陀》那裡吸收來的。而他自己何嘗不是說過：『你們當受我的瑜珈，學我的樣式，……因爲我的瑜珈是容易的……』」①

如果假設有關伊撒的手稿果眞存在，而傳說是眞實的話，那會有什麼後果呢？

我們的偵探靠在壁爐架上，凝視著壁爐裡跳動的火焰。一根木柴在噼啪作響，把一些火花濺到了煙洞裡去。這時，一個推理，在我們的偵探的腦子裡慢慢成形了：

一般都認爲，耶穌的一切教誨，都是從摩西和其他先知那裡學來的，要不然，就是上帝所教導的。然而《聖人伊撒之生平》和其他來自亞洲心臟地帶的傳說，卻有相反的說法：他到過東方，而「目的是要讓自己在『聖言』的薰迪下趨於至善，並研習諸佛所宣示的佛法」。

在旅行東方期間，耶穌曾經會見過一些東方的聖人，而從他行經的地點都是當時的重要宗教活動中心觀之，他是刻意去找這些人的。他這樣做，似乎是爲了他將要寫的一本書——一本他要用自己的鮮血去寫的書——做研究、觀察和蒐集資料。

根據手稿和傳說指出，他在那些與他具有相同心靈的人之間禱告、冥想、實踐瑜珈、學習和講學。他治癒病患，起死回生，勸告百姓愛人和向壓迫者發出挑戰——凡此種種，都讓東西方兩個世界的人對他永誌不忘。就像後來他在巴勒斯坦斥責祭司階級的虛矯一樣，在印度的時候，他也毫不留情地宣布婆羅門和刹帝利終必大禍臨頭。而他所做的一切，最後是以他珍貴的生命作爲代價的（他在東方的時候就已經差點沒命）。

從他做過的一些驚人之舉可以明顯看出（必須強調的是，他所行的神蹟，非但沒有違反、反而是完全符合物質與精神的物理學的），他想致力去實現的，不只是對自然和自然力的駕馭，也是對心跳與身體功能的駕馭。爲此，他練就了分身術和煉金術——這一點，從他能夠突然現身與消失，以及能夠把水變成美酒，就可以窺見。

所有他做的這些事和其他事，都不是以神的身分在做。他是在實踐一條邁向律己的途徑，在實行一種靈魂的自然進化，以便把被禁錮著的內在璀燦給釋放出來。似乎，他的每一個足印，都是在銘刻著一個強烈的宣示：他走過的道路，乃是上帝所預定的，而那也是祂的其他子女——只要他們願意的話——都可以成就的。

這是他爲後來的巴勒斯坦傳道使命所做的彩排嗎？還是不止如此？

這個有智慧的學生，是在尋找比他更有智慧的老師嗎？他是否在已經學盡他家鄉的所有知識以後，決定再向前進，要越出他兒時老師的時空藩籬之外？

他是一個在尋找「自己的王國」的眞正精神革命者嗎？而他在世界的最高處所找到的，是不是就是他「自己的香格里拉」呢？他除了在東方的聖人眼中看到靈魂的火焰以外，是不是也發現了，神聖的三色火焰，就在他自己珍貴的心室裡燃燒著呢？這個自我的發現，是不是就是他的力量來源，讓他可以背負著世界的業，在十字架上忍受別人所無法忍受的苦呢？

他有跟彌勒佛——就像摩西跟耶和華那樣——打過照面嗎？

他知道喬達摩就是他最深邃的本質嗎？

雖然思緒已經馳騁得愈來愈遠，但我們的偵探並未完全失去自制。他知道，他在方法上甚至事實證據上，都有不足之處。不管怎麼說——他提醒自己——他並不知道諾托維奇或道格拉斯所陳述的是不是事實。再者，他也無法親自去查證手稿的眞僞。「那我又證明了些什麼呢？」他爲自己容許自己的思緒被耶穌的行蹤之謎牽著走感到惱怒。

雖然自疑，但他仍然抓抓頭，斗膽寫下他認爲值得一問的最後幾個問題：

爲什麼你們會認爲，西方人大部分都不知道這個在東方受到普遍接受的理論：在基督那段所謂行蹤成謎的日子，人是在印度和西藏？

這個事實之所以隱而不彰，是因爲受到刻意的隱瞞嗎？如果是，那是誰的主意？是耶穌自己嗎？（是因爲揭露這個事實的預定時間還沒到嗎？）還是福音書作者的主意？（是因爲他們記得，耶穌曾經預言過，他的祕密，要等聖靈來到，才應該加以披露？）②又還是出於後來《聖經》編纂者的惡意？（以防後人模仿基督的這條道路？）現在在梵諦岡的地窖裡，是不是眞如諾托維奇所說的，藏著六十三卷涉及這個問題的手稿呢？

耶穌生前還有沒有去過一些別的地方呢？不是有傳說指出，耶穌年輕時曾跟隨伯父到過英國，並在德魯伊特人所建立的學校裡接受過教育嗎？這個傳說雖然不可思議，但是它在英國的流傳，卻已不知道有多少世紀的時間！

猶太人曾經對耶穌展現出來的學問感到驚訝：「這個人沒有學過，怎麼會明白書呢？」③也許，他們有所不知的是，耶穌曾旅行過很多個世界，曾受教於上帝和祂所派出來的天使（他們有些是化成人形的，有些沒有）？

到底，他在復活後，在地上又活了多久呢？

如果我沒記錯的話——我們的偵探的思緒繼續轉個不停——在基督從伯大尼升天、消失後，保羅和彼得不是又在路上遇到過他無數次、並跟他說過話嗎？到底，基督在天上地下「來來回回」過多少次呢？

哪一次出現的他，才是眞正最後一次出現的他呢？

會不會，他的升天只是個障眼法，而實際上，他只是離開了巴勒斯坦，如伊里奈烏斯所說的，繼續傳道及教導門徒，又或是如某些傳說所說的，他是在克什米爾度過餘年？甚至會不會，他從來就沒有死過！

要不是那樣的話，那近兩千年來，怎麼會有那麼多他的信徒聲稱見過他、跟他說過話、聽過他的聲音、被他治癒過，甚至跟他共進過晚餐呢！

我們的偵探這時又記起——他的思緒在奔騰，他的額在冒汗——有一些傳說曾指出，在耶穌受難以後，馬大隨著抹大拉的瑪利亞和拉撒路去了法國，傳揚主的道。馬大的教堂仍然屹立在塔拉斯孔(Tarascon)——她的埋骨之地。

這些基督的主要弟子到高盧（法國的古稱）去，是不是就是爲了要照顧基督和他的門徒呢？因爲，如果基督果眞還活著，而如果他們又有選擇權的話，他們理所當然會選擇跟他們的老師生活在一道。基督曾經說過：「屍首在哪裡，鷹也必聚在那裡。」④他說這句話，是不是就是爲了留下一個暗示：想找我的話，就到我最主要的弟子那裡去找吧。耶穌是不是眞的如某些人所試圖證實的，是想要同時建立一個地上的王國與一個上帝諸子的家族呢？而他在完成了這樣的工作以後，他有沒有繼續前進，到一個新的環境和遙遠的東方去，拯救另一群迷途的羊群呢？

他會不會就像另一個歐洲的傳奇人物聖爵曼(le Comte de Saint Germain)那樣，從來不死、知道一切、從一個地方去到另一個地方，把眞理帶給願意揹起十架跟隨他的人？

當你以爲你掌握了線索的時候，一些之前沒有出現的線索，又從另一個發黃的檔案夾裡跑了出來。

它們全部最後會通向哪裡呢？你搖了搖頭，拿起檔案夾和一個燈籠，走入夜色中，尋找唯一眞正知道答案的那個人。

註釋

① Charles Francis Potter, *The Lost Years of Jesus Revealed,* rev. ed. (Greenwich, Conn.: A Fawcett Gold Medal Book, 1962), p. 10.中譯者按：這段經文引自《馬太福音》十一章二十九、三十節，現今通行之中譯本作：「你們當負我的軛，學我的樣式，……因爲我的軛是容易的……」對這種差異，本書編者在註釋中有以下討論：

有些人對波特博士把zeugos一詞譯爲「瑜珈」的做法並不同意，他們認爲，就連在現代的希臘文裡都找不到跟「瑜珈」對應的字眼，更遑論是兩千年前了。但是由於不管是yoga（瑜珈）還是yoke（軛），都是衍生自原印歐語的語根yeug，因此，波特的用法，並不見得是不合理的。（梵文的yuga〔軛〕和希臘文的zugon〔軛〕，以及梵文的yoga〔結合〕和希臘文的zeugma〔聯繫〕，都是源出yeug）。

雖然耶穌時代的大部分巴勒斯坦人，都既說希臘語，也說阿拉姆語(Aramaic)，但聖經學者現在都普遍同意，耶穌說的是希臘語。沒有任何資料可以告訴我們，當耶穌在說出上述的一段話的時候，他用的是什麼語言，但如果他當時用的是希臘語的話，那要是我們能確定他用的是哪一個字，將對問題的釐清，大有幫助。

「瑜珈」（梵文中的原意是「加軛」、「結合」、「自律的活動」）一詞暗示著，人爲了能實現他內在的基督性(Christhood)，必須走過一條弟子的道路——也就是一條youg的道路（一條與主結合的道路）。用在這裡，「瑜珈」就是「我的道」、「我的法(dharma)」的意思。因此，在這個脈絡裡，軛或瑜珈所意味的，就是老師的權威性和他的「教誨」。「擔子」所意味的是人的「業」：「因爲各人必擔當自己的擔子。」（《加拉太書》六章五節）。主的法就是他的教誨。主的「擔子」就是他爲我們所背負的、世界的業或罪；至於他本身，則是完全沒有罪的。因此，他呼籲他的門徒或準門徒去「追隨我的道」，也就是「追隨我的律己的活動」。當他說「我的瑜珈是容易的」時，他等於是說：「我的道是最好的、最簡單的和最直接的。在所有下凡的天神所宣示的道裡面，我已經爲你們綜合出最眞的一條，它將可領你們和上帝連結。」

② 《約翰福音》十六章十二、十三節：「（耶穌說：）我還有好些事要告訴你們，但你們現在擔當不了。只等眞理的聖靈來了，他要引導你們明白一切的眞理……」

③《約翰福音》七章十四至十六節。
④《馬太福音》二十四章二十八節。

片尾

落幕後對編劇者與全體演員的致謝

世界是個大舞台，
所有男男女女只是演員：
他們上台下台，
一人扮演多重角色……
──莎士比亞，《皆大歡喜》

對合作者的致謝

這個神聖之謎已經形成了兩千年。所有的演員和他們扮演的角色都已在我們面前走過一趟。而這齣由一些被天使派遣去追尋基督足跡的人所演出的戲劇，其懸疑性，比起當初基督和使徒所演出的那一齣，並不遑多讓。

那些發生在基督行蹤成謎歲月的事件，是上帝遠在道還沒有化成肉身以前，早早就安排好的。而在戲中扮演配角的人——包括我們在上述提到的朝聖者和把基督事蹟記載在羊皮卷上的無名英雄——也是祂早早安排好的。

聖言之糧(meat of the Word)該來的時候已經到了！①它不應該再被掩埋。爲著基督的子民、也爲著他自己的緣故，基督生平那些「遺失的」章節必須加以披露。證據一直握在上帝的手中。有無數我們所不知道的角色，一直在負責火把的傳遞工作。

他們以手傳手、以口傳口、以心傳心，把上帝之子的記憶一直保存著。

而把所有線索加以匯集、把所有方塊拼湊成形和把它們安排成爲本書一章章的我們，只是這齣歷兩千年的戲劇裡最微不足道的角色。因爲我們的筆觸與沈思，都不過只是主所指定的一塊石碑，而眞正把這些線索聚集起來、並把它們保存到預定時間才揭露的，是負責爲主作記錄的天使。

「看哪！現在正是悅納的時候；現在正是拯救的日子！」使徒這樣呼喊。②我相信，彌賽亞的追隨著，現在比從前任何時候，都更應該正視一個對基督的生平與使命的非正統觀點。因爲凡這樣做的人，都會對自己的生活與靈性，帶來最深遠重大的影響。

耶穌的東方之旅是崎嶇的。我們是不是應該設想，那**爲了我們的緣故**而自甘成爲凡人的基督，他之所以樂於成爲別人的學生，也是**爲了我們的緣故**，想向我們顯明，那想當主人的，必須先當僕人？是爲了向我們顯明，凡要教導別人的自己必先學習——以便獲得上帝的喜悅？基督既是奉上帝之命，來當**所有人**的救主，那他所傳遞的信息和他所作的榜樣，不是也應該是與**所有人**都有關的嗎？然則，每一個宗教傳統裡的人，不是應該都可以透過他們的網絡、語言和儀式，「看見他的榮耀」

嗎？③

爲什麼除摩西五經、猶太法典和希伯萊衆先知的話語以外，印度教、佛教、瑣羅亞德斯教和儒教的教誨對上帝之子來說是同樣切要的呢？那是因爲他既然是歷史之光的最高化身，是最優秀的一位人子，那他理所當然也必然是世界所有宗教的最高善(summum bonum)的體現，是被它們所**預示**著的。

他僅僅是爲猶太人而降臨的嗎？如果是，那他到東方去，是爲了找尋那些已經遷居到那裡去的猶太部族的嗎？還是有更大的理由？還是爲了尋找那些「另外的羊」——那些「不是這羊圈裡」但又是屬他所有的羊群？④

所有他在印度做過的事，都是一齣偉大的戲劇——一部千禧年的史詩——的預演。基督在印度可以打倒自負的婆羅門教士和揭發他們對百姓的欺騙——一如日後他在巴勒斯坦推倒聖殿裡的兌幣者的攤子一樣——一點都不稀奇，因爲早在他出發到東方以前，他的智慧就已經在耶路撒冷的學者之上。

那是聖父與聖子早就商量好的，他們要用東方的舞台，作爲一齣全人類的戲劇的首演。那是一齣首屈一指的古典戲劇，一齣神之子戰勝邪惡力量的戲劇。它要透過一段簡短但卻用故事、例子和奇蹟等手段，把豐饒的東方智慧的本質眞理給表白出來。

耶穌把永恆的線索編織在生活與經卷之中，這經卷，對生於一個已經遺忘了「母土」(Motherland)的文明的西方人來說，可說是最大的遺產。線索早就在那裡，只端視你願不願意去看而已。它們存在於福音書的片段、諾斯底派的文獻、啓示錄式的作品、教會聖父的作品以及若干歷史的註疏之中。但有更多這一類的證據，卻已爲聖經的竄改者所剝奪去，他們未經授權，卻擅自刪削基督一心要留給我們的精神遺產。

今日，主耶穌樂於讓他被遺忘的書重回我們的懷抱，它的重大教誨將會爲我們的靈魂帶來解放。透過許多看不見的手和沒有被傳誦的英雄，他找出來一條可以將他的眞理和愛帶給我們的道路。他的再三保證，就像拉達克的馬鈴聲一樣，迴揚著無所不在的、水晶似的聲音：

我要求父，父就另外賜給你們一位保惠師，叫他永遠與你們同在，就是真理的聖靈，乃世人不能接受的；因為不見他，也不認識他。你們卻認識他，因他常與你們同在，也要在你們裡面。

我不撇下你們為孤兒，我必到你們這裡來。

> 還有不多的時候，世人不再看見我，你們卻看見我；因為我活著，你們也要活著。
>
> 到那日，你們就知道我在父裡面，你們在我裡面，我也在你們裡面。……我還與你們同住的時候，已將這些話對你們說了。但保惠師，就是父因我的名所要差來的聖靈，他要將一切的事教你們，並且要叫你們想起我對你們所說的一切話。……⑤
>
> 我實實在在地告訴你們，我所做的事，信我的人也要做，並且要做比這更大的事，因為我往父那裡去。⑥

舞台的布幕爲最後的一幕劇而緩緩升起。耶穌在聚光燈的照耀下，站在舞台的右邊。他活潑有力地從失蹤歲月的羊皮卷中走出來，作爲同一部「寫在我們心上」的律法的血肉化身。

基督來，是爲了向我們顯明生命的使命。他藉著以自己靈魂的得勝戰勝死亡和地獄，來證明他所述說的眞理。現在我們已知道，我們也必須追隨跟基督追隨過的相同召喚，絕不能規避他所揭櫫的人生目標。

我們已不再是永遠的罪人，不再是怎麼學習都不能明白眞道的門徒。⑦我們要致力於成爲基督的朋友、⑧他的兄弟姊妹，最後成爲天國的「共同繼承人」(joint-heirs)。⑨學習他的榜樣，我們將可與他穿上同一件「上帝之子」的斗篷。

看著他站在那舞台上，我們的眼睛被定住了。我們看著他從那古代的場景現身出來，然後像看電影一樣，他的一生一幕幕從我們眼前掠過：從出生和童年到年輕時代和「失蹤的」歲月，再到傳道時期及其之後，然後在接下來的世紀裡慢慢模糊。

看過他的精彩演出後，我們得以確認，那居住在這位神之子裡的不朽眞理，同樣居住在我們身上：同一個公義的旭日，也會在我們內裡升起！⑩這就是他把我們的生活在他身上戲劇化所要傳達的信息。這一次，他不再是使用寓言，而是使用清清楚楚的話告訴我們：

我們一樣可以做到他做到過的事。我們可以把基督性(Christhood)定爲我們生命的目標。我們可以全程跟隨我們的主，去到喜馬拉雅山，然後再回家——這樣，我們最終就會發現那蘊藏於我們內裡的王國。那是一個具有無限資源和力量的泉源，可以帶領我們穿過這個大麻煩的時代⑪，通到父那裡去：「**因爲那在你們裡面的，比那在世界上的要大。**」⑫

劇院裡仍然燈火通明，但布幕已經落下，卻沒有一個演員站出來謝幕。這時我們才猛然領悟到，站在舞台上的不是別人，而就是我們自己。而布幕將準備爲我們的最後道成肉身而再次升起。

讓我們準備好自己，去再一次證明基督所證明過、而世界已引頸以盼了很久很久的眞理。有鑑於在最後審判日將會來臨的大災難，這個眞理必須聲嘶力竭地傳講出去。那是關於聖火就在上帝每一個子女胸中燃燒的眞理，是關於三位一體的三色火焰在基督心室的聖杯裡燃燒著的眞理——他攜帶著這聖杯，一國一國地走過，尋找那「失喪的人」。

爲著上帝的名，我們絕不可失敗；而因著祂，我們也必然不會失敗。

•

但願每個人的心意，都能與他在耶穌的行跡裡發現的眞理相通相契，並把他自己的不朽使命，落實在此時此地的此世間。因爲，我們的伊撒就生活在我們中間。出於對我們的愛，他爲我們一個一個講述他那永存王國的眞正福音：這王國不在別的地方，而就內在於這個混亂的世界裡面。

兩千年已經過去了，基督仍然在尋找那願意揮舞精神的兩刃劍，⑬為他採收莊稼的人。⑭我們心中的信仰和眞理，將可以召喚起他的軍隊，⑮刺穿那些行將要讓靈魂沈溺和社會陷入大災的虛妄假象。而如果大災難會臨到的話，那就是出於我們對上帝的法的輕視，出於我們自甘作假神的奴隸，出於我們對上帝的恩典不知感激——上帝的恩典就環繞在我們的四周，像夏天的紫藤一樣，香氣四溢。

我們擱下筆，把這本書呈獻給你們，親愛的尋道者們。我們但願，在你們個人生命戲劇的最後時刻，你們可以找到自己的神聖之星，這神聖之星，是我們的弟兄耶穌，在世界舞台上勇敢和歷盡苦難所揭示出來的。但願，在這個混亂的濁世，基督得勝的音符，會在另一個人身上再度響起……。

•

有鑑於已經發生的和將要發生的一切，筆者要對本書的合作者和他們的付出精神致上最深的謝忱。沒有他們的參與，各位讀者不可能讀到一齣令人回味無窮的戲劇：

拉維契博士（加州州立大學的人類學教授）：我要感謝他爲本書所貢獻的不可少的其中一章。透過個人印象，他把今日「小西藏」多姿多彩的面貌呈現在我們面前。他細緻的描繪，讓拉達克人的生活在我們眼前歷歷如繪。

特里維爾博士：我們感謝他願意撥冗跟我們分享他對早期基督教歷史的知識，也感謝他畢生對這方面的研究，讓我們的理解得以大大擴充。

卡斯帕里夫人：我首先要感謝她熱情的心靈，沒有這種熱情，她不可能會千里跋涉到東方的遙遠國度。我也要感謝她跟我們分享的奇妙故事。沒有卡斯帕里夫人對靈性事物的探索精神，沒有她對普遍眞理的畢生支持，沒有她對朝聖之旅在財政與行政上的襄助，這句話不會迴響在希米寺的屋頂上：「這些書說你們的耶穌到過這裡！」

諾雅克：我要感謝這位旅行家旅行不輟的熱忱，要不是有這種熱忱，他和他太太海倫不可能會成爲伊撒傳奇的另一個見證人。

古馬・迪、辛克萊和馬宗達：我感謝這三位《在克什米爾與西藏》的英譯者。他們爲榮耀主所作的義務付出，他們會通東西方的用心和對開闊我們視野所作的努力，都讓人由衷感佩。

波克夫婦：我要感謝他們花了五年時間的艱苦努力所拍攝出來的電影《行蹤成謎的歲月》，並允許我們自由使用他們的研究成果。我們也感謝波克夫婦允許我們使用一個脫胎自他們片名的書名。當然，波克太太在一九八〇年所寫的暢銷之作《耶穌之謎》(*The Jesus Mystery*)，讓西方大眾重新得以熟悉諾托維奇、羅耶里奇和阿毗達難陀的發現，也是令人肅然起敬的。

史普納(J. Michael Spooner)：他追隨羅耶里奇畫風為本書（英文原書）所繪畫的封面插圖，讓人由衷的喜愛。這幅插圖的靈感，來自我們的相互激盪和一個共同的願望：激發起這一代人追隨基督的腳印去追尋上帝的聖山。

我需要感謝的人還有高峰大學出版社的全體工作人員，包括編輯、研究、美術和印刷人員。沒有他們的付出，這本書是誕生不出來的——「地上的鹽，要比俄斐⑯的黃金更有價值」，誠哉斯言！最後我還必須對我們團體在卡米洛和皇家特頓牧場的所有工作同仁致敬，他們的支持、服務和難以言喻的愛，無疑都是聖人伊撒的永恆道路上的引路明燈。

伊麗莎白・克萊爾・普弗特
記於西方仙巴拉(The Western Shamballa)
一九八四，諸聖日

註釋

①《希伯來書》五章十二至十四節：「看你們學習的工夫，本該做師傅，誰知還得有人將上帝聖言小學的開端另教導你們，並且成了那必須吃奶、不能吃乾糧的人。凡只能吃奶的都不熟練仁義的道理，因爲他是嬰孩；唯獨長大成人才能吃乾糧；他們的心竅習練得通達，就能分辨好歹了。」

②見《科林多後書》六章二節。

③《約翰福音》十七章二十四節：「父啊，我在哪裡，願你所賜給我的人也同我在那裡，叫他們看見你所賜給我的榮耀……」

④「我另外有羊，不是這羊圈裡的；我必須領牠們回來……（與這羊圈裡的羊）合成一群。」

⑤《約翰福音》十四章十六至二十節、二十五、二十六節。

⑥《約翰福音》十四章十二節。

⑦《提摩太後書》三章七節：「常常學習，終久不能明白眞道。」

⑧《約翰福音》十五章十五節：「以後我不再稱你們爲僕人，因僕人不知道主人所做的事。我乃稱你們爲朋友；因我從父所聽見的，已經都告訴你們了。」

⑨《羅馬書》八章十六、十七節：「聖靈與我們的心同證我們是上帝的兒女；既是兒女，便是後嗣，就是上帝的後嗣，與基督同作繼承人。」

⑩《舊約・瑪拉基書》四章二節：「但你們敬畏我名的人必有公義的日頭出現。……」

⑪《舊約・但以理書》十二章一節：「那時，保佑你本國之民的天使長米迦勒必站起來，並且有大艱難，從有國以來直到此時，沒有這樣的。」

⑫《約翰一書》四章四節。

⑬《馬太福音》九章三十七節：「（耶穌）於是對門徒說：『要收的莊稼多，做工的人少。……』」

⑭《希伯來書》四章十二節：「上帝的道是活潑的、是有功效的，比一切兩刃的劍更快，甚至魂與靈、骨節與骨髓、都能刺入、剖開，連心中的思念和主意都能辨明。」

⑮《啓示錄》十九章十一、十四節：「我觀看，見天開了。有一匹白馬，騎在馬上的稱爲誠信眞實，他審判、爭戰，都按著公義。……在天上的衆軍騎著白馬，穿著細麻衣，又白又潔，跟隨他。」

⑯俄斐(Ophir)：《聖經》提到的一處地名，盛產黃金和寶石。

參考書目

Abercrombie, Thomas J. "Ladakh—The Last Shangri-la." *National Geographic* 153 (1978): 332-59.

Ahluwalia, H. P. S. *Hermit Kingdom: Ladakh*. New Delhi: Vikas Publishing House, 1980.

Andreyev, Leonid. "The Realm of Roerich." *New Republic*, 21 December 1921, pp. 97-99.

Bagchi, Moni. *Swami Abhedananda: A Spiritual Biography*. Calcutta: Ramakrishna Vedanta Math, 1968.

Barnstone, Willis. *The Other Bible*. New York: Harper & Row, 1984.

Bhavnani, Enakshi. "A Journey to 'Little Tibet.'" *National Geographic* 99 (1951): 603-34.

Bock, Janet. *The Jesus Mystery: Of Lost Years and Unknown Travels*. Los Angeles: Aura Books, 1980.

Brinton, Christian. *The Nicholas Roerich Exhibition: With Introduction and Catalogue of the Paintings by Christian Brinton*. New York: Redfield-Kendrick-Odell Co., 1920.

Brown, Leslie. *The Indian Christians of St. Thomas: An Account of the Ancient Syrian Church of Malabar*. Cambridge: Cambridge University Press, 1982.

Brown, Raymond E. *The Birth of the Messiah: A Commentary on the Infancy Narratives in Matthew and Luke*. Garden City, N. Y.: Doubleday & Co., 1977.

Chetwode, Penelope. *Kulu: The End of the Habitable World*. London: John Murray, 1972.

Douglas, J. Archibald. "The Chief Lama of Himis on the Alleged 'Unknown Life of Christ.'" *Nineteenth Century*, April 1896, pp. 667-78.

Douglas, Wlliam O. *Beyond the High Himalayas*. Garden City, N. Y.: Doubleday & Co., 1952.

Gambhirananda, Swami, comp. and ed. *The Apostles of Shri Ramakrishna*. Calcutta: Advaita Ashrama, 1982.

Ghosh, Ashutosh. *Swami Abhedananda: The Patriot-Saint*. Calcutta: Ramakrishna Vedanta Math, 1967.

Goodspeed, Edgar J. *Strange New Gospels*. Chicago: University of Chicago Press, 1931.

Grant, Frances R.; Siegrist, Mary; Grebenstchikoff, George; Narodny, Ivan; and Roerich, Nicholas. *Himalaya: A Monograph*. New York: Brentano's, 1926.

Hale, Edward Everett. "The Unknown Life of Christ." *North American Review* 158 (1894): 594-601.

"Hamis Knows Not 'Issa': Clear Proof That Notovitch Is a Romancer." *New York Times*, 19 April 1896, p. 28.

Hassnain, F. M.; Oki, Masato; and Sumi, Tokan D. *Ladakh: The Moonland*. 2d rev. ed. New Delhi: Light & Life Publishers, 1977.

Hennecke, Edgar. *New Testament Apocrypha*. 2 vols. Edited by Wilhelm Schneemelcher. Philadelphia: Westminster Press, 1963.

Lauf, Detlef Ingo. *Tibetan Sacred Art: The Heritage of Tantra*. Berkeley & London: Shambhala, 1976.

"Literary Notes." *New York Times*, 4 June 1894, p. 3.

Müller, F. Max. "The Alleged Sojourn of Christ in India." *Nineteenth Century*, October 1894, pp. 515-21.

"New Publications: The Life of Christ from Tibet." *New York Times*, 19 May 1894, p. 3.

"Nicholas K. Roerich." *American Magazine of Art* 12 (1921): 198-200.

Nicholas Roerich. New York: Nicholas Roerich Museum, 1964.

Nicholas Roerich. New York: Nicholas Roerich Museum, 1974.

Paelian, Garabed. *Nicholas Roerich*. Agoura, Calif.: Aquarian Educational Group, 1974.

Pagels, Elaine. *The Gnostic Gospels*. New York: Random House, 1979.

Phipps, William E. *Was Jesus Married? The Distortion of Sexuality in the Christian Tradition*. New York: Harper & Row, 1970.

Robinson, James M. *The Nag Hammadi Library in English*. New York: Harper & Row, 1977.

Roerich, George N. *Trails to Inmost Asia: Five Years of Exploration with the Roerich Central Asian Expedition*. New Haven, Conn.: Yale University Press, 1931.

Roerich, Nicholas. *Altai-Himalaya: A Travel Diary*. New York: Frederick A. Stokes Co., 1929.

——. *Heart of Asia*. New York: Roerich Museum Press, 1929.

——. *Shambhala*. New York: Nicholas Roerich Museum, 1978.

The Roerich Pact and The Banner of Peace. New York: The Roerich Pact and Banner of Peace Committee, 1947.

"Roerich's Far Quest for Beauty." *Literary Digest*, 1 September 1928, pp. 24-25.

Shivani, Sister (Mrs. Mary LePage). *An Apostle of Monism: An Authentic Account of the Activities of Swami Abhedananda in America*. Calcutta: Ramakrishna Vedanta Math, 1947.

Smith, Morton. *The Secret Gospel: The Discovery and Interpretation of the Secret Gospel According to Mark*. New York: Harper & Row, 1973.

——. *Clement of Alexandria and a Secret Gospel of Mark*. Cambridge, Mass.: Harvard University Press, 1973.

Snellgrove, David L., and Skorupski, Tadeusz. *The Cultural Heritage of Ladakh—Volume One: Central Ladakh*. Boulder, Colo.: Prajña Press, 1977.

Tibet under Chinese Communist Rule: A Compilation of Refugee Statements 1958-1975. Dharamsala: Information & Publiclity Office of His Holiness the Dalai Lama, 1976.

Waddell, L. Austine. *The Buddhism of Tibet or Lamaism: With Its Mystic Cults, Symbolism and Mythology, and in Its Relation to Indian Buddhism*. Cambridge: W. Heffer & Sons,

1967.
Walker, J. Samuel. *Henry A. Wallace and American Foreign Policy*. Contributions in American History, no. 50. Westport, Conn. and London: Greenwood Press, 1976.
Williams, Robert C. *Russian Art and American Money: 1900-1940*. Cambridge, Mass. and London: Harvard University Press, 1980.

內容簡介

本書記載耶穌一段行蹤成謎的歷史歲月。

四福音有耶穌在十二歲到過聖殿的記載，也有他大約三十歲出現在約旦河的記載。但對於耶穌在十二至三十歲期間的行蹤與行事，四福音卻隻字未提，一直是歷史之謎。

一些古代西藏經卷記載，耶穌曾在東方生活了十七年。他曾經在印度、尼泊爾、拉達克和西藏學習和傳道。

十八世紀末，許多學者和神學家，開始以批判性的眼光，審視、追尋四福音中有關耶穌的生平，這個追尋，主導了十九世紀和二十世紀大部分批判神學的主要方向。

有史以來第一次，本書編著者將四個親眼看過這些經卷的證人之證詞，連同這三份經卷的譯文，集結在同一本書裡，呈現在世人面前。內容包括：

- 佛教學者在兩千年前記錄下來的《聖人伊撒之生平》。
- 俄國記者諾托維奇在一八八七年於拉達克的希米寺發現這份手稿的經過。
- 阿毗達難陀上師在一九二九年翻譯成孟加拉文的希米寺手稿。
- 羅耶里奇在一九二九年於亞洲從事探險時記錄下來，一份內容相似的手稿。

・卡斯帕里夫人接觸到這些經卷的經過。一九三九年，一個希米寺的喇嘛向卡斯帕里夫人展示了幾本用羊皮紙寫成的書，並說：「這些書說你們的耶穌來過這裡！」

透過本書，我們將得以一窺耶穌思想形成過程的堂奧，了解耶穌在巴勒斯坦展開傳道工作以前，說過和做過些什麼。這是一個會讓整個基督教世界為之震動的歷史大突破！也是我們時代最具革命性的信息之一。

編著

伊麗莎白・克萊爾・普弗特(Elizabeth Clare Prophet)

伊麗莎白・克萊爾・普弗特(Elizabeth Clare Prophet)是一位現代靈性學的前驅者。作品除本書外，尚包括《耶穌軼失的教誨》(*The Lost Teachings of Jesus*)、《聖爵曼論靈的提煉》(*Saint Germain on Alchemy*)、《再次道成肉身：基督教的失落環節》(*Reincarnation: The Missing Link in Christianity*)、《卡巴拉：打開你內在力量的鑰匙》(*Kabbalah: Key to Your Inner Power*)和《悄悄來到的佛陀：喚醒你內在的佛性》(*Quietly Comes the Buddha: Awakening Your Inner Buddha-Nature*)。

從六〇年代開始，她在全美各地從事講學和舉辦會議及研討會，探討諸如天使、穴道、預言、靈性伴侶、靈性心理學和再轉世等課題。

譯者

梁永安

台灣大學哲學碩士，譯有《四種愛》、《Rumi:在春天走進果園》、《超越後現代心靈》、《美麗托斯卡尼》等。

校對

徐慎恕

東海大學歷史系畢業。親子教育諮商員，目前從事演說，推廣家庭教育，帶領小團體互助成長，推動婦女改造運動。

國家圖書館出版品預行編目(CIP) 資料

耶穌行蹤成謎的歲月：耶穌在西藏？/ 依麗莎白．克萊爾．普弗特(Elizabeth Clare Prophet)著；梁永安譯 -- 三版 --
新北市：立緒文化, 民111.10
面； 公分. --（新世紀叢書）
譯自：The lost years of Jesus
ISBN 978-986-360-198-2（平裝）

1.耶穌(Jesus Christ) 2.基督教傳記

249.1 111015317

耶穌行蹤成謎的歲月：耶穌在西藏？

The Lost Years of Jesus

出版——立緒文化事業有限公司（於中華民國 84 年元月由郝碧蓮、鍾惠民創辦）
作者——依麗莎白．克萊爾．普弗特（Elizabeth Clare Prophet）
譯者——梁永安

發行人——郝碧蓮
顧問——鍾惠民

地址——新北市新店區中央六街 62 號 1 樓
電話—— (02) 2219-2173
傳真—— (02) 2219-4998
E-mail Address —— service@ncp.com.tw
劃撥帳號—— 1839142-0 號 立緒文化事業有限公司帳戶
行政院新聞局局版臺業字第 6426 號

總經銷——大和書報圖書股份有限公司
電話—— (02) 8990-2588
傳真—— (02) 2290-1658
地址——新北市新莊區五工五路 2 號
排版——辰皓電腦排版有限公司
印刷——尖端數位印刷有限公司

法律顧問——敦旭法律事務所吳展旭律師

分類號碼—— 249.1
ISBN —— 978-986-360-198-2
出版日期——中華民國 89 年 12 月～ 96 年 4 月初版 一～三刷（1 ～ 4,900）
中華民國 101 年 12 月～ 106 年 11 月二版 一～二刷（1 ～ 1,700）
中華民國 111 年 10 月三版 一刷（1 ～ 800）

定價◎ 360 元（平裝）

大都文化 閱讀卡

姓　名：

地　址：□□□

電　話：(　　)　　　　傳 眞：(　　)

E-mail：

您購買的書名：________________

購書書店：________市（縣）________書店

■您習慣以何種方式購書？

□逛書店 □劃撥郵購 □電話訂購 □傳真訂購 □銷售人員推薦

□團體訂購 □網路訂購 □讀書會 □演講活動 □其他________

■您從何處得知本書消息？

□書店 □報章雜誌 □廣播節目 □電視節目 □銷售人員推薦

□師友介紹 □廣告信函 □書訊 □網路 □其他________

■您的基本資料：

性別：□男 □女　婚姻：□已婚 □未婚　年齡：民國______年次

職業：□製造業 □銷售業 □金融業 □資訊業 □學生

□大眾傳播 □自由業 □服務業 □軍警 □公 □教 □家管

□其他________

教育程度：□高中以下 □專科 □大學 □研究所及以上

建議事項：

愛戀智慧 閱讀大師

廣告回信
北區郵政管理局登記證
北臺字8448號
免貼郵票

立緒文化事業有限公司 收

新北市 2 3 1

新店區中央六街62號一樓

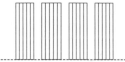

請沿虛線摺下裝訂，謝謝！

立緒文化 閱讀卡

感謝您購買立緒文化的書籍

為提供讀者更好的服務，現在填妥各項資訊，寄回閱讀卡（免貼郵票），或者歡迎上網http://www.facebook.com/ncp231即可收到最新書訊及不定期優惠訊息。